チンギス・ハーンとその子孫

もうひとつのモンゴル通史

岡田英弘
Okada Hidehiro

ビジネス社

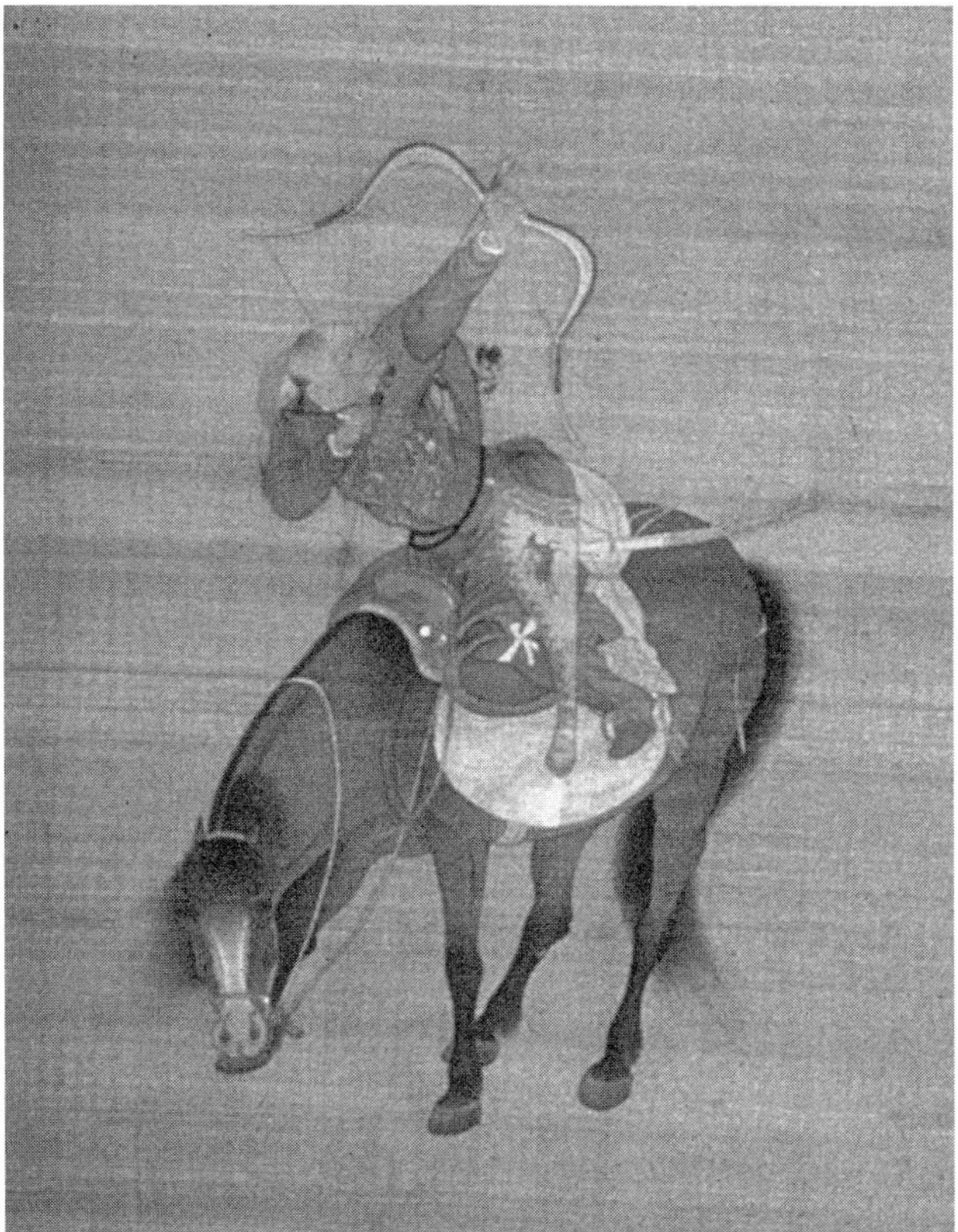

◆

劉貫道「元の世祖出猟図」部分

台北国立故宮博物院所蔵

新版まえがき

本書は、一九九三年十二月に刊行されたあと一度も増刷されずに絶版になった『チンギス・ハーン』（朝日文庫）の再版である。さらにその原型は、一九八六年十二月に集英社から刊行された「中国の英傑」シリーズの第九冊『チンギス・ハーン』である。集英社から最初に持ち込まれた題名は『成吉思汗』だったのだが、モンゴル人は漢字を使用しないこと、チンギス・ハーンは中国人ではないから、本来「中国の英傑」の一人に入れるのは不本意であること、等々を主張し、題名だけはカタカナにさせたのである。

最後の「増訂版あとがき」にあるように、集英社版『チンギス・ハーン』は、シリーズの性質上、チンギス・ハーン個人の性格と事績に叙述の焦点をしぼり、チンギス・ハーンの出現の背景となる祖先たちの系譜やモンゴル人の登場以前の遊牧帝国についての説明が詳しかった。これに対して朝日文庫版では、チンギス・ハーン以後のモンゴル帝国と、現代にいたるチンギス・ハーンの子孫たちの活躍を書き加えた。増補した部分はもとの半分あり、一・五倍の分量になったが、題名がそのままだったために、実際にはモンゴル通史であることが世間に伝わらないまま、絶版になってしまった。それで今回、『チンギス・ハーンとその子孫』と題名も改題したわけである。

一般向きのモンゴル通史として、一九九二年には『世界史の誕生』（ちくまライブラリー、一九九九九年にちくま文庫）、二〇〇一年には『モンゴル帝国の興亡』（ちくま新書）を刊行したが、本書の持ち味は、なんといっても『元朝秘史』の物語をたっぷり使ったところにある。『元朝秘史』は、本文でも述べているように史実を伝える歴史文献ではなく、チンギス・ハーン廟《びょう》の縁起を語る歴史小説のようなものであるが、モンゴル人がモンゴル語で書いたもっとも古い文献であり、当時の草原の遊牧生活の様子をよく伝えている。増補した後半のチンギス・ハーンの子孫の物語も、モンゴル年代記と総称される、モンゴル人の手による歴史物語に基づいているので、本書を通して読むと、モンゴル人のものの見方や世界観がよくわかる。

ところで『世界史の誕生』は、二〇〇二年に韓国語版、二〇一二年にモンゴル語版、二〇一三年には台湾から繁体字漢語訳が刊行された。今年二〇一五年四月、中国の国家主席・習近平の唯一の盟友と言われる王岐山・中央規律検査委員会書記が、中国共産党指導部の招待で北京を訪問したフランシス・フクヤマ、青木昌彦両氏に、日本の歴史学者・岡田英弘の著書の内容について延々と論じ、その歴史観を高く評価したということで、ネット上ちょっとした騒ぎになっている。おそらく台湾で刊行された『世界史の誕生』を読んだのだろう。筑摩書房によると、中国大陸における簡体字版翻訳権の申し込みは十社を越したそうである。『モンゴル帝国の興亡』も中国での簡体字版刊行が決まった。

私の一般書のなかで唯一絶版だった本書が、ビジネス社の唐津隆社長の英断のおかげで、電子書籍版と併せて刊行されることになって、たいへん嬉《うれ》しく、心より感謝する次第である。

二〇一五年十一月

岡田英弘

本書は一九九四年刊行の『チンギス・ハーン』朝日文庫版を
改訂したものです。

目次

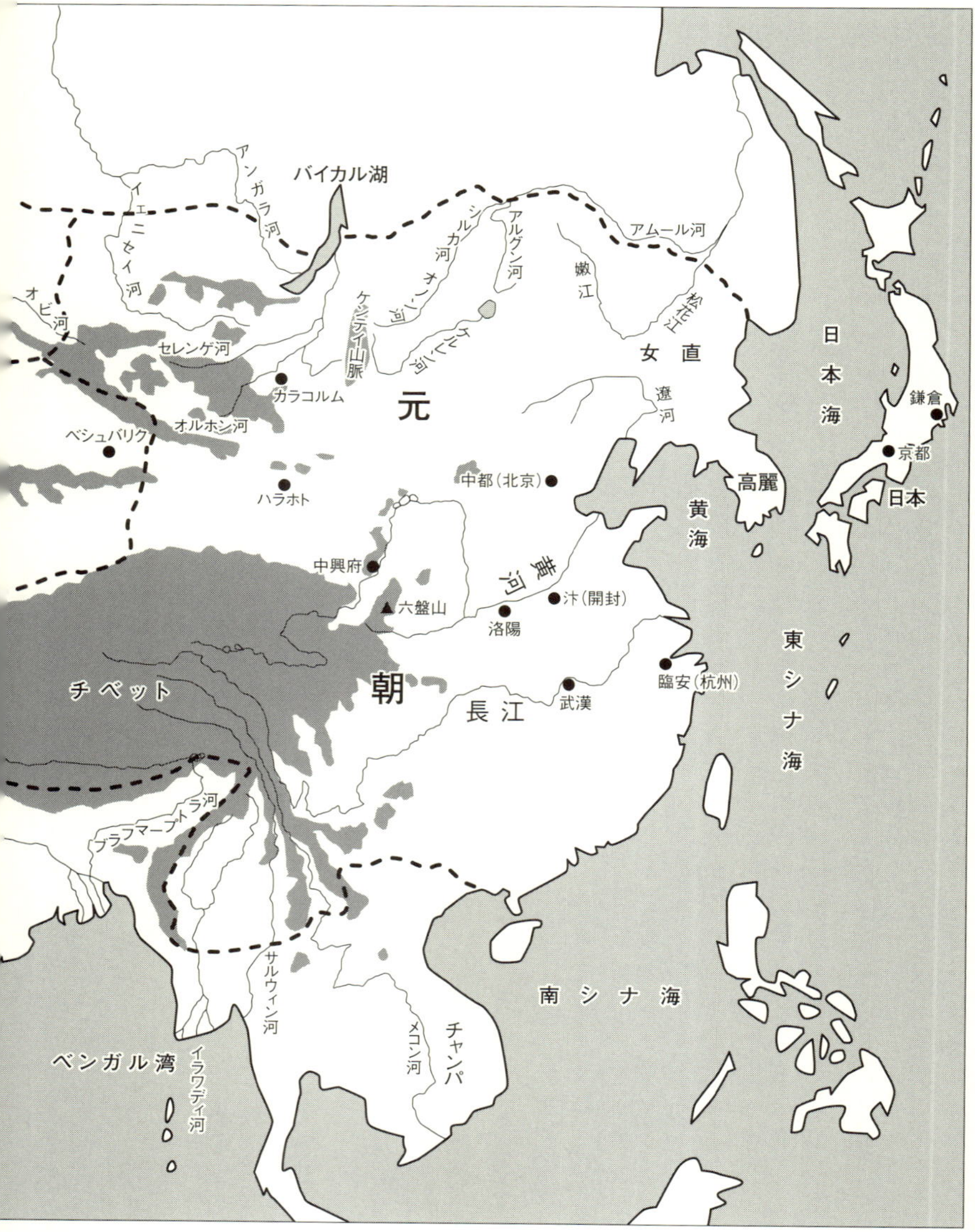

バイカル湖
アンガラ河
イェニセイ河
オビ河
セレンゲ河
シルカ河
アルグン河
オノン河
ケンテイ山脈
ケルレン河
アムール河
嫩江
松花江
女直
カラコルム
元
オルホン河
ベシュバリク
遼河
中都（北京）
高麗
ハラホト
黄海
日本海
鎌倉
京都
日本
中興府
黄河
六盤山
汴（開封）
洛陽
朝
チベット
臨安（杭州）
武漢
長江
東シナ海
ブラフマープトラ河
南シナ海
サルウィン河
メコン河
チャンパ
ベンガル湾
イラワディ河

モンゴル帝国地図

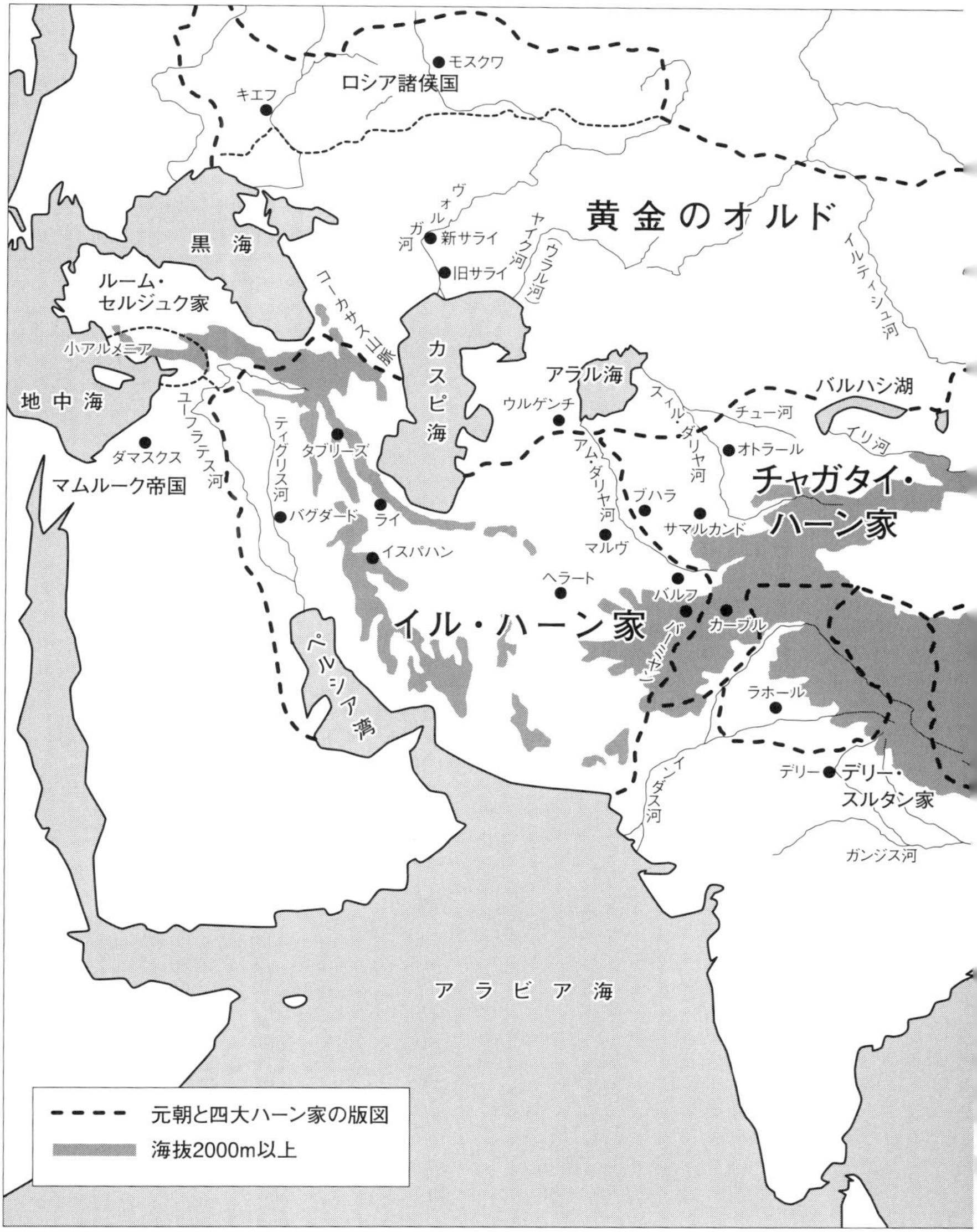

モスクワ
ロシア諸侯国
キエフ
ヴォルガ河
新サライ
旧サライ
ヤイク河
（ウラル河）
黄金のオルド
イルティシュ河
黒海
ルーム・セルジュク家
コーカサス山脈
小アルメニア
カスピ海
アラル海
バルハシ湖
地中海
ユーフラテス河
ウルゲンチ
スィル・ダリヤ河
チュー河
イリ河
ダマスクス
ティグリス河
タブリーズ
アム・ダリヤ河
オトラール
マムルーク帝国
チャガタイ・ハーン家
ブハラ
バグダード
ライ
サマルカンド
マルヴ
イスパハン
ヘラート
バルフ
カーブル
イル・ハーン家
ヒンドゥークシュ山脈
ペルシア湾
ラホール
インダス河
デリー
デリー・スルタン家
ガンジス河
アラビア海
元朝と四大ハーン家の版図
海抜2000m以上

20世紀のモンゴル

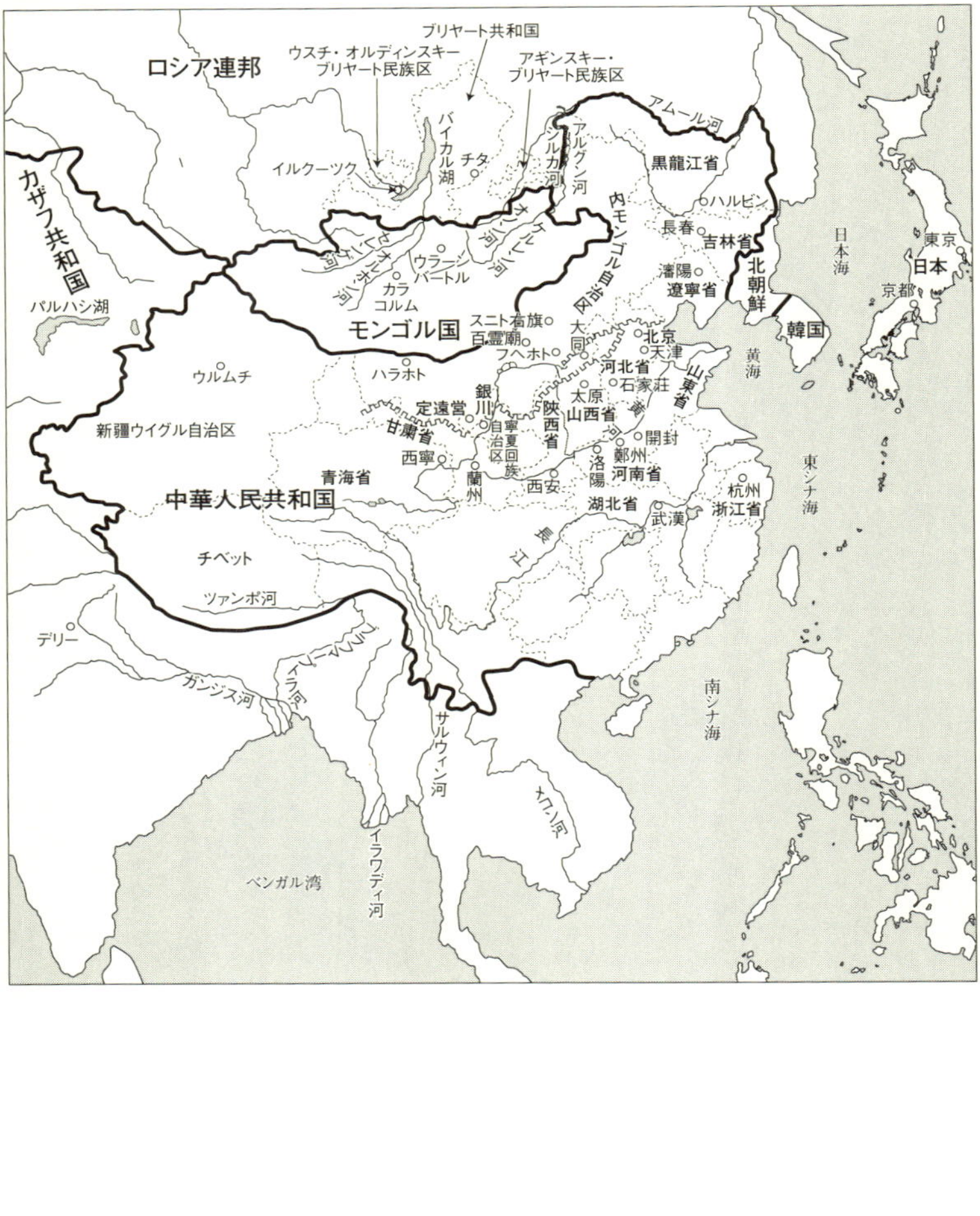
ロシア連邦
ブリヤート共和国
ウスチ・オルディンスキー
ブリヤート民族区
アギンスキー・
ブリヤート民族区
アムール河
バイカル湖
チタ
イルクーツク
シルカ河
アルグン河
黒龍江省
ハルビン
内モンゴル自治区
長春
吉林省
瀋陽
遼寧省
北朝鮮
韓国
日本海
東京
日本
京都
カザフ共和国
バルハシ湖
セレンゲ河
オルホン河
オノン河
ケルレン河
ウラーンバートル
カラ
コルム
モンゴル国
スニト右旗
百靈廟
フヘホト
大同
北京
天津
河北省
山東省
黄海
ウルムチ
ハラホト
新疆ウイグル自治区
定遠営
銀川
寧夏回族自治区
陝西省
太原
山西省
石家荘
黄河
開封
甘粛省
西寧
蘭州
洛陽
鄭州
河南省
西安
青海省
中華人民共和国
湖北省
武漢
杭州
浙江省
東シナ海
長江
チベット
ツァンポ河
デリー
ブラマプトラ河
ガンジス河
サルウィン河
メコン河
イラワディ河
ベンガル湾
南シナ海

◈——チンギス・ハーンとその子孫

◆

北京の紫禁城の宮中に伝わったチンギス・ハーンの肖像

第一章

チンギス・ハーンの出現

◆モンゴル国セレンゲ河のほとりにある遊牧民住居

チンギス・ハーン家系図

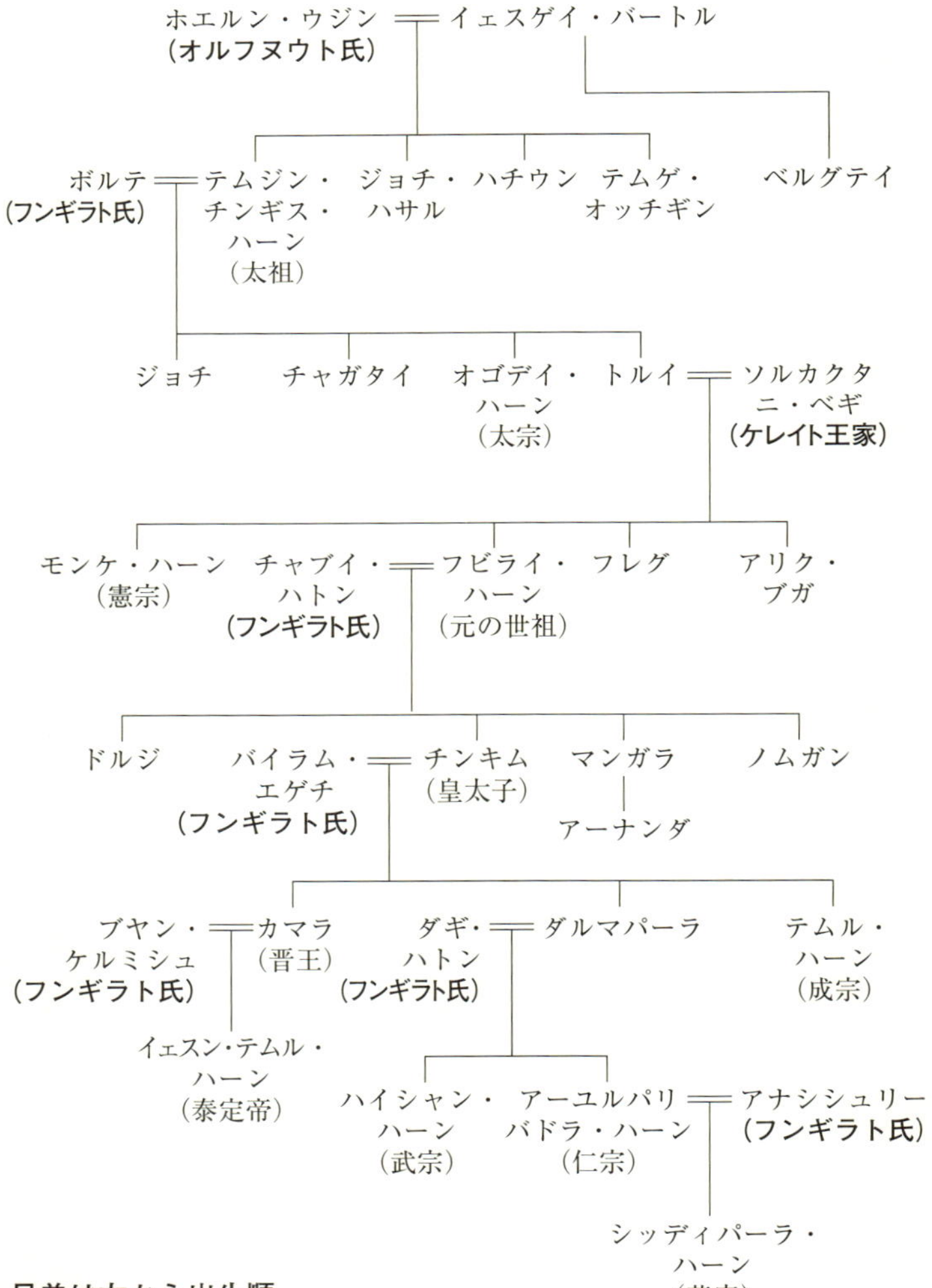

兄弟は左から出生順

1　チンギス・ハーンとは誰か

チンギス・ハーンは、本名をテムジンといい、モンゴル人である。チンギス・ハーンの生まれたのは十二世紀の半ばのことで、場所は現在のロシア領シベリアとモンゴル国（北モンゴル）の国境を流れるオノン河の渓谷においてであった。チンギス・ハーンはその前半生に、北アジアの遊牧民族をことごとく統一して、一二〇六年、モンゴル国の首都ウラーンバートルの東方のケンテイ山脈の山中で、それらすべての民族の共同の君主に選挙されて、チンギス・ハーンの称号を名乗った。

それからは、チンギス・ハーンはなおも周辺の農耕地帯の諸国に対して征服の軍を進めた。その間、チンギス・ハーンの率いるモンゴル軍は、東方ではシナの黄河《こうが》の北岸まで、南方ではパキスタンのインダス河まで、西方ではウクライナのドニェプル河の東岸まで遠征して、いたるところで勝利をおさめた。一二二七年、チンギス・ハーンは、現在の中華人民共和国（中国）の寧夏《ねいか》回族自治区にあったタングト族の西夏《せいか》王国を滅ぼし、その直後、同自治区の南端、甘粛《かんしゅく》省との境にある六盤山《りくばんざん》の山中で死んだ。遺骸《いがい》は故郷に帰って、ケンテイ山中に葬られた。チンギス・ハーンこそは、モンゴルという一つの民族の建国の祖であった。そればかりではなく、チンギス・ハーンの子孫は、アジアから東ヨーロッパにかけて広く散らばって、各地に多くの政権を立て、東方の世界と西方の世界を結びつけた。これによって世界の歴史の流れの方向が変わり、世界は十三世紀を境として新しい時代に入った。そうした新しい時代の扉を開いた人が、チンギス・ハーンだったのである。

ところで、そのチンギス・ハーンの伝記を調べる材料のことだが、その一生の事績をまとめて書いたものとなると、モンゴル人が自分たちの言葉、すなわちモンゴル語で書いた、チンギス・ハーンの伝記は一つものこっていない。

だいたいモンゴル語には文字というものがなかったので、それが文字で書き表されて記録に使えるようになるのは、ほかならぬチンギス・ハーンが一二〇四年、ナイマン族の王タヤン・ハーンを滅ぼして、タヤン・ハーンの側近に仕えていたウイグル人の書記官タタトンガに命じて、ウイグル文字のアルファベットを利用してモンゴル語を書き表すことを始めてからのことである。どんな言葉でも、はじめて文字で書くことになると、一語一語の綴《つづ》り方からして決めてかからなければならないし、文体まであらたに創り出さなければならない。そこにはたいへんな困難があるわけで、チンギス・ハーンの在世中、または死んだ直後には、まだ伝記をまとめて書くところまでいかなかった。

チンギス・ハーンの公式の伝記の編纂《へんさん》事業に最初に着手したのは、その孫の代、チンギス・ハーンの死後、六十年ほどたってからのことである。一二八六年、フビライ・ハーン（元の世祖《せいそ》皇帝）は、命令を下して太祖《たいそ》（チンギス・ハーン）以来の歴代のハーンの「実録」を編纂させた。「実録」というのは、シナでは七世紀の唐の時代から、皇帝が亡くなるごとに、その一代のできごとを、年、月、日の順に記録してつくるものであって、宮廷に保存される公式の伝記である。これはフビライ・ハーンの生前には完成せず、死後九年たった一三〇三年にいたってようやく完成している。これにはモンゴル語の本と、漢語の本と両方あったらしいが、いまではどちらものこっていない。

しかしこの『太祖実録』にどんなことが書いてあったのかを知ることのできる手掛かりが二つある。その一つが『聖武親征録《せいぶしんせいろく》』という本である。これは漢語で書いたもので、著者の名前も、完成の日付もないが、その内容からみて、やはり十三世紀の後半のフビライ・ハーンの時代のものであることがわかる。「聖武」というのはチンギス・ハーンのことで、この本の題名は「チンギス・ハーンの戦争の記録」という意味になるが、内容のほうは、チンギス・ハーンの誕生から死までだけで終わらず、その後継者のオゴデイ・ハーン（太宗皇帝《たいそう》）の一二四一年の死まで書いてある。これは『太祖実録』と『太宗実録』の漢語本の原稿なのだろうと思われる。

もう一つの『太祖実録』の内容を伝える書物は、『元史』の第一巻「太祖本紀」である。フビライ・ハーンの子孫は、代々シナを支配したが、五世代あとのトゴン・テムル・ハーン（順帝）にいたって、一三六八年、明《みん》の太祖洪武帝の軍隊に敗れてシナを追い出され、モンゴル高原に後退した。その翌年、洪武帝は命令を下して、モンゴルのハーンたちの時代の公式の歴史を編纂させた。これが『元史』である。

そのなかに「本紀」と題する巻が四十七巻あるが、これはハーンたちの治世の記録で、すなわち「実録」の書き抜きである。『元史』の「太祖本紀」の内容は、『聖武親征録』よりは簡単になっているが、その代わり、チンギス・ハーンの祖先たちについての記事が加わっている。これも漢語である。

第三の材料はペルシア語で書かれている。同じくチンギス・ハーンの孫で、フビライ・ハーンの弟のフレグはイランに君臨した。フレグの曾孫《そうそん》のガザン・ハーンは、自分に仕えたユダヤ人の宰相ラシードッ・ウッ・ディーンに命じて世界史を編纂させたが、ガザン・ハーンの生前には完成せず、その死後、弟のオルジェイト・ハーンの治世になって、一三〇七年に完成した。題名をアラビア語で『ジャーミ・ウッ・タワーリーフ』といい、「歴史を集めたもの」という意味で、ふつう『集史』と訳される。内容はペルシア語で書かれ、その第一巻がモンゴル民族の歴史で、チンギス・ハーンの祖先たちと、チンギス・ハーン自身の伝記がここにおさめられている。その記事は『聖武親征録』および『元史』の「太祖本紀」とよく一致していて、共通のモンゴル語の材料から訳したもののようである。

以上の三つが、チンギス・ハーンの一生を伝えるまとまった伝記のおもなもので、もっとも信用できる。いずれもモンゴル人自身の言葉ではなく、モンゴル人が征服して支配した土地の言葉で書いたものである。これに対して、やはり同じ時代にモンゴル語で書かれた書物が一つだけ現在までのこっていて、内容はやはりチンギス・ハーンに関するものだが、残念ながら信用のできる伝記ではない。むしろ歴史小説である。それはなにかというと、有名な『元朝秘史』である。本来の題名をモンゴル語で『モンゴルン・ニウチャ・トブチャアン』という。「モンゴルン」は「モンゴルの」、「ニウチャ」は「秘密の」、「トブチャアン」は「概略」という意味なので、題名全体で「モンゴルの秘密の歴史」となる。それが『元朝秘史』と漢語訳されるのは、「元」がモンゴル人が建てた王朝の漢語名だからである。『元朝秘史』は十巻から成るが、これには著者の名前も著作の年代も書いてない。これにさらに『元朝秘史続集』というものが二巻ついていて、こちらのほうには奥書きがある。それによると、この『続集』は一三二四年、北モンゴル東部のケルレン河のほとりの、チンギス・ハーンの霊を祭る大オルドにおいて書かれたのである。

　オルドというのは大テントのことで、すなわち遊牧民であるモンゴル人にとっては宮殿にあたる。チンギス・ハーンには四つの大オルドがあり、それぞれ皇后《ハトン》がいて、そのオルドの領地と領民を治めていた。チンギス・ハーンの死後、四つの大オルドは一つにまとめられて、いまや神となったチンギス・ハーンの霊に、生前と同様に奉仕することになった。

　チンギス・ハーンの孫のフビライ・ハーンは、一二九二年、自分の孫のカマラに晋王《しんおう》の爵位を授け、チンギス・ハーンの四つの大オルドとモンゴル高原の遊牧民と牧地を領民、領地として与えた。カマラは一三〇二年に死に、その子のイェスン・テムルが晋王の位を継いだ。一三二三年にいたって、元朝の宮廷でクーデターが起こって、当時の皇帝であったシッディパーラ・ハーン（英宗《えいそう》皇帝）が暗殺され、後継者がなかった。晋王イェスン・テムルはケルレン河のほとりのチンギス・ハーンの大オルドで即位式を挙げて皇帝となり、元朝に君臨することになった。これが泰定《たいてい》帝である。この一三二三年の即位式のことも、『元朝秘史続集』の奥書きに書いてある。

　おそらく『元朝秘史』十巻も、ケルレン河のほとりのチンギス・ハーンの大オルドで書かれたのであって、その時期はカマラが晋王になった一二九二年よりもあとであろう。

　さてそこで『元朝秘史』の内容だが、チンギス・ハーンの祖先の物語から始まって、一二〇六年のチンギス・ハーンの即位までのことが書いてある。しかしその記事は、実際に起こった事件の忠実な記録ではなく、おおいに空想を交えた歴史小説のようなものである。創作文学としては優れているが、チンギス・ハーンが実際にどんな人物であったかを知るには役に立たない。『元朝秘史続集』二巻は、『元朝秘史』に続けて、即位したのちのチンギス・ハーンの行動を記して、一二二七年のその死と、一二二九年のオゴデイ・ハーンの即位までを書いている。これも『元朝秘史』と同じく、事実の記録としては使うことはできない。つまり『元朝秘史』十巻も、『元朝秘史続集』二巻も、ケルレン河のほとりの大オルドに祭られている神としてのチンギス・ハーンの「縁起」なのであろう。しかしさすがにモンゴル語で書かれているだけあって、その描写は、当時の草原の遊牧生活の様子をよく伝えていて、風俗を知るには役に立つ。

『元朝秘史』も『元朝秘史続集』も、もともとはモンゴル文字で書いてあったはずであるが、明の洪武帝はモンゴル語の通訳官の養成のための教科書としてこの書物を使うために、命令を下して原文のモンゴル語を、漢字を使って音訳させ、その一語一語に漢語の直訳をつけ、さらに原文の一節ごとに漢語の意訳の文をつけたものをつくらせた。これが現在までのこっている『元朝秘史』『元朝秘史続集』のテキストであって、モンゴル文字で書いた原本は、いまではもう見られない。

チンギス・ハーンの伝記の材料はそれまでにして、ここで「チンギス・ハーン」を日本語で「ジンギスカン」と呼ぶことについて説明しておこう。「ジンギスカン」というのは、英語の「ジェンギズ・カーン」から来たものである。チンギス・ハーンのモンゴル人の住地は北アジアであるが、その西隣の中央アジアから西アジア、東ヨーロッパにかけては、トルコ語を話す人々が広く住んでいる。モンゴル語の「チンギス」は、トルコ語では「チンギズ」か「チェンギズ」と発音される。この「チンギズ」「チェンギズ」を、アラビア文字のアルファベットで写そうとすると、アラビア文字にはチャ行の音を表す字がないから、ジャ行を表す文字を代わりに使わなければならない。そこで「チンギズ」と書いたつもりでも、「ジンギズ」と読めることになる。

また「ハーン」の「ハ」は、モンゴル語では、日本語のハ行よりは硬い、喉《のど》にひっかかる音で、ハ行とカ行の中間になる。この「ハ」の音は、モンゴル語、トルコ語、ペルシア語、アラビア語にはあるが、英語と日本語にはない。それで「チンギス・ハーン」が英語では「ジェンギズ・カーン」となり、それがさらに日本語に入って「ジンギスカン」と発音されることになったわけである。「チンギス・ハーン」のほうが、正しいモンゴル語の発音に近いので、この本のなかでは「チンギス・ハーン」と呼ぶことにする。

なおチンギス・ハーンを「成吉思汗」と書いたりすることがあるが、これは漢字のあて字である。「成吉思汗」を現代の中国語で読むと「チェン・ジー・ス・ハン」となるが、これを十三世紀や十四世紀の時代の漢語の発音で読むと「チン・ギー・ス・ハン」となるのである。つまり「成吉思汗」は「チンギス・ハーン」というモンゴル語を、漢字を使って音訳しただけのことである。チンギス・ハーン自身は漢語も漢字も知らなかったのだから、「成吉思汗」という無意味な字面をわれわれ日本人が使うのは、それこそ無意味というほかはない。

ところでそのチンギス・ハーンは、いったいどの年に生まれたのか。これにはいろいろな説があって、どれが正しいとも決められない。前に言った『太祖実録』をもとにしたらしい『聖武親征録』には、一二〇三年にチンギス・ハーンが数え年で四十二歳だったことと、一二二六年に同じく六十五歳だったことが書いてある。これから逆算すると、チンギス・ハーンの誕生は一一六二年、壬午《みずのえうま》の年のことだったことになる。同じく『太祖実録』をもととする『元史』の「太祖本紀」には、チンギス・ハーンが一二二七年に死んだときに六十六歳だったと書いてあって、これによっても誕生は一一六二年のこととなる。つまりチンギス・ハーンの孫のフビライ・ハーンの宮廷では、一一六二年がチンギス・ハーンの生まれた年と信じられていたらしい。

ところが同じチンギス・ハーンの子孫である、イランのガザン・ハーンの宮廷では、これよりは七年も早い一一五五年がチンギス・ハーンの誕生の年だということになっていた。『集史』によると、チンギス・ハーンは亥《い》の年に生まれ、死んだときには満七十二歳であったことになっている。これから逆算すると、誕生は一一五五年の乙亥《きのとい》の年だったことになる。同じく子孫が伝えた年代でもこれくらい一致しないのである。

ここに一つ、チンギス・ハーンと同時代の漢人の記録がある。それは『蒙韃備録《もうたつびろく》』という書物で、シナ南部にあった南宋国から一二二一年にモンゴルに派遣された使者が、モンゴル人の占領下にあった現在の北京での見聞を記している。それではチンギス・ハーンは甲戌《きのえいぬ》の年、すなわち一一五四年の生まれとなっていて、『集史』の一一五五年よりは一年早いが、ほぼ一致している。

どうしてこんなに食い違うのかというと、ほかならぬこの『蒙韃備録』が、そのへんの事情をつぎのように説明している。

「いまのチンギス・ハーンは、甲戌の年の生まれである。モンゴル人にはもともと生まれ年の観念がないのだが、ここではその語ったところに基づいて考えて書き、年齢がわかりやすいようにするのである。モンゴル人の風習では、草が青くなるごとに一年と数える。人に年齢を聞かれると『草が何回』

というのである。また生まれた月日を聞いたことがあるが、笑って『もともと知らない』と答えた。それだけでなく、春だったか秋だったかも覚えていない。月が円《まる》くなるのを見るごとに、ひと月と数える。草が青くなるのが遅れれば、今年は閏月《うるうづき》があるのだなと知るのである。」

この最後の一段は説明を要する。陰暦の一月は、新月の暗い月がだんだん円くなって満月となり、また欠けていって新月となるまで、つまり月が地球の周りを一回転する長さ、約二十九日と半日である。だから二十九日の月と、三十日の月がほぼ交代で来るが、いっぽう、地球が太陽の周りを一回転する長さは約三百六十五日と四分の一日だから、陰暦の十二か月は三百五十四日ほどで、一年よりも十一日ちょっとも短い。だから同じ番号の月でも、毎年毎年少しずつ前にずれていく。これを調節するために、何年かに一回、閏月を挿入して、一年を十三か月とし、いつも冬至が十一月に来るようにするのである。これが陰暦の原理である。文字と数字で書いた暦をもたないモンゴル人は、月の順序が実際の季節とずれてしまってから、はじめて閏月があったことに気がつくというのが、十三世紀のはじめのチンギス・ハーンの時代の実情だったことがわかる。

そういうわけだから、チンギス・ハーンの誕生の年が、伝えによってまちまちなのも、チンギス・ハーンの同時代の人々があまりそんなことに関心をもたなかったからであろう。けっきょく、十二世紀の半ばだったとしかわからない。

同じ『蒙韃備録』は、当時のモンゴル高原の遊牧民を「韃靼《たったつ》」と呼んでいるが、これは「タタル」という名前の音訳である。そしてそのタタルに三種類があるという。黒タタル、白タタル、野生タタルの三種類である。白タタルというのは、南モンゴルに住んでトルコ語を話していたキリスト教徒のオングト部族のことで、『蒙韃備録』はこの人々を、容貌《ようぼう》は整ったほうで、性質は礼儀正しく親孝行であり、父母の葬式では、顔に傷をつけて泣く。道中でいっしょになって、容貌は醜くないのに頰に刀傷がある人を見るたびに、「白タタルか」と聞いたが、「そうだ」ということであった。野生タタルというのは、はなはだ貧乏で粗野であり、できることといったら、馬に乗って人のあとについて行くだけだ、という。

これに対して、黒タタルというのは、北モンゴルから出てきた、本来のモンゴル人のことである。『蒙韃備録』はいう。

「いまのチンギス・ハーンと、その将軍、宰相、大臣たちは、みな黒タタルである。一般に言って、タタル人は身長があまり高くなく、もっとも高くても五尺二寸か三寸しかない。また肥えている者もない。顔は横に広くて縦はつまっており、頰骨が高く、眼は一重まぶたである。髪や鬚《ひげ》はきわめてすくなく、姿かたちがすこぶる醜い。タタル人の君主テムジンという者は、体が大きくて、額が広く、鬚が長く、人物が堂々としていて、常人とは異なっている。」

『蒙韃備録』の著者が北京に使節として行った一二二一年には、チンギス・ハーンは中央アジアに遠征に行っていて留守だったから、ここに書いてあるチンギス・ハーンの風貌の描写は、当人が実際に見たのではなく、モンゴル人たちからの聞き書きだったはずだが、それでも同時代のモンゴル人がいかにチンギス・ハーンを尊敬していたかをうかがわせてくれる。

2　チンギス・ハーンの誕生

さきほど言ったとおり、チンギス・ハーンが生まれたときは、十二世紀の半ば過ぎであった。この時代のモンゴル部族は、ハブル・ハーン、アンバガイ・ハーン、フトラ・ハーンという三代の王の治世を通じて、東隣のタタル部族と抗争を繰り返していた。その抗争の最中に、モンゴルの王族の一人、イェスゲイの長男に生まれたチンギス・ハーンの誕生を、『元朝秘史』はつぎのように描いている。

「そこで、イェスゲイ・バートルがタタルのテムジン・オゲやホリ・ブハ等のタタル人を捕虜にして帰ってくると、そのときホエルン・ウジンは妊娠していて、オノン河のデリウン・ボルダクにいるときに、ちょうどそこでチンギス・ハーンが生まれた。生まれるときに右手にくるぶしの骨ほどの大きさの血の塊を握って生まれたのである。タタルのテムジン・オゲを連れてきたときに生まれたというので、テムジンと名づけた次第である。」

ここでホエルンというのは、チンギス・ハーンの母で、オルフヌウト氏族の人であった。ウジンと呼ぶのは、漢語の「夫人」から来た尊称である。この母から生まれたチンギス・ハーンの本名はテムジンであったが、こう命名された由来は、その誕生のときにちょうど父が連れ帰ってきた高貴な敵の捕虜の名前がテムジン・オゲであったので、この珍客にちなんで新生児がテムジンと名づけられたというのである。ただしオゲというのは、トルコ語の称号で「賢人」を意味する言葉である。

テムジンという名前の意味であるが、モンゴル語でもトルコ語でも「鉄」をテムルというから、これに関連のある名前であろう。「鍛冶屋《かじや》」だという説があるが、「鍛冶屋」はテムルチであって、テムジンではないから、正しくない。

イェスゲイ・バートルとホエルン・ウジンの間には、テムジン（チンギス・ハーン）を頭として、四人の息子と一人の娘が生まれた。次男はジョチ・ハサルといった。三男はハチウン、四男はテムゲ・オッチギンといい、娘はテムルンといった。ハサルは「猟犬」の意味である。

オッチギンというのは「末子」の意味で、もともとはトルコ語である。トルコ語で「火」をオト、「君主」をティギンといい、これをいっしょにしたオッチギンは、文字どおりには「火の君」を意味する。かまどの火は一家の生命ともいうべき大事なものであるが、これを守るのが末子の務めとされていた。遊牧民の家族では、古くは年上の息子から順番に結婚して、財産となる家畜を親から分けてもらって、家を出て独立していく。最後にのこった末子が両親と同居してそのめんどうを見、親の亡くなったのちはその財産を引き継ぐのであった。

こうした末子相続制度を表現した言葉がこのオッチギンである。オッチギンはまたオトハンとも言うが、これもオト「火」とハーン「王」を合わせた言葉で、「火の王」を意味する。「火」はモンゴル語では「ガル」というが、モンゴルの火の神の名は「オトハン・ガライハン」である。トルコ語とモンゴル語の「火の王」を重ねた名前である。とにかく、これで、古い時代に末子が一家のかまどの火を守る者であった痕跡《こんせき》がうかがわれるというものである。

イェスゲイ・バートルには、ホエルンのほかにも妻があり、ベルグテイという息子が生まれているが、これはチンギス・ハーンの異母弟にあたる。チンギス・ハーンの弟妹は、以上の四人の弟と一人の妹であった。

イェスゲイ・バートルの事績として伝えられていることはすくないが、重要なのは、西隣のケレイト部族の王との関係である。イェスゲイの牧地は、ケンテイ山脈のなかのブルハン・ハルドン山というところにあった。ここは東側からはケルレン河とオノン河が流れ出し、西側からはトーラ河が流れ出している分水嶺《ぶんすいれい》で、すなわち東側のモンゴル部族の牧地と西側のケレイト部族の牧地の境界にあたっていた。イェスゲイの一家は、モンゴル部族の最西端にいた一家だったのであるが、それがケレイト王と関係を生じたのは、ケレイト王国の王位争いをめぐる内紛が原因であった。

ケレイト王マルクズ・ブイルク・ハーンは一一〇〇年、契丹《きったん》軍に捕らえられて処刑された。王位を継いだのはマルクズの息子のクルジャクズ・ブイルク・ハーンであった。クルジャクズはギリシア語のキュリアコスで、「主の日（日曜日）に生まれた者」を意味する。ラテン語でいえばドミニクスで、キリスト教の洗礼名である。

クルジャクズ・ハーンの死後、ケレイトの王位を継いだのは、その長男のトグリル・オン・ハーンであった。トグリルというのは、トルコ語で「引き裂くもの、肉食鳥、猛禽《もうきん》」の意味である。トグリル・オン・ハーンとイェスゲイ・バートルとの関係については、のちに一二〇三年、チンギス・ハーン自身がオン・ハーンに対して、つぎのように語っている。

「むかしのことをいえば、あなたの父のクルジャクズ・ブイルク・ハーンの亡くなったのち、その四十人の息子の長兄だからというので、あなたはハーンになられました。あなたはハーンになってから、自分の弟のタイ・テムル太子《タイシ》とブハ・テムルを殺しました。あなたの弟のエルケ・ハラも殺されそうになり、自分の命を心配して脱走して、ナイマン部族のイナンチャ・ビルゲ・ハーンのもとに逃げ込みました。『弟殺しだ』と言って、あなたの叔父のグル・ハーンが攻めてきたので、あなたは自分の命を心配して、百人の家来とともに逃げ出して、セレンゲ河を下って逃げて、ハラウン山の峡谷に這い込みました。それからそこを出るのに、メルキト部族のトクトアに自分の娘のフジャウル・ウジンをさし出して顔を立てて、ハラウン山の峡谷から出て、私の父のイェスゲイ様のもとに来たのです。

あなたはそのとき『叔父のグル・ハーンから、私の国人を助けてくれ』と言いました。こう言われて、私の父のイェスゲイ様は、あなたがそうやって来たというので、タイチウト氏族のなかからグナンとバガジの二人を連れて、あなたの国人を助けてあげようと、軍勢を整えていって、グルバン・テルストにいたグル・ハーンを、二、三十人の家来とともに西夏《せいか》に追い出して、あなたの国人を助けてあげたのです。それから帰ってきて、トーラ河のハラ・トンで、あなたは私の父イェスゲイ様とアンダ（盟友）になって、そこであなたは私の父に感謝して、『あなたのこの恩のお礼を、あなたの子孫の子孫にいたるまで返そう。上なる天も地の神も照覧あれ』と言ったことがありました。」

ここでトグリル・ハーンの弟が逃げ込んださきとされているナイマン部族とは、ケレイト王国の西隣の大国で、ハンガイ山脈からアルタイ山脈にかけて遊牧していた。ナイマンの王家はおそらくむかしのウイグル帝国の後裔《こうえい》で、その子孫は、のちにチンギス・ハーンの子孫の元朝がシナから追い出されたのち、モンゴル民族と対立する大勢力になるオイラト民族のなかのジューンガルという大部族を形成するが、それはずっと後世の話である。

また叔父に王位を奪われたトグリル・ハーンが逃げ込んださきのメルキトというのは、セレンゲ河の渓谷、バイカル湖の南方に遊牧していた、ケレイトの北隣の大部族であった。このメルキトから、トグリル・ハーンはさらにケンテイ山脈のイェスゲイの牧地に避難してきて助けを求めたのである。ケレイトの王位を取り返したトグリル・ハーンが、イェスゲイの功労に感謝して盟友《アンダ》の誓いを結んだという。このアンダというのは、「兄弟分」とでも訳すべきであろうか。それぞれ自分がもっともたいせつにしている物を交換して結ぶ関係である。ここでケレイト王とモンゴル部族のイェスゲイとが兄弟の誓いを立てたのである。これがのちに、イェスゲイの息子のチンギス・ハーンの運命に大きな影響を及ぼすことになる。

チンギス・ハーンの父イェスゲイ・バートルの事績としては、タタル部族と戦ったことと、このケレイト王を助けたこと以外には、確実なことはほとんど伝わっていない。そしてイェスゲイはわりあいに早く死んだ。ラシード・ウッ・ディーンの『集史』によると、イェスゲイが死んだとき、長男のチンギス・ハーンはまだ十三歳だったという。これはチンギス・ハーンの誕生が一一五五年だったとしての話であるから、イェスゲイの死は一一六七年だったことになる。

イェスゲイ・バートルは生前、同じモンゴル部族のなかのタイチウト氏族と不和になっていた。タイチウトというのは、先々代のモンゴル王アンバガイ・ハーンの子孫の氏族であった。イェスゲイが早死にし、あとを継ぐべきテムジン（チンギス・ハーン）がまだ幼かったために、それまでイェスゲイに従っていた人々のなかには、タイチウトに行ってしまう者が多かった。イェスゲイの側近であったトドエンも立ち去ろうとした。テムジンは涙を流して引き留めようとしたが、トドエンは「いままでは深い淵《ふち》も干上がってしまい、硬い石も砕けてしまった。ここにいてもどうしようもない」と言って、行ってしまった。

テムジンの母のホエルンは女丈夫《じょじょうふ》で、みずから旗を立て兵士を率いて出馬して、立ち去る者を追撃し、その大多数を連れ戻した。このとき老臣のチャラハイは背中を槍で刺されて重傷を負った。テムジンが自分で見舞いに行くと、チャラハイは「先代様がお亡くなりになってから、御家来に逃げ出していく者が多くなりまして、私は腹が立ってたまらず、つい遠くまで追っていって深入りして戦って、こういうことになったのでございます」と言った。テムジンは感動して涙を流して帰ってきた。以上は『聖武親征録』にある話であるが、イェスゲイの早死にで遺族が苦境に立ったことがしのばれる。

3 『元朝秘史』の物語

チンギス・ハーンの生涯の、早い時期については、詳しいことはほとんどわからない。

チンギス・ハーン以前にも、モンゴル部族には、全部族に君臨した王が三代あったが、チンギス・ハーンの出自は、必ずしもその嫡流《ちやくりゆう》というわけではなかった。最初の王であったハブル・ハーンとの関係では、チンギス・ハーンはその曾孫たちの一人にすぎない。ハブル・ハーンの後、王位は別の家系のアンバガイ・ハーンに移っている。アンバガイ・ハーンの後、王位はふたたびハブル・ハーンの家系に戻って、息子のフトラ・ハーンが即位したが、このフトラ・ハーンは、チンギス・ハーンから見れば、祖父の弟、つまり従祖父《おおおじ》にあたる。つまりモンゴル部族の王位継承権は、チンギス・ハーンの直系の祖先を順に伝わってきたわけではないのである。言い換えれば、チンギス・ハーンの家系は、王家のなかでも傍系に属し、いわば微身の出身であった。微身の家に生まれたチンギス・ハーンに書記などはいず、記録もなかったのは当然である。このために、『元史』『聖武親征録』『集史』など、確実な史書には、チンギス・ハーンの幼年時代について、詳しい記述がほとんどないのである。

ところが『元朝秘史』には、チンギス・ハーンの出生から、その結婚、はじめていっぽうの旗頭になるまでのめざましい物語がロマンチックに語られている。有名な物語だから、つぎにそれを要約して紹介しよう。

話はイェスゲイ・バートルが、ホエルン・ウジンを娶《めと》る物語から始まる。

あるとき、イェスゲイはオノン河に鷹狩《たかが》りに行った。そこへ、メルキト部族のイェケ・チレドという人が、オルフヌウト氏族の娘を嫁にもらって、連れて帰っていく途中、イェスゲイに出会った。オルフヌウトというのは、モンゴル部族のなかの大民族であるフンギラト氏族の分かれで、フンギラト氏族は北モンゴル東部のブイル・ノール湖のあたりに遊牧していた。つまりチレドとその新妻は、東のほうから来て、オノン河の渓谷を通って、西方のセレンゲ河のほうへ行くところだったことになる。

それはともあれ、旅人の連れている若妻の美貌を見たイェスゲイは、急いで家に戻って、兄のネクンと弟のダリタイを連れて追いかけてきた。その勢いを見て恐れをなしたチレドは、乗馬に鞭《むち》打って、脚の速さに任せて丘を越えて逃げ去った。三人はあとから追った。チレドは山を一回りして、新妻の乗った牛車のところへ戻ってくると、新妻のホエルンは言った。

「あの三人の人たちの様子を見ましたか。血相が変わっています。あなたの命をねらっている顔つきです。命さえあれば、奥様は何人でももらえます。別の女の人にホエルンという名をつけてください。御自分の命をたいせつにして、私の匂いをかいでいってください。」

そう言って、ホエルンは自分のシャツを脱いだ。チレドが馬上から身をかがめてそれを拾い上げるやいなや、三人が山を回って追いついてきた。チレドは乗馬に鞭打ってまっしぐらに、オノン河の上流のほうへと逃げ去った。三人はあとから追っていって、丘を七つ越えるまで追ってから戻ってきて、ホエルンの乗っている車の牛の端綱《はづな》をイェスゲイが引き、兄のネクンは先に立ち、弟のダリタイは車の轅《ながえ》の側を馬を進めて、家のほうへ帰っていった。ホエルンは言った。

「私の愛しいチレド様は、風に弁髪を吹き乱されたこともなく、野原で腹をすかしたこともなかったのに、いまはどうして、弁髪の先の二つの飾りを、ひとたびは背中にはね飛ばし、ひとたびは胸の上にはね飛ばして、前にやったりうしろにやったりしながら行かれたのでしょう。」

　ホエルンがこう言って、オノン河の水が波立つほど、河原の木々が震えるほどの大声で泣きながら連れて行かれると、ダリタイはその側を馬を歩ませながらこう言った。

「あなたの抱いた人は、多くの峠を越えてしまった。あなたに泣かれる人は、多くの河を渡ってしまった。叫んだって、振り返ってあなたを見るわけではない。あとを追ったって、行った道が見つかるわけではない。静かにしなさい。」

　こうしてイェスゲイは、ホエルンを自分の家に連れてきたのである。

『元朝秘史』のつぎの物語は、こうして結婚したイェスゲイとホエルンの間に生まれたテムジン（チンギス・ハーン）の婚約の物語である。

　テムジンが九歳になったとき、父のイェスゲイは、テムジンのために嫁を探そうと、テムジンの母のホエルンの里方であるオルフヌウト氏族をめざして、テムジンを連れて行った。その途中で、チェクチェル山とチフルフ山の間で、二人はフンギラト氏族のデイ・セチェンという人に出会った。セチェンというのは、「聡明《そうめい》な」という意味の称号である。

デイ・セチェンは言った。

「親戚のイェスゲイさん、誰のところへ行くのですか。」

イェスゲイは言った。

「私のこの息子の母親の里方のオルフヌウトへ行って、嫁を探そうというのです。」

デイ・セチェンは言った。

「あなたのこの息子さんは、眼に火があり顔に光のある子です。親戚のイェスゲイさん、私は昨晩、夢を見ました、白い鷹が太陽と月をつかんで飛んで来て、私の腕に止まったという夢です。この夢を人に話して不思議がっていたのですが、いま考えると、親戚のイェスゲイさん、私のこの夢は、あなたが息子さんを連れてくる知らせだったのです。あなたがたキヤン氏族（イェスゲイの氏族名）の守り神が来て、私に告げたのです。

私たちフンギラトの民は、むかしから外戚であることを光栄として、国を争ったことはありません。あなたがたがハーンになったとき、私たちは自分の美しい娘を車に乗せて、駱駝《らくだ》に引かせて、速足で行かせて、あなたがたといっしょに妃《きさき》の位に坐らせるのです。私たちフンギラトの民は、后妃によってみずからを守り、娘たちによって話を通ずる者であり、外戚であることを光栄としてきました。私たちの男の子は牧地を守り、女の子は美貌をめでられるのです。親戚のイェスゲイさん。私の家に行きましょう。私には小さい娘があります。見てください。」

そう言って、デイ・セチェンはイェスゲイを自分の家に連れて行って泊めた。

その娘をイェスゲイが見ると、顔に光があり眼に火がある娘だったので、気に入った。テムジンより一歳年上で、十歳、名はボルテといった。その晩は泊まって、翌朝、娘さんをくださいと言うと、デイ・セチェンは言った。

「何度も請われてから与えればたいせつにされるし、ちょっと請われただけで与えれば粗末にされるものです。しかし女の運命として、生まれた家のなかで年を取るものではありません。娘をさし上げましょう。息子さんを婿としておいて行きなさい。」

話がまとまって、イェスゲイ・バートルは言った。

「息子を婿としておいて行きましょう。息子は犬を怖がります。息子を犬で怖い思いをさせないでください。」

そう言って、自分の替え馬を結納にさし出して、テムジンを婿としておいて帰っていった。

つぎはイェスゲイの死の物語である。

イェスゲイ・バートルは、家に帰る途中、チェクチェル山のシラ・ケエルの野で、タタル部族が宴会を開いているのに出会って、喉が渇いていたので、馬を下りて宴会に加わった。ところがそのタタル人たちに顔を知られていた。「キヤン氏族のイェスゲイが来たぞ」と、以前に捕虜にされた怨恨《えんこん》を思い出して、毒を混ぜて与えた。イェスゲイはそれから帰る途中、病気になって、三日かかって家に着くと同時に危篤になった。

イェスゲイ・バートルは言った。

「私は胸が悪い。誰かおるか。」

するとホンホタン氏族のチャラハ老人の息子のムンリクが、

「御前におります」

と言った。呼び寄せて、イェスゲイは言った。

「いい子のムンリクよ。私には小さい息子たちがある。テムジンを婿としておいて帰ってくるとき、途中でタタル部族にやられた。私は胸が悪い。小さい者たちやあとにのこされる者たち、おまえの弟たちや後家になるおまえの嫂《ねえ》さんを頼むぞ。息子のテムジンを、なるべく早く行って連れてきてくれ。いい子のムンリクよ。」

そう言って、イェスゲイは亡くなった。

ここでちょっと注釈を入れると、ここに出て来るホンホタン氏族のムンリクという人は、寡婦となったホエルンが再婚する相手で、チンギス・ハーンの義理の父親にあたる。そのため、『元朝秘史』では、この人はムンリク・エチゲと呼ばれている。エチゲとは、モンゴル語で「父」を意味する。

『元朝秘史』の物語を続けよう。

イェスゲイ・バートルの遺言に背かず、ムンリクは行って、デイ・セチェンにこう言った。

「イェスゲイ様はテムジンのことをしきりと思って、心を痛めています。テムジンを連れにきました。」

デイ・セチェンは言った。

「イェスゲイさんが息子のことを思っているのなら、連れて行くがよい。会って、早く帰ってきなさい。」

こうしてムンリク・エチゲは、テムジンを連れて帰ってきた。

このあと『元朝秘史』では、イェスゲイの死後、未亡人のホエルンが、アンバガイ・ハーンの二人の妃と衝突を生じ、その結果、タイチウト氏族がホエルンの一家を捨てて他所に移動してしまい、あとにのこされたホエルンが苦労して息子たちを育てたさまが、韻文で語られる。注意すべきことに、『元朝秘史』では、チンギス・ハーンの異母兄弟はベルグテイ一人ではなく、もう一人ベクテルという人がいたことになっていて、つぎに来るのは、チンギス・ハーンがこの異母兄弟を殺す物語である。

ある日のこと、テムジンとジョチ・ハサル、ベクテル、ベルグテイの四人は、ともにオノン河の岸に坐って釣りをしていた。そこへ光るソゴスンという魚がかかった。それをテムジンとハサルから、ベクテルとベルグテイが奪い取った。テムジンとハサルは家に帰ってきて、母のホエルンにこう言った。

「一尾の光るソゴスンが針にかかったのを、ベクテルとベルグテイに取られてしまいました。」

ホエルンは言った。

「いったいどうしたの。兄弟なのになんだってそんなことをするの。私たちは『影よりほかに友はなく、尾よりほかに鞭がない』のですよ。タイチウトの兄弟たちにこんな目に遭わされて、どうして仕返しをしようかと言っているときなのに、むかしのアラン・ゴワ様の五人の息子たちのように、どうして仲良くしないのですか。おやめなさい。」

するとテムジンとハサルは気に入らず、

「昨日は一度、雲雀《ひばり》を鏑矢《かぶらや》で射止めたのを、こんなように奪い取った。今日もまたこんなように奪った。なんだっていっしょにいられようか」

と言って、戸口から飛び出していった。

ベクテルが小山の上に坐って、九頭の馬の番をしているところへ、テムジンはそのうしろから、ハサルはその前から、弓に矢をつがえて忍び寄ってきた。ベクテルはこれを見て言った。

「タイチウトの兄弟たちにこんな目に遭わされて、この仇を誰に返そうかと言っているときに、なんだって私を目の上のたんこぶにするのだ。『影よりほかに友はなく、尾よりほかに鞭がない』ときなのに、なんだってそんな考えを持つのだ。私の炉を壊さないでくれ。ベルグテイを見捨てないでくれ。」

こう言って、あぐらをかいて坐って待っていた。テムジンとハサルはその前からうしろから、的のように矢を射立てて去った。

家に戻ってきて入るやいなや、ホエルンは二人の息子の顔色でなにが起こったかを知って、おおいに怒り、

「『影よりほかに友はなく、尾よりほかに鞭がない』ときに、タイチウトの兄弟たちにこんな目に遭わされて、誰に仇を返そうかと言っているときに、なんだってこんなことを互いにするのですか」

と言ったが、あとの祭りであった。

このあと、『元朝秘史』は、タイチウト氏族のタルグタイ・キリルトク（アンバガイ・ハーンの曾孫）が家来を引き連れてテムジンを捕らえに来、連れ去って手枷《てかせ》をはめて抑留したが、テムジンはスルドス氏族のソルハン・シラの厚意で脱走して助かった話、それに家に九頭しかない馬の八頭を泥棒に盗み去られて、テムジンがのこった馬で追跡し、その途中でアルラト氏族のボオルチュという好青年に出会って親友となり、その助けで八頭の馬を取り返す話を語っているが、ここではすべて省略する。

そして『元朝秘史』がつぎに物語るのは、テムジンが妻のボルテをメルキト部族に奪われて、ケレイ

トのトグリル・オン・ハーンと、盟友《アンダ》であったジャダラン氏族のジャムハの助けを得て取り返す話である。

テムジンとベルグテイの兄弟二人は、九歳のときにテムジンが婚約して以来、離れ離れになっていたデイ・セチェンの娘ボルテに会いに行った。ケルレン河に沿って下り、チェクチェル山とチフルフ山の間まで来ると、デイ・セチェンはそこにいた。デイ・セチェンはテムジンと再会しておおいに喜び、

「タイチウトの兄弟たちに憎まれているというので心配していた。やっと会えたなあ」

と言って、ボルテと結婚させて、嫁入りを送って行くことになった。デイ・セチェン自身は途中で引き返したが、ボルテの母のジョタンは娘を送って行って、グレルグ山中のセングル小河にあったテムジンの家に送り届けた。

ジョタンが帰っていったのち、一家はセングル小河から移動して、ケルレン河の水源のブルギ・エルギというところにキャンプを張った。ジョタンが手土産にと持ってきた黒い貂《てん》の毛皮の外套《がいとう》があったが、それを持って、テムジンとハサルとベルグテイの三人は、むかし父のイェスゲイと盟友になっていたケレイト部族のオン・ハーンに会いに行った。トーラ河のハラ・トンにあったオン・ハーンのキャンプに着くと、テムジンは、

「以前、あなたは私の父と盟友《アンダ》の誓いを立てたことがあります。実の父親同様でありますので、妻を娶《めと》って受け取った手土産を、あなたのところへ持ってきました」

と言って、貂の毛皮の外套をさし出した。オン・ハーンはおおいに喜んで、

「黒い貂皮の外套の返礼として、おまえの離れた領民を集めてやろう。貂皮の外套の返礼として、おまえの散らばった領民をそろえてやろう。安心して私に任せなさい」

と言った。

それから帰ってきて、同じケルレン河の水源のブルギ・エルギに遊牧しているとき、ある日の早朝、しらじら明けのころに、ホエルンの家で働くホワクチンという老婆が起き上がって、

「奥様、奥様、早く起きてください。地面が揺れています。地響きが聞こえます。あのうるさいタイチウトのやつらが来るのじゃありませんか。奥様、早く起きてください」

と言った。ホエルンは、

「子供たちを早く起こしておくれ」

と言って、急いで起きた。テムジンらの子供たちも急いで起きた。みんなそれぞれ馬に乗ったが、九頭しかないので、ホエルンと五人の息子たち、それにボオルチュとジェルメという二人の家来が一頭ずつに乗り、テムルンをホエルンが抱くと、のこったのは一頭の替え馬だけで、ボルテには乗るべき馬がなかった。

みんなは馬に乗ると、まっしぐらにブルハン山をめざして駆け上っていった。ホワクチン婆さんはボルテを隠そうと、牛車に乗せてテンゲリ小河に沿って上っていくと、夜が明けて明るくなって、向こうから敵の一隊がやって来て、

「おまえは何者だ」

と問うた。

「テムジン様のところの者でございます。ご主人様の家で羊の毛を刈りにまいりまして、自分の家に帰るところです。」

「テムジンは家にいるのか。家はどれくらい先か。」

「家は近くです。テムジン様がおいでかどうかはわかりません。裏のほうからまいりましたので。」

そこでその一隊は馬を走らせて行ってしまった。ホワクチン婆さんは牛に鞭打って、急いで移動しようとしたが、その途端、車の軸がぽっきり折れてしまった。徒歩で森のなかへ逃げ込もうとしているところへ、さっきの一隊が、ベルグテイの母を鞍《くら》のうしろにまたがらせて戻ってきて、

「この車のなかになにを乗せているのだ」

と言った。ホワクチン婆さんは、

「羊毛を積んでおります」

と言った。その一隊の隊長たちは部下に、

「おまえたち、馬から下りて見てくれ」

と言った。部下たちが馬から下りて車の扉を開けてみると、その内には奥様らしい女の人が坐っていたので、車から引きずり下ろして、ホワクチン婆さんともども鞍のうしろにまたがらせて連れて行って、テムジンたちの逃げていった跡を、踏み倒した草をめあてに追っていって、ブルハン山をめざして登っていった。

こうしてブルハン山を三回回るほど追い回したが、テムジンたちはとうとう捕まらなかった。その敵というのは、メルキト部族の三人の族長であった。ウドイト氏族のトクトア、ウワス氏族のダイル・

ウスン、ハアト氏族のハアタイ・ダルマラという名前である。この三人は、むかしホエルンがチレドから奪い取られたというので、その仇を討ちに来たのであった。メルキト人たちは、

「ホエルンを奪われた恨みに報いて、いまやあいつらの女たちを捕まえた。われわれの恨みは報われた」

と言い合って、ブルハン山から下りて、自分たちの故郷に帰っていった。

敵が去ったのち、テムジンは助かったお礼に太陽を拝んで祈り、子々孫々にいたるまでブルハン山を祭ることを誓った。それからテムジンとハサルとベルグテイの三人は、トーラ河のハラ・トンにいたケレイト部族のトグリル・オン・ハーンのところへ行って、こう言った。

「三人のメルキト人が突然やって来て、婦人たちや子供たちを捕らえて連れ去りました。わが父なるハーンよ、婦人たち、子供たちを助けてください。」

これに対して、トグリル・オン・ハーンは言った。

「私は去年、おまえに言ったではないか。貂《てん》の毛皮の外套を私のところへもってきて、『父親の生前の盟友《アンダ》だったから、実の父親と同様だ』と言って私に着せたので、そのとき、私は『貂の毛皮の外套の返礼として、おまえの散らばった領民をそろえてやろう。黒い貂の毛皮の外套の返礼として、おまえの離れた領民を集めてやろう。安心して私に任せなさい』と言ったではないか。いまその言葉を守って、貂の毛皮の外套の返礼として、メルキトの全部族を滅ぼしてでも、おまえのボルテを救ってやろう。黒い貂の毛皮の外套の返礼として、メルキトの全部族を粉砕して、おまえの妻を取り返してやろう。おまえはジャムハに伝言を送れ。ジャムハはホルゴナク河原におる。私はこちらから二万人の

兵を率いて出陣しよう。これを右翼として、ジャムハは二万人の兵を率いて左翼となって出陣するように。どこで落ち合うかは、ジャムハに任せよう。」

ケレイトから帰ってきて、テムジンは今度はハサルとベルグテイの二人をジャムハのもとに遣わし、メルキトに対する復讐《ふくしゅう》戦への加勢を請うた。ジャムハは快諾し、合流の地点として、オノン河の水源のボトガン・ボオルジというところを指定した。

ところがテムジン、トグリル・ハーン、その弟のジャア・ガンボの三人の軍がボトガン・ボオルジに着いたのは、約束の日を三日過ぎたときで、ジャムハの軍はすでに着いて待っていた。三人の軍が進んでくるのを認めると、ジャムハは部下の二万の軍に戦闘隊形をとらせた。三人の軍も戦闘隊形をとって前進し、近づいて互いに相手が誰だかわかるようになったとき、ジャムハは言った。

「風が吹こうが、雨が降ろうが、会合の約束に遅れまいと言ったではないか。モンゴル人たるものは誓約を守るのではないか。約束に遅れた者を仲間に入れまいと言ったぞ。」

これに対してトグリル・ハーンは、

「約束に三日遅れた罰は、ジャムハに任せよう」

と言った。

これで話がついて、それから全軍はボトガン・ボオルジを出発して、ヒロク河（セレンゲ河に東方から流れこむ支流）をいかだで渡り、ブウラの野にあったメルキトのトクトアのキャンプを奇襲して、その妻子や領民をことごとく捕らえた。トクトア自身は、ダイル・ウスンと二人で、セレンゲ河を下って逃げ出して、バルグジン河の地に逃げ込んだ。

メルキトの人々が夜、セレンゲ河の下流のほうへなだれを打って逃走していくのを、テムジン軍はそれについて走りながら掠奪《りゃくだつ》したが、そのなかをテムジンは「ボルテ、ボルテ」と叫んで走り回った。その群衆のなかにいたボルテは、テムジンの声を聞いてそれとわかって、車から降りて走ってきた。ボルテとホワクチン婆さんはテムジンの乗馬の端綱《はづな》をつかんだ。月明かりに透かして見るとボルテなので、飛びついて抱き合った。それからテムジンは、その夜のうちにトグリル・ハーンとジャムハに使者を遣わし、目的は達したので、今晩はこのままここでキャンプを張ろうと言ってやった。

さて、もともとメルキト部族の三人の首領が三百人の兵士とともに襲ってきたのは、以前にトクトアの弟のチレドが、妻のホエルンをイェスゲイ・バートルに奪い取られた仕返しに来たのであって、捕らえたボルテをチレドの弟のチルゲル・ボコ（ボコは「力士」）に与えて妻としていた。チルゲルは、「おれは身のほど知らずに、身分の高い奥様とかかわり合いになって、全メルキト部族に災いを招いてしまった」

と言って逃げ去った。

ハアタイ・ダルマラは捕まって、手枷《てかせ》をかけて連れてこられた。ベルグテイの母はその家にいるという話だったので、ベルグテイが探しにいくと、ベルグテイがその家に右の入り口から入ると同時に、母は破れた羊皮の上着を着て、左の入り口から出ていって、外にいた人に言った。

「私の子供たちはりっぱになったということです。私はここで身分の低い人といっしょになって、いまになってどうして子供たちに顔を合わせられましょう。」

そう言うと、走って深い森のなかへもぐりこんでしまい、どんなに探しても見つからなかった。べ

ルグテイは、メルキト人でさえあれば、

「私の母上を連れてこい」

と言って、鏑矢《かぶらや》で射るのであった。

ブルハン山の周りを追い回した三百人のメルキト人を、その子孫の子孫にいたるまで、灰を風で吹き飛ばすように皆殺しにした。のこったその妻子のうち、妻妾《さいしょう》とするべき者は妻妾とし、家内奴隷《どれい》とするべき者は家内奴隷とした。

メルキトに対して大勝利をおさめた連合軍は、オルホン河とセレンゲ河の合流点（いまのロシアとモンゴルの国境）から引き上げた。テムジンとジャムハはホルゴナク河原にいっしょにキャンプを張った。以前に二人が盟友《アンダ》になったことを思い出して、盟友の誓いをあらたにして仲良くしようと申し合わせたのである。最初に盟友になったのは、テムジンが十一歳だったときのことで、そのときジャムハはノロ鹿のシア（動物のくるぶしの骨で、めんこのように投げて遊ぶ）をテムジンに与え、銅をつめて重しにしたテムジンのシアと取り換えて、盟友になったが、これは二人がオノン河に張った氷の上でシアを投げて遊んでいたときであった。

つぎに盟友となったのは、春に木でつくった弓を持った子供たちが矢を射て遊んでいたときに、ジャムハは子牛の角を二本はり合わせて孔《あな》を開けて音が出るようにした鏑矢をテムジンに与え、テムジンのねずの木の鏃《やじり》のついた鏑矢と取り換えて、二度めに盟友の誓いを立てたのであった。

古老たちの言うところでは、盟友《アンダ》たる者は死なばもろともと助け合い親しみ合うものだ、というから、もう一度、盟友の誓いをあらたにして仲良くしようと、テムジンはメルキトのトクトアから奪った黄金のベルトと、たてがみと尾の黒い黄毛の馬を、ジャムハに与え、ジャムハはダイル・ウスンから奪った黄金のベルトと白馬をテムジンに、それぞれ与え、二人はホルゴナク河原のグルダガル崖の前の茂った樹のもとで盟友《アンダ》の誓いを立て、酒宴を張ってともどもに楽しみ、夜は一つ布団に寝るのであった。

さて、『元朝秘史』の物語は、ここで一転して、テムジンとジャムハの友情が破れて、テムジンが独立してチンギス・ハーンと名乗る話に入る。

テムジンとジャムハは二年めの半ばまで仲良くして、二人のいたキャンプ地から、ある日のこと移動しようと申し合わせて、夏のはじめの月（陰暦四月）の十六日の満月の日に出発した。テムジンとジャムハはいっしょに牛車隊の先頭に立って馬を進めていたが、そのときジャムハがこう言った。

「テムジン君、テムジン君、山寄りにキャンプを張ろう。われわれの馬飼いたちがテントにありつけるように。谷寄りにキャンプを張ろう。われわれの羊飼いたちが食事にありつけるように。」

このジャムハの言葉は、遊牧民の常識を表現したものである。遊牧生活では、冬の間北風を避けて南向きの谷のなかで過ごし、春になって雪が解けて若草が地表に顔を出すと、家畜を平野に放牧し、夏になると暑さを避けて山の上へ上へと移動し、秋になってしのぎやすくなると、ふたたび平野に下りてきて枯れ草を家畜に食わせる。その間、馬は唇が厚いので、草の先のほうしか食べないが、羊は反っ歯なので茎の根本まで食べてしまう。そのため、馬群を先行させて草を食わせ、そのあとから羊群が行って馬の食いのこした草を食うのである。だからジャムハが言うように、夏のはじめには馬群をさきに山に登らせ、羊群はそれより谷寄りに放牧するものなのであるが、どうしたことか、テムジンはこのとき、ジャムハの言う意味がわからなかったと『元朝秘史』はいっている。

テムジンは黙って馬を止め、牛車隊が追いついてくるのを待って、母のホエルンに言った。

「ジャムハ君が、『山寄りにキャンプを張ろう。われわれの馬飼いたちがテントにありつけるように。谷寄りにテントを張ろう。われわれの羊飼いたちが食事にありつけるように』と言うのです。私はかれがなんのことを言っているのかわからなかったので、なんとも返事をしませんでした。母上にうかがおうと思ってまいりました。」

するとホエルンがなにも言わないうちに、妻のボルテが言った。

「ジャムハさんは飽きっぽい人だという話です。もう私たちのことが嫌になるころです。ジャムハさんがさっき言った言葉は、私たちのすきをうかがう口ぶりなのです。私たちはキャンプを張るのはやめましょう。このまま移動を続けまっすぐ行きましょう。別れて夜のうちに移動しましょう。さあ。」

ボルテの言葉に同意して、キャンプを張らず、夜通し移動を続ける途中、タイチウト氏族のキャンプにぶつかった。タイチウトは慌てて、その夜のうちにジャムハのキャンプに向かって移動していった。夜が明けて見ると、テムジンのもとには多くの部族、氏族の人々が馳《は》せ参じていたが、そのなかにバアリン氏族のホルチという人がいて、こう言った。

「私の氏族は、ジャムハのジャダラン氏族と祖先が同じなのですが、霊兆が現れて私がこの眼で見ました。黄毛の牝牛《めうし》が来て、ジャムハの周りを回って、ジャムハのゲル（いわゆる蒙古包《もうこパオ》）と牛車を角で突きまくり、ジャムハを突いて、角の一本を折って、片方の角だけになって、『角を返せ』とジャムハに向かって吼《ほ》え立てながら、土ぼこりを上げています。そこへ黄毛の牡牛《おうし》が、大きなゲルの杭《くい》をもち上げて、引きずって、テムジンさんのあとについて、大通りを吼え立てながらやって来て、『天と地が相談して、テムジンを国人たちの主君にならせようと、国人たちを連れてきた』と言いました。そのような霊兆を私の眼に見せて示したのです。」

テムジンのもとに集まった人々のなかには、フトラ・ハーンの息子のアルタン（テムジンの父イェスゲイの従弟）や、ネクン・タイシ（イェスゲイの兄）の息子のフチャル（テムジンの従兄）や、ユルキン氏族のソルハト・ユルキ（イェスゲイの従兄）の息子のセチェ・ベキなどもいたが、かれらは相談してテムジンに言った。

「あなたをハーンにしよう。テムジンがハーンになれば、われらは敵に対しては、先鋒《せんぽう》となって襲いかかり、容貌の美しい娘たちやりっぱなテント、他部族の頬の美しい婦人たちや尻つきの優れた馬を、速足で持ってきてさし上げよう。すばしこい獣に対して巻き狩りをすれば、囲みの先頭に立ってあげよう。野にいる獣の腹がくっつき合うほど追い詰めてあげよう。崖にいる獣の腿《もも》がくっつき合うほど追い詰めてあげよう。戦場においてあなたの命令に従わなければ、財産や妻子を取り上げて、われらの首を地上に投げ捨てて行け。平時にあなたの決定に背けば、財産や妻子を取り上げて、無人の地に捨てて行け。」

こう申し合わせて、テムジンにチンギス・ハーンという称号をささげて、ハーンとした。

いまやチンギス・ハーンと呼ばれることになったテムジンが、ケレイト部族のトグリル・ハーンとジャダラン氏族のジャムハに使いをやって、自分の選挙について通告すると、トグリル・ハーンは言った。

「わが息子テムジンをハーンにするとは、まことにけっこうだ。モンゴル部族にハーンがなくて、どうしていられよう。この申し合わせを破らぬがよい。着物の襟をすり切らせぬがよい。」

ジャムハは言った。

「アルタンとフチャルに言ってくれ。おまえたち二人は、テムジン君と私の盟友《アンダ》の仲をなぜ引き裂いたのか。われわれが離れずいっしょにいたときに、テムジン君をなぜハーンにしなかったのか。いまはどういうつもりでハーンにしたのか。アルタンとフチャルの二人は、自分の言った言葉を守って、私の盟友《アンダ》の心を安らかにし、よく仕えてやってくれ。」

以上が『元朝秘史』の物語の要約である。いかにも生き生きとした、草原の匂いのする、英雄的な物語ではないか。

ところが驚いたことに、イェスゲイの結婚からチンギス・ハーンの即位にいたるこの一連の物語はまったく史実とは関係のない、自由な創作であり、空想の産物なのである。

まず、最初の、イェスゲイが人妻であったホエルンを奪い取る話からが、そもそも問題である。

この話では、メルキト部族のイェケ・チレドという人が、オルフヌウト氏族の娘であったホエルンを嫁にもらって連れて帰る途中、イェスゲイ兄弟に強奪されることになっているが、『元朝秘史』以外の確実な史料には、ホエルンがオルフヌウト氏であったという以外、かの女が人妻であったなどという話はまったくなく、ましてイェスゲイがかかる乱暴な所行に及んだなどという話も伝えられていない。この話は、のちにイェスゲイの息子のテムジン（チンギス・ハーン）が自分の妻のボルテをメルキト部族に奪い取られる話の伏線として考え出されたもので、イェケ・チレドなどという人も実在の人物ではあるまい。

とにかく、イェスゲイとホエルンの結婚から、テムジンが生まれたこと、およびテムジンの誕生のとき、ちょうどイェスゲイがタタル部族の首領のテムジン・オゲという人を捕虜にして連れてきたので、生まれた息子をテムジンと名づけたことだけは史実のとおりである。そしてこの史実から、『元朝秘史』は、あとのイェスゲイの死を導き出すのである。

それはそれとして、『元朝秘史』で、テムジンの九歳のときのこととしている、フンギラト氏族の娘ボルテとの婚約の物語には、この話がつくられたのがずっと後世の、十三世紀の末から十四世紀の初めであることをしめす歴然たる証拠がある。

この話のなかで、ボルテの父のデイ・セチェンは、イェスゲイに向かって、みずからのフンギラト氏族の伝統を語って、自分たちはイェスゲイのキヤン氏族からハーンが出たとき、娘たちを后妃として奉ることによって宮廷で光栄ある外戚《がいせき》の地位を保つ、平和な民である、と強調する。しかしデイ・セチェンがこう語っていたはずの十二世紀の当時、フンギラトはそんな平和な種族ではなかった。むしろ金帝国の西北辺境に侵入、掠奪《りゃくだつ》を繰り返し、平和を乱す勇猛な種族として恐れられていたのである。

そのフンギラトが、キヤン氏族、つまりチンギス・ハーンの一族であるモンゴルの帝室の外戚として、宮廷に光栄ある地位を確保するようになるのは、チンギス・ハーンの孫であるフビライ・ハーン（元の世祖皇帝）がフンギラト氏族出身のチャブイ・ハトンを皇后としてからのちのことである。ただフンギラト氏族から皇后が出たというだけでは、氏族の地位は安泰にはならない。皇后は一人だけではないし、皇子を産まなければ、皇后といえども政治上は発言権はないし、またその皇子がつぎの皇帝にならなければ、産んだだけではなんの意味もない。

世祖フビライ・ハーンは、言うまでもなく、シナを完全に征服して、元朝という国家を建設した人だったが、この人にも皇后は何人もいた。そのなかで、フンギラト氏族出身のチャブイ・ハトンは第二皇后の地位にあり、デイ・セチェンの息子のアルチ・ノヤンという人の娘であった。このチャブイ皇后は、フビライとの間に、ドルジ、チンキム、マンガラ、ノムガンという四人の男の子を産んだ。長男のドルジは早死にをしたが、次男のチンキムは一二七三年、三十一歳で父のフビライ・ハーンから皇太子の称号を授けられ、同時に母のチャブイも貞《てい》懿《い》昭《しょう》聖《せい》順《じゅん》天《てん》睿《えい》文《ぶん》光《こう》応《おう》皇后というりっぱな称号をもらった。これは、フビライ・ハーンがチンキムを自分の後継者として認知するという、意思表示であった。

ところが、北アジアの伝統では、君主が存命中に自分の後継者を指名する権利はないのである。これはあとでも説明するが、むかしの匈奴《きょうど》の単《ぜん》于《う》、柔然《じゅうぜん》や突厥《とっけつ》の可汗《カガン》、モンゴルのハーンはいずれも、部族、氏族の連合体の指導者として、その連合に参加する集団の代表者たちの大会議において選挙されるのであり、君主は自分の強権をふるって自分でなるものではないのである。

その選挙のときに問題になるのは、おもに指導者として有能であるかどうかということである。先代の長男か、次男か、三男か、それとも末っ子かなどということはあまり問題にならない。成年に達していさえすれば、皇子たちはみな世継ぎの権利に関しては平等である。だからいかにフビライ・ハーンのように偉大な君主でも、自分で自分の後継者を指名したところで、その皇太子が死後のクリルタイ（大会議）で当選するという保証はない。だいたいフビライ・ハーンが、モンゴルの君主のなかでは皇太子というものをつくった最初の人であった。このことはあとでも説明するが、チンギス・ハーンですら、生前に自分の後継者を指名しなかったし、そのあとを継いだオゴデイや、グユク、モンケの三代のハーンも、いずれも皇太子など立ててはいない。

だから一二七三年にフビライ・ハーンが次男のチンキムを皇太子に立てたからといって、それだけではモンゴル人たちにはたいした意味はなかったのだが、それからというもの、フビライ・ハーンはせっせと自分の財産や軍隊を皇太子チンキムに贈与し続け、同時に新しく漢地の統治のために設置した中央官庁の中枢部に、皇后チャブイと皇太子チンキムの息のかかった人々を配置していった。そうして総仕上げとして、一二七九年、六十五歳の高齢に達したフビライ・ハーンは、皇帝の権限に属するいっさいの政務の裁決を皇太子に一任した。ところがフビライの配慮のかいもなく、皇太子チンキムは一二八五年、四十三歳の若さで父に先立って死んでしまった。

チンキムの妃はバイラム・エゲチ、一名をココジンといい、やはりフンギラト氏族の出身で、カマラ、ダルマパーラ、テムルという三人の息子を産んだ。この皇太子妃は、チンキムの莫大な遺産を守って暮らしていた。そのころ、フビライ・ハーンの元帝国をもっとも悩ました問題は、西北辺境の防衛であった。オゴデイ・ハーンの孫で、チンキムにとっては又従兄弟《またいとこ》にあたるハイドという英雄が、中央アジアに勢力を築き上げて、フビライ・ハーンの勢力圏である北モンゴルに西から毎年のように軍隊を率いて侵入を繰り返していたのである。そのためフビライ・ハーンはハンガイ山脈の方面に大軍を常駐させて、辺境の防衛に努めなければならなかった。

これはさきにも触れたが、チンギス・ハーンが生前に集めた領民と財産が四大オルドと呼ばれて、死後にはチンギス・ハーンの霊に奉仕する廟《びょう》（神社）の社領のようなものになって北モンゴル東部のケルレン河のほとりにのこっていた。フビライ・ハーンは一二九二年、皇孫カマラに晋王《しんおう》という称号を授け、チンギス・ハーンの四大オルドを所領として与え、モンゴル高原の軍隊と人民を統治させた。

さらにその翌年、フビライ・ハーンは皇孫テムルにも、父チンキムのときの皇太子の印璽《いんじ》を授け、西北辺境の駐屯軍の指揮権を与えた。さらにその翌年の一二九四年、世祖フビライ・ハーンは八十歳で死んだ。三人の皇孫のうち、真ん中のダルマパーラはすでに若死にしていたから、故皇太子チンキムの嫡子二人のうちから新皇帝が選ばれることになった。

南モンゴルにフビライ・ハーンが建設した上都《じょうと》という夏の首都にクリルタイが召集された。ラシード・ウッ・ディーンの『集史』によると、このクリルタイで、摂政の役を務める皇太子妃ココジンは、長男のカマラと三男のテムルがいずれも帝位をねらっているのを見て、「先代の遺志によれば、帝位は、チンギス・ハーンの子孫のなかで、チンギス・ハーンの訓言《ビリク》をもっともよく知っている者のものであるべきである。皇子たちよ、おまえたちは訓言について知っていることを語れ。そうすれば、出席の王侯たち、大官たちは、おまえたちのなかから新皇帝を選ぶであろう」と言った。

まず口を開いたのはテムルで、チンギス・ハーンの訓言を雄弁に説いた。カマラはやや口ごもっていて、弁舌さわやかではなかった。二人の発言を聞き終わった出席者たちは異口同音に「テムルがもっとも帝位にふさわしい」と叫んだ、という話である。こうしてテムルが選挙されて即位し、元の成《せい》宗《そう》皇帝となったのであるが、このクリルタイの話からも、テムルが授けられていた皇太子の印璽が、新皇帝の選出にあたって決定的な役割を果たさず、したがってフビライ・ハーンの生前の思惑が二次的な役割しかもたなかったことがわかる。たいせつなのは、チンギス・ハーンの訓言をすらすらと暗《あん》誦《しょう》してみせることによって、自分が指導者にふさわしい資質をそなえていることを立証することだったのである。

それはともかく、この一二九四年のクリルタイをもって、フンギラト氏族の外戚としての地位は確立した。この年から三十四年後の一三二八年、晋王カマラの息子の泰定帝イェスン・テムルの死まで、元朝の帝位は、代々フンギラト氏族出身の后妃の産んだ皇子によって占められた。この一二九四年〜一三二八年の期間こそ、フンギラト氏族の栄華の日々であった。『元朝秘史』の物語でデイ・セチェンが語るような、

「私たちフンギラトの民は、むかしから外戚であることを光栄として、国を争ったことはありません。あなたがた（キヤン氏族）がハーンになったとき、私たちは自分の美しい娘を車に乗せて、駱駝《らくだ》に引かせて、速足で行かせて、あなたがたといっしょに妃《きさき》の位に坐らせるのです。私たちフンギラトの民は、后妃によってみずからを守り、娘たちによって話を通ずる者であり、外戚であることを光栄としてきました」

という状態は、この三十四年間にこそあてはまるものである。

そういうわけだから、『元朝秘史』が語るテムジンとボルテの婚約の物語も、チンギス・ハーンの時代から百年ほどもたって創作されたものと考えたほうが安全である。

さてそのつぎに『元朝秘史』が語る、イェスゲイが帰り道の途中でタタル部族に毒を盛られる話で

あるが、これもほかの確実な史料には見えない話で、ただイェスゲイは、息子のテムジンがまだ小さいときに早く死んだということだけがほんとうらしい。

さらにそのつぎに語られる、テムジンの妻ボルテがメルキト部族に奪われ、ケレイト部族のトグリル・ハーンと盟友《アンダ》のジャムハの助けで取り返される話であるが、この話には原型がある。それはチンギス・ハーンの長男ジョチの誕生の由来である。

ラシード・ウッ・ディーンの『集史』によると、つぎのような話がある。

チンギス・ハーンがメルキト部族と戦って、メルキトがかれに対して勝利をおさめたときに、ボルテ・ウジンは長男のジョチを懐妊していた。メルキトはかの女を捕虜として連れ去った。そのころメルキトとオン・ハーンの間には平和な関係があったので、メルキトはかの女をオン・ハーンに送り届けた。オン・ハーンはかの女をたいせつに取り扱い、チンギス・ハーンの父（イェスゲイ）と自分との間の古い友人関係のゆえに、かの女を自分の嫁と、チンギス・ハーンを自分の息子とみなした。オン・ハーンの部下たちが言った。

「なぜかの女をご自分で娶《めと》らないのですか。」

オン・ハーンは答えた。

「かの女は私の息子の妻だ。もしもそんな卑劣なことをすれば、かの女の眼に背信行為と映るだろう。」

チンギス・ハーンはこの事情を知って、オン・ハーンのもとにジャライル部族のサバという人を遣わして、妻を返してくれるように請うた。オン・ハーンはしかるべき敬意を払って、ボルテをサバに引き渡した。かの女がチンギス・ハーンのもとに向かう途中、ジョチが生まれた。道中が危険だったので、立ち止まって揺籃《ゆりかご》をつくるわけにはいかなかった。サバは少量の小麦粉をこねて塊とし、ジョチをそれでくるんだ。そして着衣の裾《すそ》に包み込んで、ジョチが苦しくないように注意して運んだ。このように思いがけなく生まれたので、ジョチ（客人）と命名したのである。

この話は、サバの孫でイランにいたサルタク・ノヤンという人から、ラシード・ウッ・ディーンが聞いたものだというから、確かな話なのであろう。この話によれば、ボルテがメルキト部族に奪い去られたという事実はあったらしいが、それを取り返すのに、テムジンがケレイトのトグリル・ハーンと盟友《アンダ》のジャムハに加勢を頼み、四万の大軍でメルキト部族を襲撃しておおいに掠奪と虐殺をおこなったなどというようなことではなく、むしろトグリル・ハーンの好意のおかげで、ボルテを無事に取り返すことができたというだけのことである。

この、実際に起こった事件を種として、『元朝秘史』は、さきにチンギス・ハーンの母がメルキト人から奪われ、その意趣返しとしてメルキト人がチンギス・ハーンの妻を奪い去ったという筋を考え出したのであり、さきに紹介したイェスゲイがチレドからホエルンを奪う話は、このような構想に基づいて創り出されたものなのであろう。もちろん、奪い去られたボルテが、チレドの弟のチルゲルの妻にされたというのも、まったく根拠のない作り話なのである。

ただしケレイトのトグリル・オン・ハーンがかつてイェスゲイの盟友《アンダ》であり、その縁でチンギス・ハーンを自分の息子とみなしたということは、ここに引用したラシード・ウッ・ディーンの『集史』の記述にも見えるとおりで、事実であった。ただしオン・ハーンとチンギス・ハーンの出会いは、この『元朝秘史』の話にあるような、ボルテ奪回作戦のときにはじめていっしょになったというようなものではなかったのである。事実は、オン・ハーンがふたたびケレイトの王位を失って諸国を流浪したすえに、一一九六年にいたってチンギス・ハーンのもとにたどり着いたときが、オン・ハーンとチンギス・ハーンの合流のときであり、二人の協力関係の始まりであった。このことについてはあとでも触れる。

ジャムハがチンギス・ハーンと、はじめは盟友《アンダ》の関係にあったことは、ラシード・ウッ・ディーンも伝えていて、事実に相違ないが、どのようにして盟友を誓い合ったのかは、わかっていない。いずれにもせよ、『元朝秘史』が若きチンギス・ハーンとジャムハの友情を大々的に書き立てるのには理由がある。それは『元朝秘史』の物語の構想が、チンギス・ハーンの前半生を、ジャムハとの闘争の年月として描くことだったからである。そのために、チンギス・ハーンとジャムハとの盟友《アンダ》関係をことさらに強調したのであろう。

さらにもう一つ、『元朝秘史』の物語には、実際の歴史と相違する、重大な要素がある。それは、テムジンが盟友《アンダ》ジャムハと絶縁したのち、ただちに支持者たちによってハーンに推戴《すいたい》され、チンギス・ハーンという称号を名乗ったという筋書きである。これがほんとうとすると、チンギス・ハーンは一二〇六年にモンゴル高原の全遊牧民のクリルタイ（大会議）においてハーンに選挙され、即位してチンギス・ハーンを名乗るより以前に、十二世紀の末にすでにもう、一度即位してチンギス・ハーンの称号を採用したことになってしまう。しかし、ほかのあらゆる史料によれば、テムジンが即位してチンギス・ハーンとなったのはただ一度、一二〇六年だけのこととされており、二度の即位を語っているのは、『元朝秘史』のほかにはまったくない。

これはどういうことかというと、『元朝秘史』の物語が、本来、チンギス・ハーンの一二〇六年の即位までを語ることを目的としたものだったからであろう。つまり、史実のとおりの記述をすれば、物語の主人公のチンギス・ハーンは、ほとんど全篇を通じて「テムジン」と本名で呼び捨てにされなければならないことになる。それではチンギス・ハーンの前半生の物語としては、どうにも都合が悪い。そこで『元朝秘史』の作者は、ジャムハとの対立の発端のところに第一回の即位があったという話を発明し、そこから始まる主人公の活躍を、「チンギス・ハーン」の名のもとに描写することにしたのであろう。

いずれにせよ、『元朝秘史』の物語は、かずかずのめざましい場面の連続で、情景の描写も人物の性格も生き生きとしており、文学としての価値も高いが、そのほとんどすべてが作者の奔放な空想の力が創り出したもので、歴史上の人物としてのチンギス・ハーンの実像からは遠いものである。

第二章

草原の覇者から世界の帝王へ

◆地方のナーダム（祭典）の相撲大会のブフ（力士）

13世紀はじめの諸部族

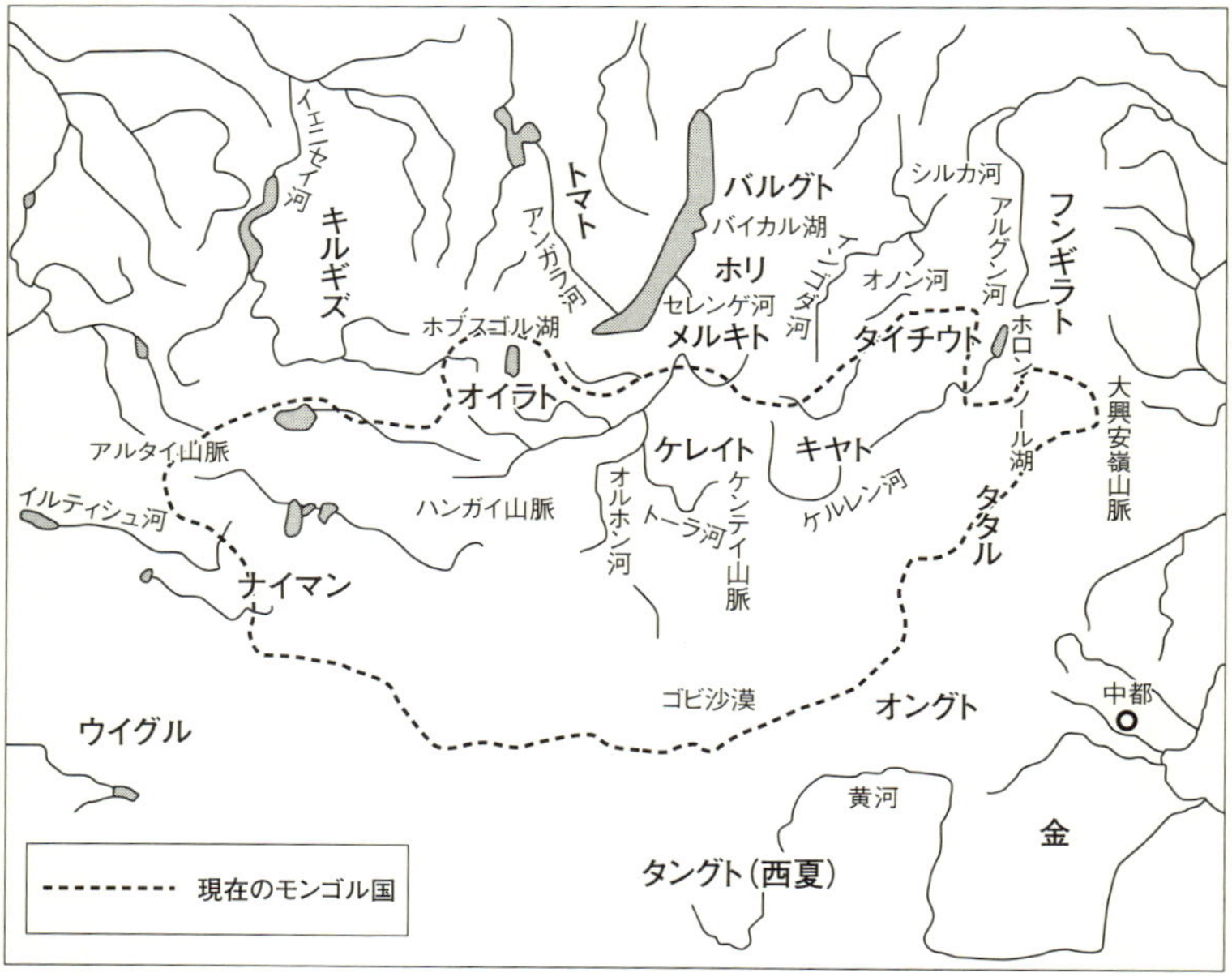

1　十三クリエンの戦い

チンギス・ハーンと名乗る前のテムジンの最初の事業として記録にのこっているものは、「十三クリエンの戦い」と呼ばれるものである。

この戦争の発端はというと、テムジンの部下のジョチ・タルマラという人が、ケンテイ山中のサアリ・ケエルの野に牧地をもっていて、これはテムジン自身のキャンプに近かった。ジョチ・タルマラはジャライル人であった。あとで説明するが、むかしテムジンの祖先のモナルンを殺して、その代償として代々モナルンの子孫の奴隷となることとなったジャライル人の子孫である。このジョチ・タルマラの牧地に隣り合って、ジャダラン氏族のジャムハの部下のタクダチャルという人の牧地であるオレゲイ・ブラクの泉があった。

あるとき、タクダチャルが手勢を率いてサアリ・ケエルに襲ってきて、ジョチ・タルマラの馬群を奪い去ろうとした。ジョチ・タルマラは自分の部下とともに馬群のなかに身を潜め、タクダチャルを矢で射殺した。

この事件を根に持ったタクダチャルの主人のジャムハは、タイチウト氏族を中核とする、モンゴル部族の諸氏族の連合軍を編成した。タイチウト氏族のほかには、イキレス、ウルウト、ノヤキン、バルラス、バアリン、またフンギラト、ゴルラスなどの氏族がジャムハの陣営に参加したという。

この連合軍が押し寄せてくるというので、テムジンの側でも連合軍を編成した。それが全体で十三の「クリエン」から成っていたという。クリエンというのは、文字どおりには「円陣」のことで、遊牧民がキャンプを張るのに、敵襲を防ぐために、キャンプの周囲に牛車を円形に配置する、これをクリエンというのである。この場合は、「部隊」とでも考えておけばよい。

その十三クリエンというのは、つぎの十三である。


第一クリエン。テムジンの母ホエルンとその一家。つまりイェスゲイ・バートルの家族。

第二クリエン。テムジンとその直系の部下。

第三クリエン。ハブル・ハーン（テムジンの曾祖父《そうそふ》）の兄サム・ハチュラの四代あとの子孫であるブルタチュ・バートルらのアダルギン氏族。

第四クリエン。ブダアト氏族。

第五クリエン。テムジンの祖父バルタン・バートルの兄オキン・バルハクの孫セチェ・ベキ（テムジンの又従兄《またいとこ》）とそのユルキン氏族。

第六クリエン。同じ。

第七クリエン。フラン・バートルら。

第八クリエン。バルタン・バートルの弟フトクト・モングルの息子タイチュ。

第九クリエン。ダリタイ・オッチギン（イェスゲイの弟、テムジンの叔父）、ネクン・タイシ（イェスゲイの兄）の息子フチャル（テムジンの従兄）、ドグラト氏族、ネグス氏族など。

第十クリエン。フトラ・ハーン（イェスゲイの叔父）の息子のジョチ・ハーン（テムジンの従弟）。

第十一クリエン。ジョチ・ハーンの弟のアルタン。

第十二クリエン。ダキ・バートルのキンギヤト氏族。

第十三クリエン。チャラハイ・リングン（テムジンの五代前の祖先のバイ・シンホルの弟）の息子オロクチン・チノとゲンド・チノの一族。


以上がジャムハとの戦争を前にして、テムジンの側に結集した連合軍の構成である。この陣容を見ると、なかに多少、由来のわからないものもあるが、だいたいにおいて、すべてハブル・ハーン、フトラ・ハーン父子の一族とその同盟氏族であることがわかる（一一二ページの系図参照）。ただし第十三クリエンだけが特別である。チャラハイ・リングンには三人の息子があり、長男がオロクチン・チノ（「牝の狼」の意味）、次男がゲンド・チノ（「牡の狼」の意味）といい、この二人の子孫がチノス氏族になった。これに対して三男のスルクドク・チノ（一名セングン・ビルゲ）の息子がアンバガイ・ハーンで、その一族がタイチウト氏族になったのである。

つまりジャムハがタイチウト氏族とその同盟氏族を動員したのに対して、テムジン側についたのは、タイチウトを除くモンゴルの諸氏族だったらしくみえる。このことから考えると、チノス氏族のなかでさえ、その分派であるタイチウトの勢力が大きくなりすぎていて、そのためにチノスがハブル・ハーンの子孫と同盟したのであろう。

とにかく、ジョチ・タルマラがタクダチャルを射殺したことから起こった戦争は、ダラン・バルジュトという野で戦われた。テムジン側が十三のクリエンから成っていたことから、この戦争は「十三クリエンの戦い」として知られることになった。この戦争の結果は、『聖武親征録』と『元史』では、テムジン側が勝って、ジャムハは敗走したことになっている。ところが『元朝秘史』では、テムジンはジャムハに敗れて、オノン河のジェレネ・ハブチガイという峡谷に逃げ込んだ、ということになっている。

これはどちらがほんとうかというと、『元朝秘史』では、ジャムハはこの勝利のあとで、「チノスの子らを七十の鍋で煮た」とされている。『聖武親征録』では、ジャムハは途中で七十二のかまどをつくり、狼を煮て食糧としたと書かれている。「狼」は明らかに誤訳で、「チノ」がモンゴル語で「狼」の意味であることから来たまちがいであろう。この「チノスの子ら」というのは、この戦いで同族のタイチウトを裏切ってテムジン側についたチノス氏族、つまり第十三クリエンの人々のことである。この人々が残酷にも釜ゆでの刑に処せられたとすれば、十三クリエンの戦いが実際はジャムハとタイチウト側の勝利に終わったことは確からしい。

この十三クリエンの戦いのあった年代はわからないが、十二世紀の末に近いころであったことはまちがいない。はじめて一軍を指揮した若き大将テムジンにとって、この戦いは敗戦には終わったけれども、当時モンゴル部族の内部において強盛を誇っていたタイチウト氏族の勢力に対して、あえて反タイチウト連合軍を率いて立ち上がったテムジンの名声は、これから上り坂をたどることになる。『聖武親征録』は、つぎのような話を伝えている。

このころタイチウトは、土地は広く、人民は多かったが、内部には秩序がなかった。そのなかのジェウレイトという氏族は、テムジンの牧地に近く住んでおり、いつもオチャン・ジャラマスという野原で巻き狩りをするのだった。テムジンもあるときこの野で巻き狩りをして、勢子《せこ》の輪がたまたま隣り合わせになった。その日の巻き狩りが終わって、テムジンはジェウレイト人たちに、

「今夜はここでいっしょに泊まらないか」

と申し入れた。ジェウレイトが言った。

「勢子が四百騎もいて、食糧が足りなくなったので、もう半数を帰してしまった。」

そこでテムジンは自分の部下に命令して、食糧を分け与え、いっしょに宿泊させることにした。翌日、ふたたび巻き狩りをしたが、テムジンはジェウレイトにいい場所を与え、追い出した獣をジェウレイトの勢子の輪に追い込んで、たくさん取らせてやった。喜んだジェウレイト人たちは、仲間うちで話し合って言った。

「タイチウトはわれわれの一族だけれども、いつもわれわれの馬や車を取り、われわれの食糧を奪っている。われわれによくしてくれそうな人は、このテムジンをおいてほかにはあるまい。」

こう言っておおいにほめたたえて帰っていった。そこでテムジンはジェウレイトに使者を遣わして、

「同盟を結ぼうじゃないか」

と言ってやった。ジェウレイトの酋長《しゅうちょう》オルク・バートルは、一族の長者のマウ・ヤダナに相談した

が、マウ・ヤダナは、

「タイチウトは、なるほどわれわれに悪さをするけれども、ほかならぬ同族だ。どうしていまさらテムジンに従えようか。」

こう言って聞き入れなかった。そこでオルク・バートルは、タハイ・ダルという人といっしょに、それぞれ部下を率いてやって来て、テムジンに言った。

「われわれは夫のない女、牧人のない馬のようなものです。そのわれわれが連れ立ってやって来たのは、腹違いの兄ともいうべきタイチウトがわれわれを攻めて殺すからです。われわれはあえて、一族を捨てて正しい人を求め、連れ立ってきたのです。」

テムジンは言った。

「私はぐっすり眠っていたが、おまえは髪の毛を引っ張って目を覚まさせてくれた。私はぼんやりして坐っていたが、おまえは鬚《ひげ》を引っ張って起《た》たせてくれた。おまえの言うことは、私が前から思っていたことだ。これからおまえの軍勢がどこへ行くにしても、私は全力をあげて助けてやろう。」

こうして同盟を結んだのだけれども、あとになって二人は約束を破ってタイチウトに戻っていった。二人の一族のホドン・ホルジャンという人が、タハイ・ダルの裏切りを憎んでこれを殺し、かくしてジェウレイト氏族は壊滅した。

ジェウレイトは滅びたが、その他のタイチウトの人民は、指導者たちの圧制に苦しんで、自分たちの間で言い合った。

「テムジン様は自分の着物を人に着せ、自分の馬を人に乗らせてくれる。われわれの生活を安定させてくれるのは、きっとこの人だ。」

こうしてタイチウトからテムジンの側《がわ》に移ってくる者がしだいに数多くなった。そのなかには、タイチウトのトドゲという人の家来であった、チラウン・バートルとジェベの二人もいた。チラウンの父はソルハン・シラといったが、以前、テムジンがタイチウトのタルグタイ・キリルトクに捕らえられたとき、ソルハン・シラがこっそりテムジンを逃がしてくれたことがあった。その縁でチラウンはテムジンのもとに来て家来になったのである。このチラウンは、スルドスという氏族の人で、アルラト氏族のボオルチュ、ジャライル部族のムハリ、フウシン氏族のボログルの三人とともに、テムジンの四傑《しけつ》（ドルベン・クルウト、「四頭の駿馬《しゅんめ》」）と呼ばれた勇将になった。日本流にいえば「四天王」というところである。

またジェベのほうは、ベストという氏族の人で、バルラス氏族のフビライ、ウリャンハン部族のジェルメ、同じくスベエデイの三人とともに、四狗《しく》（ドルベン・ノハイス、「四匹の犬」）として知られた勇士になった。

このチラウンとジェベのほかにも、バアリン氏族のシルグエト・エブゲンという人は、みずからの手でタイチウトの二人の酋長、アグチュ・バートルとタルグタイを捕らえて、テムジンのもとへやって来る途中、フドグルという野原で二人を放してやって、自分の二人の息子のナヤアとアラクを連れてきたのであった。

ここに出てくるタイチウトのタルグタイという人は、かつて若きテムジンを捕らえて連れ去った酋長であるが、この挿話は『元朝秘史』につぎのように伝えられている。

テムジンを連れ去ったタルグタイ・キリルトクは、自分の部下の人々に命令して、一家族ごとに一晩ずつテムジンを泊めることにし、輪番でそうしていた。夏のはじめの月（陰暦四月）の十六日の満月の日に、タイチウト人たちはオノン河の岸の上で宴会を催し、日が沈んで散会した。テムジンはその宴会に、一人の体の悪い人に連れられて出ていた。散会して人がいなくなったのを見澄まして、テムジンはその若い人から手枷《てかせ》をひったくって、それで相手の頭に一撃を加え、走っていったが、オノン河の岸辺の林のなかに伏せていたのでは見つかるだろうと思って、浅瀬の水のなかに仰向けに寝て、手枷を水面下に沈め、顔面だけを水面に出していた。

そのテムジンを取り逃した人は大声で、

「囚人が逃げた」

と叫んだ。一度解散したタイチウト人たちが集まってきて、昼間のように明るい月の光のなかで、オノン河の岸辺の林のなかの捜索を始めた。テムジンが浅瀬に潜っているのを、スルドス氏族のソルハン・シラがちょうど通りかかって見て、こう言った。

「なんといっても、このように智恵があるから、『眼に火があり、顔に光がある』と、タイチウトの兄弟たちにそんなにまで憎まれるのだよ。そのまま潜っていなさい。私は人に言わないから。」

こう言って通り過ぎた。タイチウト人たちが、もう一度戻って捜索しようとすると、ソルハン・シラは言った。

「それぞれ自分が通った道に沿って、まだ見ていない場所を見て、もう一度捜索しよう。」

もっともだということになって、それぞれ自分の通った道に沿ってもう一度捜索した。ソルハン・

シラはまたテムジンのいるところを通りかかって、こう言った。

「おまえの兄弟たちが口を開け牙《きば》を研いでやって来る。そのまま潜っていなさい。気をつけるのだよ。」

そう言って通り過ぎた。

タイチウト人たちが、さらにもう一度捜索しようとすると、ソルハン・シラはまたこう言った。

「タイチウトの息子たちよ、真っ昼間に取り逃がした人でさえなかなか捕まらないのに、まして夜になったいま、どうして見つかるだろうか。われわれはもう一度、それぞれ自分が通った道に沿って、まだ見ていない場所を見て、もう一度捜索してから解散して、明日また集まって捜そう。あんな手枷をかけられた人が、どこに行けようか。」

それもそうだということになって、もう一度捜索するときに、ソルハン・シラはまた通りかかって言った。

「今回の捜索が終わったら家に帰って、明日、捜そうということになった。われわれが解散してしまってから、自分の母や弟たちを尋ねていけ。人に見つかっても、私がおまえを見たとは言うな。」

こう言って通り過ぎた。

人々が解散してしまってから、テムジンは心のなかでこう思った。昨日、一家の当番で私を泊めるときに、ソルハン・シラの家では、チンバイとチラウンという二人の息子が私に同情して、夜になってから私のところへ来て、私の手枷を外して寝かせてくれた。たったいまもソルハン・シラは私を見ながら言いつけずに行ってしまった。いまやかれらこそ私を救ってくれるだろう。そう思って、ソルハン・シラの家を捜してオノン河に沿って下っていった。

ソルハン・シラの家の特徴というのは、馬の乳を器に注いで、発酵した馬乳を一晩じゅう、夜の明けるまで攪拌《かくはん》することであった。テムジンは聞き耳を立てて歩いていき、攪拌の音を聞きつけて近づいて、その家に入ると、ソルハン・シラは、

「自分の母や弟たちを尋ねていけと、私は言ったではないか。なぜおまえは来たのか」

と言った。しかし二人の息子のチンバイとチラウンは、

「小鳥が鷹に追われて茂みに逃げ込めば、茂みはこれをかくまうものです。いま、私たちのところへ来たものを、なんだってこんなふうに言うのですか」

と言って、父親の言葉を喜ばず、テムジンの手枷を外して火に焼いて、家の裏にあった羊毛を積んだ車のなかに隠れさせ、ハダアンという名の妹に、

「生きた人には言うなよ」

と言って、世話をさせた。

翌々日になって、誰かがかくまっているのだということになり、自分たちの間を捜索しようというので、捜索が始まった。ソルハン・シラの家でも、車や、ベッドの下まで捜索して、裏の羊毛を積んだ車に上って、入り口に積んである羊毛を引っ張り出し始め、奥のほうに達しようとした。そのときソルハン・シラが、

「いったいもう、こんなに暑いときに、羊毛のなかにどうやっていられるものか」

と言ったので、捜索者たちは車から降りて行ってしまった。

捜索者たちが去ったのち、ソルハン・シラは言った。

「もうちょっとで、私を風に吹き飛ばされる灰のようにしてしまうところだった。さあ、自分の母や弟たちを尋ねていきなさい。」

こう言って、テムジンに乗用の裸馬と、食糧として煮た仔羊の肉と、一張りの弓、二本の矢を与え、こうして旅支度をさせて出発させた。以上が、テムジンがスルドス氏族のソルハン・シラ父子の助力で、タイチウトのタルグタイ・キリルトクの手から逃れた次第である。

また、バアリン氏族のシルグエト・エブゲンが、このタルグタイを捕らえてテムジンのもとにやって来た挿話は、『元朝秘史』ではつぎのように語られている。

シルグエト・エブゲンは、息子のアラクとナヤアとともに、タイチウトの酋長タルグタイ・キリルトクが林のなかにいたのを、恨みのある相手だからと捕らえたが、タルグタイが馬に乗れないほど肥えているので、車に乗せて、父子三人で連れてやって来た。その途中、タルグタイの息子たちや弟たちが、取り返そうと追いついてきた。追いつかれるやいなや、シルグエトは車の上に上って、肥えて身動きのできないタルグタイを仰向けにしてその体の上に打ちまたがり、小刀を抜いて言った。

「おまえの息子たちや弟たちが、おまえを奪い返しに来た。自分の主君であるおまえに手をあげたのだから、おまえを殺そうが殺すまいが、私は殺されるだろう。同じ死ぬなら、おまえの死体の上で死んでやるぞ。」

そう言って、またがったまま、刃の長い小刀でタルグタイの喉《のど》をかき切ろうとすると、タルグタイは大声で息子たちや弟たちに呼びかけて言った。

「シルグエトは私を殺そうとしている。私が殺されてしまってから、生命のない私の死体をもっていったとてしかたがあるまい。私が殺されないうちに早く帰れ。テムジンは私を殺すまい。テムジンが小さかったときに、眼に火があり顔に光があるのに、持ち主のない牧地に取り残されているので、捕まえに行って連れてきて、教えがいがありそうだと思って、若駒《わかごま》を調教するように教え諭して暮らしていた。死なせようと思っても、私には死なせることができなかった。いまは分別もあり、思慮もある大人になっているという話だ。テムジンは私を死なせはしまい。わが息子たちよ、弟たちよ、おまえたちは早く帰れ。シルグエトが私を殺してしまったら困る。」

こう大声で叫んだ。息子たち、弟たちは、

「われわれは父上の命を助けに来たのだ。シルグエトが父上の命を取ってしまえば、生命のないただの死体をどうしようもない。ここは殺さないうちに早く帰ろう」

と言い合って、引き返していった。

その一団がやって来たとき、息子のアラクとナヤアは、シルグエトから離れて逃げてしまったが、一団が立ち去ったので戻って来た。またいっしょになって出発して、テムジンのもとをめざして来る途中、フドグルの河曲《かわくま》に着いた。そこでナヤアが言った。

「私たちがこのタルグタイを捕らえて行ったら、テムジン様は私たちのことを、『自分の主君に手をあげてくるような奴らが、なんで信用ができるものか。どうしてわがほうの味方になるものか。そんな信用のならない、自分の主君に手をあげるような奴らは斬《き》ってしまえ』と言って、私たちは斬られてしまうんじゃないでしょうか。むしろタルグタイをここで釈放してやって、自分たちだけで『テムジン様にお仕えにまいりました』と言って行きましょう。『タルグタイを捕らえて連れてくるところだったのですが、自分たちの主君への情を断ち切れず、みすみす死なせるわけにはいかないと思って釈放してやって、私たちは真心からお仕えにまいりました』と言いましょう。」

このナヤアの言葉に、父も兄も同意して、タルグタイ・キリルトクをフドグルの河曲で釈放して立ち去らせ、父子三人でテムジンのもとに到着すると、どうして来たのかと問われた。シルグエト・エブゲンは言った。

「タルグタイ・キリルトクを捕らえてきたのですが、しかし自分の主君をみすみすどうして死なせられようと思って、情を断ち切れずに釈放してやって、テムジン様にお仕えしようとまいりました。」

そこでテムジンは言った。

「主君であるタルグタイに手をあげてきたのであったならば、おまえたちを一家を挙げて斬らせるところであった。自分の主君への情を断ちがたかったおまえたちの気持ちはもっともである。」

こう言って、ナヤアに目をかけた。

この挿話が強調するのは、チンギス・ハーンが主君に対する忠誠をなによりも重んじ、かつそれが自分の敵に対する忠誠であっても、正当なる主君に対する忠誠であれば、これを是認する雅量を持ち合わせていた、ということである。ことにこの話は、タルグタイ・キリルトクの口を借りて、チンギス・ハーンのこの寛大さと、主君を裏切る者に対する厳格さが、その敵にまでよく知られていたことを伝えようとしているのである。チンギス・ハーンのこの性格こそが、逆境から身を起こして、かつての敵どもをことごとく心服させ、世界の覇者の地位にまで上り詰めた成功の秘密であったと言ってよろしかろう。真に「将に将たるの器」とは、かかる性格をいうのである。

さて、ここで『聖武親征録』の物語に話を戻そう。

タイチウト氏族は、前から言うとおり、アンバガイ・ハーンの子孫で、タルグタイ・キリルトクはその曾孫である。テムジンにとっては一族とはいってもやや遠い血筋にあたるが、最初はタイチウトにたいして劣勢であったテムジンは、相手の内部分裂に乗じて、少しずつ有利な地位を築いていった。それとともに、テムジンと、より近い身内との間に衝突が生じた。

テムジンの祖父バルタン・バートルの兄にオキン・バルハクがあり、その子孫がユルキンという氏族になったが、ことにオキン・バルハクの孫のセチェ・ベキは有力な首領であった。またバルタン・バートルの弟のフトクト・モングルの息子のタイチュも有力であった。これらはみな、テムジンのキヤン氏族の一族である。

あるとき、キヤン氏族の大会が開かれることになった。テムジンは母のホエルンや弟のジョチ・ハサル、テムゲ・オッチギンたちとともに、セチェ・ベキ、タイチュらもそれぞれ自分の車に馬乳酒を積み込んで集まってきて、オノン河の岸辺の林のなかで宴会を開いた。

この席上、ホエルンとテムジンは、セチェ・ベキとその母フウルジン・ハトンの席には、二人分として馬乳酒の革嚢《かわぶくろ》を一つおき、セチェ・ベキの継母《ままはは》エベゲイの席には、一人分として革嚢を一つおいた。フウルジン・ハトンは怒って、

「なんで私に敬意を示さないで、エベゲイをたいせつにするのか」

と言い、料理人のシキウルを打った。打たれてシキウルは、

「ネクン・タイシ様とイェスゲイ・バートル様がお亡くなりになったからといって、私はこんなにま

で人に恥をかかされなければならないのか」

と言って、声を放って泣いた。

そのとき、テムジンの異母弟のベルグテイ・ノヤンが、テムジン側の馬つなぎ場の監督をしていた。セチェ・ベキ側の馬つなぎ場は、タイチュの兄弟のボリという人が監督していた。ボリの従者が、テムジン側の馬から端綱《はづな》を盗んだので、ベルグテイはこの者を捕らえた。ボリは怒り、ベルグテイの背中に斬りつけて傷を負わせた。ベルグテイの部下たちは、いきりたって戦おうとした。ベルグテイは部下たちを制止して言った。

「この程度の恨みに、おまえたちはすぐに仕返しをしようというのか。私の傷はたいしたことはない。ここはひとまずこらえろ。私のことで事を荒だててはいけない。」

しかし部下たちは聞き入れず、ある者は馬乳酒をかき混ぜる棒をもち、ある者は木の枝をもって、大乱闘となったが、けっきょくテムジン側が勝って、フウルジン・ハトンたちを捕らえて抑留した。その後、話し合いがついて、フウルジン・ハトンたちをセチェ・ベキ側に返したのであるが、その手打ちのころ、モンゴル部族のみならず、多くの遊牧部族を巻き込んだ国際的な大事件が起こった。これを境にして、テムジンの運命は急速に上昇線をたどることになる。

2 オン・ハーンとの出会い

十二世紀の初めに東北から興《おこ》った金《きん》帝国は、契丹《きつたん》人の遼《りよう》帝国の遺産を引き継いで、南方では淮河《わいが》の岸辺にいたるまでの華北一帯を支配したが、北方では契丹人のようにモンゴル高原全体を支配下に入れることはできず、ゴビ沙漠より南のモンゴルだけを直接統治して、北モンゴルの遊牧民に対しては、そのなかの有力な部族と同盟して、北方辺境の安全を求める政策をとった。この政策は、十二世紀の大部分を通じてうまくいったが、名君とたたえられた第五代の世宗《せいそう》皇帝烏禄《ウル》が、三十年に近い長い治世のあとで一一八九年に死に、孫の章宗皇帝麻達葛《マダガ》が即位したころを境として、金帝国と同盟遊牧部族との関係が悪化し始めた。

ことに金の辺境に侵入して掠奪《りやくだつ》をほしいままにしたのは、フンギラトという大集団で、ほかにハタギン、ボスフル、サルジウトなどというのもいた。フンギラトは、前に引用した『元朝秘史』のテムジンの結婚の物語に登場する氏族で、ボスフルはその中でもデイ・セチェンの一族のことである。

金帝国は討伐のために大軍を北辺に集結し、一一九五年、左丞相《さじようしよう》（総理大臣）夾谷清臣《ギヤグせいしん》を総司令官としてモンゴル高原に進攻させた。金軍はハルハ河からホロン・ノール湖に進撃し、先鋒《せんぽう》部隊は敵の十四集団を降伏させ、本隊のところへ戻ってこようとした。ところがその途中で、金の同盟部族の斜出《セチユ》という者が、金軍がせっかく捕獲した家畜や物資を力ずくで横取りして去り、これがきっかけで、遊牧民の侵入と掠奪がいっそうはげしくなった。夾谷清臣はこの責任を取らされて免職になり、代わって右丞相（副総理）完顔襄《ワンヤンじょう》が討伐軍の指揮をとった。今度は金軍はケルレン河でおおいに敵軍を撃破し、逃走する敵を追ってその北方のウルジャ河までいたって、討伐は大成功をおさめた。

この金帝国の大規模な軍事行動のおかげで、これまで有力だった金の辺境沿いの東寄りの部族は大打撃を受け、代わって辺境から離れた西寄りの部族が勢力を増してくるのであるが、ケンテイ山脈によったテムジンの一族も、この変動の恩恵を受けることになる。

『聖武親征録』は、この金軍のモンゴル高原進攻を、つぎのように描いている。

タタル部族の酋長メウジン・セウルトが、金帝国との同盟条約に違反した。金の皇帝は丞相完顔襄を派遣して、軍隊を指揮してタタル人を攻撃して北方に逃走させた。テムジンはこれを聞いて、近隣から兵士を集め、オノン河を出発して、逃げてくるタタル人を迎え撃とうとし、かたわらユルキン氏族に援兵を要請した。しかし六日間待ってもユルキン兵は来なかった。テムジンは部下の兵力だけで、タタル人とナラト・シトエン、フスト・シトエンの野に戦い、勝ってことごとく敵の車、馬、食糧を捕獲し、メウジン・セウルトを殺した。このときの戦利品には、真珠を縫いつけた布団と、銀製の揺《ゆり》籃《かご》もあった。金の皇帝は、テムジンがタタルを滅ぼした功績によって、テムジンにジャウト・フリの官職を授け、またケレイト部族長トグリルにも王《ワン》の称号を与えた。

ここで『聖武親征録』は、金帝国と紛争を起こした部族をタタルだけのように書いているが、実際は前に言ったように、多くの部族がこの戦争に巻き込まれているので、たまたまタタルのメウジン・セウルトがテムジンに破られて殺されたから、タタル部族だけがモンゴル人の記録にのこったのであろう。ここでテムジンが授けられた「ジャウト・フリ」という官職の意味は、「百」をモンゴル語でジャウンというので、おそらく「百人隊長」のことであろう。ここにいたってはじめて、テムジンは金帝国によって正式に同盟者としての地位を公認されたのである。

またここで、ユルキンがテムジンの作戦に協力しなかったと言っているが、事実は同族の内部の紛争にとどまらない。さきに言った、夾谷清臣の指揮する金軍の先鋒部隊の戦利品を強奪して、金軍の作戦を失敗させた「斜出《セチユ》」こそ、ユルキンのセチェ・ベキであった。つまりユルキンは金の同盟者でありながら、金に背いたのである。このことは、テムジンに、この有力な同族を打倒して、一族の主導権を握るチャンスを与えることになった。

『聖武親征録』によると、このころ、ハリルト・ノール湖というところにいたテムジンの部下が、ナイマン部族のために掠奪されたという。ナイマンは、はるか西方のハンガイ山脈からアルタイ山脈にかけて遊牧していた部族だから、おそらく金軍の呼びかけに応じて作戦に協力するために東方に来ていたナイマン兵が、テムジンの部下を掠奪したのであろう。テムジンは報復のために、六十人をセチェ・ベキのところに派遣して、援兵を請うた。ところがセチェ・ベキはそのうち十人を殺し、五十人を衣服をはぎ取って追い返した。テムジンは怒って、

「この前はベルグテイがやつらに傷つけられたが、わがほうは忍耐して和議を申し入れたが聞き入れ

なかった。今度はなんだって敵の勢いに乗じてわがほうを圧迫するのか」
と言い、軍隊を率いてケルレン河に進撃し、ドロアン・ボルダク山にいたっておおいにユルキン氏族に掠奪をおこなった。セチェ・ベキとタイチュはそれぞれ妻や子どもたち数人と逃走した。ドロアン・ボルダク山はケルレン河の中流にあり、その近くのコデエ・アラルの島は、ユルキンのキャンプのあったところである。この勝利をもって、テムジンは一族のキヤン氏族の内部の競争相手を追放して、唯一の指導者の地位を確立したのである。すべては金帝国の同盟者の地位を獲得したおかげであった。

　金帝国はケレイトのトグリル・ハーンに王《ワン》の称号を与えて同盟者としたが、じつはこの当時、トグリル・ハーンはケレイト国内にはいなかった。というのは、これよりさき、トグリル・ハーンの弟のエルケ・ハラという人が、兄に背いて、ケレイトの西隣の大国であるナイマン部族のイナンチ・ビルゲ・ブグ・ハーンのもとへ亡命した。イナンチ・ハーンは軍隊を出してトグリル・ハーンを攻めて、これを逃亡させ、ケレイトの全部族をエルケ・ハラに与えた。国外に逃亡したトグリル・ハーンは、西夏王国へ逃げ、そこから天山のウイグル王国、イスラム教徒の諸国を経て、西遼《カラキタイ》の皇帝《グルハーン》のもとに亡命したのである。これらの諸国については、あとで説明する。

　いっぽう、トグリル・ハーンの別の弟のジャア・ガンボも、亡命して金帝国領の南モンゴルに逃げ込んでいたが、一一九五年の金軍の北モンゴル進攻に従軍して、ケンテイ山中のテムジンの陣営にたどり着いた。たまたまそのとき、西北方のメルキト部族が侵入してきたので、テムジンはジャア・ガンボと協力してメルキト軍を破り、これを敗走させた。この勝利の結果、内乱で四散していたケレイト人たちも、テムジンのもとへ集まってきた。

さらに他方では、西遼にいたトグリル・ハーンは、ここにも落ち着かず、ふたたび東方に帰ろうとして、ウイグル王国から西夏王国を通過したが、その途中、食糧が尽きて、のこった五頭の羊の仔羊の口を縄で縛って、母羊の乳を飲み、駱駝の頸《けい》動脈から血を取って煮て食べたりしながら、やっとのことでクセウル・ノール湖というところまでたどり着いた。これを聞いたテムジンは、側近を遣わしてトグリル・ハーンを迎え、自分もケルレン河から出かけていって、自分の陣営にトグリル・ハーンを迎え入れて歓待し、いろいろと手厚くもてなした。それからケレイト領のトーラ河畔のハラ・トンの林において、トグリル・ハーンとテムジンは大会を開き、その席上、父子の誓いを立てた。

すべてはテムジンの父イェスゲイが、かつてトグリル・ハーンの盟友《アンダ》であった縁によるのである。これは一一九六年の秋のことであった。こうしてトグリル・ハーンはケレイトの王位に復帰し、金帝国から王《ワン》の称号を与えられたことにちなんで、オン・ハーンとして知られることになる。同じ年の冬、さきにテムジンに破られて脱走し、ケレイト領に亡命していたユルキンのセチェ・ベキとタイチュが、テムジンの追撃を受けてテレゲトの隘《はざま》というところで殺された。

前に言ったとおり、テムジンの属するモンゴル部族には文字の記録がなく、そのためテムジンの前半生については断片的な伝承しかなく、年月はまったくわからなかったが、ケレイトのジャア・ガンボがテムジンのもとへ来た一一九五年、トグリル・オン・ハーンがやはりやって来た一一九六年を境として、突然、詳しい史実とその年代がわかるようになる。これは、ケレイト王国が古くから文化の程度が高く、専門の書記官がいて、おそらくトルコ語で記録を取っていたからであろう。

とにかく、このときから、モンゴル部族のテムジンとその一族は、ケレイト王トグリル・オン・ハーンの臣下となったのである。そしてケレイト王は、金帝国のモンゴル高原における最有力な同盟相手になったのであって、オン・ハーンは金帝国の強力な援助のもとに、モンゴル高原の遊牧部族をつぎつぎと征服して支配下に加えていくが、その事業につねに先鋒となって働き、功績を立てたのがテムジンであった。これからの七年間、テムジンの運命は、オン・ハーンの行動と密接に結びついて展開するのである。

なるべく手短にテムジンの転戦の跡を紹介しよう。一一九七年、テムジンはセレンゲ河のメルキト部族を攻め、多数の捕虜を手に入れて、ことごとくオン・ハーンに与えた。一一九八年、オン・ハーンはみずからメルキト部族を攻め、敵の部族長トクトアの息子トクズ・ベキを殺し、二人の娘フトクタイとチャアルンを捕らえた。トクトアの別の二人の息子ホドとチラウンは部下を率いてオン・ハーンに降参した。トクトアは脱走して、バイカル湖の東岸のバルグジン・トクムの地へ逃げ込んだ。このような大勝利をおさめながら、オン・ハーンはテムジンになんのお返しもしなかった。

一一九九年、オン・ハーンはテムジンとともに、ナイマンのブイルク・ハーンに向かって出陣した。ブイルク・ハーンというのは、さきにオン・ハーンを攻めて国外に亡命させたイナンチ・ビルゲ・ブグ・ハーンの息子である。イナンチ・ハーンの死後、ブイルクは兄のタイ・ブカと不和になり、ナイマンの本国から分離独立して、キジルバシという地に移った。これはいまの新疆《しんきょう》ウイグル自治区の北の端に近いところで、いまの布倫托《ブルント》海、一名を烏倫古《ウルング》湖という湖は、むかしはキジルバシ・ノールといった。ケレイト軍に攻められて、ブイルク・ハーンは北方のイェニセイ河の渓谷へ逃げ、ケレイト軍は多くの捕虜を手に入れた。ところがケレイト軍が引き揚げる途中、ナイマンの武将コクセウ・サブラクが追いすがって来て、両軍は、ハンガイ山脈の南のバイダリク河の渓谷で対陣することになった。日が暮れたので、夜明けを待って戦おうというその夜、オン・ハーンは自分の営地に多くの火を焚《た》いておいて、ひそかに軍を率いて移動して、テムジンを置き去りにした。これは、ケレイト軍に加わっていた、かつて十三クリエンの戦いでテムジンの敵手となったジャムハが、オン・ハーンをそそのかしたのが原因であったといわれる。この裏切りで、ケレイト軍にいたメルキトのホドとチラウンも、オン・ハーンに失望して、父トクトアのもとに帰っていったし、テムジンももちろん離脱して、自分の本拠であるケンテイ山中のサアリ・ケエルに戻った。

オン・ハーンはトーラ河畔の自分のキャンプに帰ったが、ケレイト軍の別動隊を率いていたその長男のニルハ・セングンと、弟ジャア・ガンボは、ハンガイ山中のエデル・アルタイ河（いまのイデル河。セレンゲ河の上流）を通って引き揚げてくる途中、コクセウ・サブラクの奇襲を受けて大損害を受けた。命からがら脱出したニルハ・セングンとジャア・ガンボは、オン・ハーンのもとへ走ってこれを報告した。オン・ハーンは手もとの兵力をニルハ・セングンに授けてふたたび敵に向かわせるいっぽう、テムジンに使いを遣わして援軍を請い、言った。

「ナイマンのやつらが無道にも私の人民を掠奪している。テムジン殿には四人の優れた部将があるから、私に貸して仇を討ち、人民を取り返してはくれまいか。」

テムジンは恨みを忘れて、部下の四傑、アルラトのボオルチュ、ジャライルのムハリ、フウシンのボログル、スルドスのチラウンに兵を率いて救援におもむかせた。戦場に着いてみると、ニルハ・セングンはナイマンのコクセウ・サブラクの反撃を受けて、乗馬が矢にあたり、落馬してもうすこしで敵にやられるところであった。そこへ間に合った四傑の軍はニルハ・セングンを救出してナイマン軍をおおいに打ち破り、掠奪された人民と家畜をオン・ハーンの手に取り返した。オン・ハーンは深くテムジンの恩に感謝して言った。

「さきには私が困窮しているときに、テムジン殿のひとかたならぬ親切にあずかった。いまはまた失った国民を取り返してくれた。なんとお礼のしようもない。」

テムジンはこの後メルキト部族を討ち、また弟のジョチ・ハサルとともにナイマンを討って、大打撃を与えた。

こうしてケレイト王国の北方と西方は安全になったので、いよいよ東方に向かうことになり、一二〇〇年、オン・ハーンとテムジンは、ケンテイ山中のサアリ・ケエルを出発して、タイチウトを攻撃に向かい、オノン河のほとりの戦いでおおいにタイチウトを破った。この戦いで敗れたタイチウトのタルグタイ・キリルトクは、スルドスのチラウンに捕らえられて殺された。チラウンは、かつてタルグタイのもとに捕らえられていたテムジンを助けて脱走させたソルハン・シラの息子である。こうしてテムジンの一族のなかの競争相手は一掃された。

ケレイト王国の勢力の東方進出で脅威を受けた大興安嶺《だいこうあんれい》方面のハタギン、サルジウト、ドルベン、フンギラトなどの諸氏族、およびタタル部族は、アル・ブラクの泉というところで同盟の誓いを立て、オン・ハーンとテムジンに対する連合軍を組織した。この計画をフンギラトのデイ・セチェン（テムジンの第一夫人ボルテの父）が通報したので、オン・ハーンとテムジンは出陣し、ブイル・ノール湖のほとりで戦っておおいにこれを破った。

こうしたオン・ハーンのめざましい成功は、金帝国の支持と援助を受けていたことによるのである。そのことが知られるのは、同じ一二〇〇年の冬に、オン・ハーンに対する陰謀が発覚した事件である。このとき、オン・ハーンの軍はケルレン河畔を出発し、フバ・ハヤという地で冬を過ごそうと移動していた。その途中、オン・ハーンの弟ジャア・ガンボは四人の将校に相談して言った。

「私の兄は心変わりのしやすい人だ。兄弟をどんどん殺し、つねに金国人と手を結んでいる。こういう性格からみると、きっとわれわれを生かしてはおかないだろうし、国民をも安楽にはさせないだろう。これをどうしたものだろうか。」

この陰謀が漏れて、オン・ハーンに叱責《しっせき》されたので、ジャア・ガンボらは脱走してナイマンに亡命した。

同じ冬、テムジンはケルレン河畔のチェクチェル山の冬営地から出兵して、タタル部族を攻撃し、ダラン・ネムルゲスの野（ハルハ河の上流ヌメルギン河のほとり。モンゴル国領がもっとも東方に突き出た部分）でおおいにこれを破った。このとき、フンギラト氏族がテムジンに降伏しようとしたが、テムジンとは別に行動していた弟のジョチ・ハサルがかれらを襲って掠奪したので、フンギラトはかえってジャダランのジャムハについた。

そして一二〇一年、フンギラト、イキレス、ゴルラス、ドルベン、タタル、ハタギン、サルジウトの諸部族、氏族は、ゲン河（中ロ国境のアルグン河に東方から流れ込む内モンゴル自治区の根河《ゲン》）のほとりで会議を開いて、ジャムハを指導者に選挙してグル・ハーンという称号をささげた。そしてそのすぐ北のトルベル河（得耳布爾河《デルブル》）の岸に連合軍を集結して、つぎのような誓いを立てた。

「およそわれわれ同盟者のなかに、この計画を漏らす者があれば、この岸のように砕かれ、この木のように切られるがよい。」

こう言って、一同そろって足踏みをして岸を蹴《け》り崩し、刀を抜いて柿の木を切った。そして全軍を挙げてテムジンの陣営に向かって進軍を開始した。しかしたまたまジェウレイト氏族のチャウルという人がこの奇襲計画を知って、幾多の危険をくぐり抜けてテムジンのもとに馳せつけて急報したので、テムジンは出陣してハイラル河（内モンゴル自治区の呼倫湖《ホロン・ノール》の北で東からアルグン河に流れ込む海拉爾河《ハイラル》）のほとりで連合軍と戦ってこれを破った。ジャムハは逃走し、フンギラト氏族はテムジンに降伏した。

一二〇二年、テムジンはウルグイ河（大興安嶺山脈の西から流れ出る烏拉蓋河《ウラガイ》）の陣営から出発してタタル部族を攻撃した。戦闘に先立って、テムジンは部下の将兵に、つぎのような布告を下して誓約させた。

「敵を撃破して逃走する者を追撃するときは、敵の遺棄した物に手を出してはならぬ。戦闘が終わってから、全員で分配しよう。」

いよいよ戦闘が始まってテムジン側が優勢になったとき、一族のアルタン（フトラ・ハーンの息子、テムジンの父イェスゲイの従弟）、フチャル（ネクン・タイシの息子、テムジンの従兄）、ダリタイ（イェスゲイの弟、テムジンの叔父）の三人が約束を破って戦場の敵の遺留品を取ったので、テムジンはこれを没収して、自分の軍の他の全員に平等に分配した。

この話の意味は、戦争というものはそれに参加する人々にとっては、戦利品を獲得するためにおこなうものであって、一種の巻き狩りのようなものだが、巻き狩りと同じように、戦争でも敵を完全に追い詰めてしまうまでは、参加者が戦列をかってに離れて戦利品を集めるのに夢中になるようでは、成功はおぼつかない。むしろ仲間を危険に陥れることになる。だからテムジンはそのような行為を厳重に禁止したのであって、統制を破る者に対しては、近親者といえども容赦はしなかったのである。

またもう一つの意味は、遊牧民の戦争において、司令官は身分や年齢にかかわらず、作戦指揮の能力によって参加者たちが選ぶものであって、いったん選ばれてしまえば、その戦争が終わるまでは、司令官の命令には絶対服従が建前なのである。こうした司令官として優秀であること、つまり作戦の指揮が的確であり、かつ戦利品の分配が公平であることが、司令官の司令官、将に将たるハーンにもっとも強く求められる資質であった。

さて、前年の東方の諸部族の反オン・ハーン、テムジン同盟は失敗に終わったが、同じ一二〇二年の秋になって、さらに大規模な同盟が組織された。今度はモンゴル高原の西方のナイマン部族のブイルク・ハーン、西北方のオイラト部族のフドハ・ベキ、北方のメルキト部族のトクトア・ベキが加わり、それらと東方のドルベン、タタル、ハタギン、サルジウトの諸族が連合して、オン・ハーンとテムジンに向かって押し寄せてきたのである。

この大軍に対して、オン・ハーンとテムジンは、ウルグイ河の駐屯地から南に移動して、金帝国の長城の内側に入って難を避けた。この行動から見て、二人が依然として金帝国の手先であったことがわかる。

こうして家族や家畜を安全なところにおいて、オン・ハーンとテムジンは時機を見て長城を出て、コイテンの野というところで寄せ手を迎え撃った。開戦に際して、敵は「ジャダ」という秘法をおこなった。ジャダというのは牛の腸のなかにできる結石のことで、英語でベゾアーという。これを水に浸して呪術《じゆじゆつ》をおこなうと、風雨を起こすことができるとされていた。敵の意図はオン・ハーンとテムジンの軍の行動を困難にしようというのであったが、ジャダが引き起こしたのは猛烈な吹雪で、攻撃軍の兵士は寒気に凍えて谷に落ちて死ぬ者が多く、ほうほうの態《てい》で退却せざるをえなかった。

この戦争のとき、ジャダランのジャムハはナイマン軍に参加してきていたが、作戦の失敗を見て、引き揚げる途中、前年に自分をグル・ハーンに選挙した諸族を片っ端から襲撃して掠奪して去った。

オン・ハーンとテムジンは、これまでつねに密接に協力して行動してきたが、危機の去った直後になって、二人の仲に亀裂が生じた。同じ冬、オン・ハーンとテムジンはそれぞれ金の長城を離れ、テムジンはアブジア・コテゲルというところにキャンプを張った。これはフンギラト領内の沙漠というから、大興安嶺山脈の西側のどこかであろう。オン・ハーンのほうは、ジェジェエル・ウンドル山の北側のベルケ・エレトの砂地というところにキャンプを張った。この山はケンテイ山脈のなかにあるという。

こうして冬を過ごしている間に、テムジンはオン・ハーンとの関係をよりいっそう緊密にしようと考えて、オン・ハーンの長男ニルハ・セングンの妹のチャウル・ベキを自分の長男のジョチの嫁に迎え、自分の娘のホワジン・ベキをニルハ・セングンの息子のトサハに嫁入らせようと申し入れた。しかし気位の高いニルハ・セングンはテムジンのような成り上がり者とは縁組をしたくないといって、この縁談を拒否した。

この破談で、テムジンのオン・ハーンに対する気持ちが多少冷却したところへ、例のテムジンの宿敵、ジャダランのジャムハが四度めに登場するのである。

ジャムハは、ニルハ・セングンのところへ行って、こう説きつけた。

「私の盟友《アンダ》テムジンは、つねづねナイマンのタヤン・ハーンと連絡を取り合っております。いまにあなたがたの不為《ふため》を図るでしょう。もしあなたがいまのうちにテムジンを討ち取ってしまおうというのでしたら、私も力をお貸ししましょう。」

ナイマンのタヤン・ハーンというのは、ブイルク・ハーンの兄で、本名をタイ・ブカといい、ナイマンの本国の王である。金帝国から大王《タイワン》の称号を与えられたので、「タイワン」を訛《なま》ってタヤン・ハーンとして知られていたのである。

そこへ、さきにタタル部族との戦いに、軍令に背いてテムジンに処罰されたアルタン、フチャル、ダリタイ・オッチギンらもやって来て、いっしょになって、

「ホエルンの子供たち（テムジン兄弟）をお討ちになるのでしたら、私たちもお力になりましょう」

とニルハ・セングンに申し入れた。

ニルハ・セングンはその気になって、人を遣わして父オン・ハーンにこの話を伝えさせた。しかしオン・ハーンは言った。

「ジャムハは口先はうまいが信義のない人だ。信用してはいけない。」

しかしニルハ・セングンは引き下がらず、繰り返し繰り返しオン・ハーンに申し入れたので、つい

に根負けしたオン・ハーンは言った。

「私がいけないと言うのに、おまえらは従わない。私が今日あるのは、もとはと言えばテムジンのおかげだ。私はもう年を取った。枕を高くして休みたいのだ。そんなにまでうるさく言うのなら、おまえのかってにするがよい。私に迷惑をかけるな。」

そうは言ったが、だんだんその気になって、自分のキャンプ地の近くのテムジンの牧地の枯れ草に火を放たせたりした。テムジンがケンテイ山に戻ってきても、遊牧ができないようにするためである。

翌一二〇三年の春、オン・ハーンは、前年に一度破談になった縁談にあらためて同意するという口実で、使いを遣わしてテムジンを、婚約披露の宴に出席のために来てくれるよう招いた。テムジンが十騎の部下とともにオン・ハーンのもとにおもむく途中、ムンリク・エチゲのゲルに一泊した。このムンリク・エチゲというのは、テムジンの母ホエルンの再婚の相手で、テムジンの継父《ままちち》にあたるわけである。ムンリクが、テムジンを止めたので、テムジンは、オン・ハーンの使者に伝言させて、

「春になったばかりで、私の家畜がやせているので、世話をしなければなりません。誰かを私の代理に送りますから、宴会にはその者を出席させてください」

と言って、そのまま引き返した。

いっぽう、オン・ハーンの陣営では、側近のイェケ・チャハランという者が、テムジンを討ち取る相談を聞いて、家に帰って妻にその話をし、こう言った。

「もし誰かがテムジン様にこの話を漏らしたら、どういうことになるだろうか。」

息子のイラハンが言った。

「しいっ。そんなでたらめを言って、人が聞いてほんとうにしたらどうするのです。」

そこへイェケ・チャハランの家の馬飼いキシリクが、搾った馬乳を運んできて、この話を小耳に挟み、自分の弟のバダイに問うた。

「相談って、なんのことだい。」

「知らないよ。」

この二人の話を、ゲルの外に坐って鏃《やじり》を研いでいたイェケ・チャハランの次男ナリンが聞きつけてののしった。

「舌でも抜かれろ。だから言わないこっちゃない。事がここに及んでは、人の口に戸が立てられるものか。」

バダイはキシリクに言った。

「わかったぞ。テムジン様のところへ行って申し上げなくっちゃ。」

二人は自分たちのゲルに入って、どうするか相談し、一頭の仔羊を殺して、ベッドを壊したのを薪《まき》にして煮て食糧をひそかにこしらえ、夜になってから脱走して、テムジンのところへ馳せつけて報告した。

「オン・ハーンはテムジン様を討ち取ろうとして、相談がまとまっております。」

これを聞いたテムジンは、ただちに家族や家畜をウルグイ河の上流にのこし、全軍を率いて出陣した。オン・ハーンも自分の軍を率いて進んできて、両軍はハラールジト・エレトの砂地というところで会戦した。テムジン軍は突入してオン・ハーン軍の第一陣、第二陣、第三陣を突破し、オン・ハーンの親衛隊の陣にせまった。ニルハ・セングンが部下を率いて攻めかかってきたが、テムジン軍の放った矢がニルハ・セングンの頬にあたったので、オン・ハーン軍は浮き足立って、戦場から後退した。テムジンも軍を率いて戦場を去り、北方に向かった。総勢四千六百騎を二手に分けて二千三百騎はハルハ河の東岸、もう二千三百騎は西岸に沿って北上した。テムジン自身は西岸の部隊を指揮した。こうしてブイル・ノール湖畔のフンギラト氏族の牧地を通過して進み、トンゲ小河というところに到着して駐屯した。そこからテムジンは、使者をオン・ハーンのもとに派遣して、自分と自分の父イェスゲイ・バートルがオン・ハーンに尽くした五つの大きな功績を列挙して、その忘恩を責めたが、その第一が、前に紹介した、かつて叔父グル・ハーンに国を追われたオン・ハーンをイェスゲイが救って王位を回復し、誓って盟友《アンダ》となったという一件である。

第二は、オン・ハーン、ジャア・ガンボ兄弟の放浪のすえを、テムジン自身が受け入れて世話をしたという一件である。

第三は、テムジンがメルキト部族を討伐して、家畜や戦利品をオン・ハーンに与えて窮状を救ったという一件である。

第四は、ナイマンの将コクセウ・サブラクに敗れたニルハ・セングンの軍を、テムジンが派遣した四傑が救った一件である。

第五は、ジャムハを盟主にいただく東方のハタギン、サルジウト、フンギラトなどの同盟軍をテムジンが破った一件である。

テムジンは、以上の五件の自分の功績を数え上げて、こう言った。

「父上よ、オン・ハーン様よ、あなたは私になにをしてくださいましたか。私はあなたにこれほどしてさし上げていますのに。私を恐怖させたりしないで、私どもを安心して炊事をさせ、安心して休息させて、あなたの息子である私や嫁たちを安堵《あんど》させてはくださらないのですか。私はあなたの息子も同様です。力は足りなくても、他人をうらやむようなことはおさせしません。愚かでありましても、よその息子の賢いのをうらやむようなことはおさせしません。車の二つの車輪のうち、一つが外れれば、進むことはできず、引く牛を疲れさせるばかりです。といって牛を解き放てば盗まれてしまうでしょうし、つないだままなら牛は飢え死にするでしょう。また車の二本の轅《ながえ》のうち、一本が折れれば、引く牛がはやって首も折れよと跳びはねたとしても、進むことはできません。私を車にたとえれば、一つの車輪、一本の轅のようなものではありませんか。」

テムジンはこういう口上を伝えてオン・ハーンの情に訴えるいっぽう、オン・ハーン、ニルハ・セングン、ジャムハ、アルタン、フチャルらに、それぞれ使者をテムジンに遣わして和平交渉を開くよう要求した。この伝言を聞いたオン・ハーンは、息子のニルハ・セングンに対応を一任したが、セングンは、

「テムジンめは、どうせ本気で交渉するつもりではないさ。テムジンが勝てばわれわれの領民を取られるし、われわれが勝てばテムジンの領民を取るだけのことだ」

と言って、部下に命じて進軍の準備を整えさせた。

いっぽう、ブイル・ノール湖の近辺にいたテムジンのほうは、そのまま西北に移動してバルジュナ湖というところに陣営を張った。バルジュナ湖は、現在はバルジノ湖といい、シベリアのチタ市の南

方一〇〇キロメートルのアギンスキー・ブリヤート民族区にある。この湖からトゥラ河が出て、東北に流れてインゴダ河に注ぐ。テムジンの生まれ故郷のオノン河の渓谷から、北へ山一つ越したところである。

このバルジュナ湖にたどり着いたころが、テムジンの運命がどん底に落ち込んで、ふたたびはい上がることができるかどうか疑われた時期であった。七年間忠実に奉仕して、モンゴル高原の覇者に推し上げた相手のオン・ハーンに見捨てられ、キヤン氏族の近親の有力者たちもことごとくオン・ハーン側についてしまっている。テムジンは、ここまで自分と離れずに従ってきてくれた部下たちとともに、バルジュナ湖の濁り水を飲み合って、死なばもろともの誓いを立てた。この濁り水の誓いに参加した人々の子孫は、テムジンの譜代《ふだい》中の譜代の臣として、後世までその名誉をたたえられたということである。

このほとんど絶望とみえた窮境にあって、二つの事件があいついで起こって、テムジンの運命に転機をもたらした。一つはテムジンの弟ジョチ・ハサルがバルジュナ湖にたどり着いて合流したことである。ハサルもテムジンと同様に、オン・ハーンに仕えていたが、オン・ハーンの軍がテムジンを襲ったとき、ハサルは大興安嶺山脈にいて、テムジンとは離れていた。妻子をオン・ハーン軍に捕らえられたハサルは、幼い三男のトフだけを連れて逃走し、途中で食糧が切れて、鳥の巣を探って卵を食べたりしながら、苦労をして、兄テムジンのところに訪ねてきたのである。

もう一つの転機は、オン・ハーンの陣営の内部に分裂が起こったことである。ハラールジト・エレトの戦いのあと、オン・ハーンの側にとどまっていたダリタイ・オッチギン（テムジンの叔父）、アルタン（テムジンの父イェスゲイの従弟）、フチャル（テムジンの従兄）、ジャムハら、モンゴル部族出身の将校たちは、オン・ハーンからテムジンを切り離したあと、今度はオン・ハーンに対するクーデターを計画し、

「オン・ハーンは信頼できない」

と言って離反しようとした。しかしこの陰謀は発覚し、オン・ハーンの討伐を受けて、ダリタイ・オッチギンはテムジンのもとへ逃げて詫《わ》びを入れ、アルタン、フチャル、ジャムハらは西方のナイマン部族のタヤン・ハーンのもとに亡命した。

こうして情勢が変わり始めると、テムジンは軍勢を整えてバルジュナ湖を出発し、オノン河をさかのぼって、その水源のケンテイ山中に兵力を集結して、いよいよオン・ハーンとの決戦に乗り出した。

テムジンはまず、二人の部下を、弟のハサルの使者と偽ってオン・ハーンのもとに遣わし、こう言わせた。

「私は兄テムジンを探しておりますが、道が遠くて追いつきません。沙漠をさまよって、どこに行ったらよいのかわからないありさまです。私の妻子はオン・ハーン様のところにいると聞きました。私はいま、木の下で石を枕にし、土の上に寝て星を見上げる暮らしをしております。ほかにも酋長たちはおりますが、私はオン・ハーン様のもとに帰りたいのです。」

このにせ口上を聞いたオン・ハーンは、イトルゲンという使者を遣わし、ハサルに対する自分の誠意の証《あかし》として、小さな器に自分の血液を少し盛って持たせた。二人の使者は、イトルゲンを連れて、テムジンのもとに帰った。テムジンはイトルゲンをそのままハサルに引き渡し、二人の使者を道案内

に立てて、軍勢を率いて出陣し、徹夜で疾駆してジェジェエル・ウンドル山に達し、油断していたオン・ハーンの本営を襲撃して大勝利をおさめた。ケレイト軍はことごとくテムジンに降伏した。

オン・ハーンは息子のニルハ・セングンとともに数騎の供回りを連れて命からがら脱出した。オン・ハーンは嘆息して言った。

「私とテムジンの仲は、切っても切れない縁であったのに、いまやこの不肖の息子（ニルハ・セングン）のおかげで切れてしまった。」

オン・ハーンはネクン・ウスン河というところにたどり着いたとき、ナイマンの国境守備隊に殺された。ニルハ・セングンのほうは、方向を転じてゴビ沙漠の南の西夏王国に入り、ハラホト城を通っていまの青海省に逃げ込み、土地のチベット人を掠奪してここに腰を落ち着けようとした。しかしチベット人たちの反撃を受けてタクラマカン沙漠に逃げ、天山山脈の南のクチャ（新疆《しんきょう》ウイグル自治区の庫車《クチエ》）で殺された。

こうして二百年の歴史を誇ったケレイト王国は滅亡し、代わってモンゴル部族のテムジンが草原の覇者となったのである。

この一二〇三年の冬、テムジンはテメエン・ケエルの河原というところに、部下と友好氏族、部族の代表者を召集した。この河原は南モンゴルの大興安嶺山脈の西のダル・ノール湖（達来諾爾《ダライ・ノール》）に近いところにあり、まさに金帝国の北方国境地帯である。この会議は、これまで金帝国の同盟者であったケレイトのオン・ハーンに代わって、自分があらたに獲得した地位を金帝国に承認してもらうためのものであったと思われる。

ケレイト王国が滅亡したいまとなっては、北アジアでテムジンに対抗できる相手といっては、ナイマンのタヤン・ハーンだけになってしまった。タヤン・ハーンは、南モンゴル西部の陰山山脈に遊牧するトルコ系のオングト部族に使いを送り、部族長アラクシュに反テムジン同盟を申し入れた。しかしアラクシュはテムジンにこの計画を通報し、かえってテムジンの陣営に参加する意志を表明した。

これに対して、テムジン側は、ナイマンとの決戦を決意し、一二〇四年の秋、テムジンがみずから指揮するモンゴル軍はオルホン河まで進出した。いっぽう、タヤン・ハーンの指揮するナイマン軍は、アルタイ山脈、ハンガイ山脈を越えてオルホン河に進出し、両軍は対陣した。このとき、ナイマン軍にはジャムハも加わっていたが、戦闘の開始に先立って、モンゴル軍の陣容を眺めたジャムハは、側近に向かって、

「おまえたち、わが盟友《アンダ》テムジンの勢いを見たか。ナイマンはかれを侮って、丸のみにしてやると高言しているが、とてもかなうものではない」

と言い、自分の部下を率いて脱走した。

この日の大会戦で、モンゴル軍は大勝利をおさめ、午後にいたってタヤン・ハーンは戦死し、ナイマン軍は潰走《かいそう》の途中、夜に入って崖から落ちて死ぬ者が無数であった。

モンゴル軍は引き続き、北方のメルキト部族を攻撃してこれを完全に征服した。こうして東は大興安嶺山脈から、西はアルタイ山脈にいたるまで、モンゴル高原の遊牧の民は、ことごとくテムジンの勢力下に入った。のこるのは南モンゴル西部の西夏王国だけである。テムジンは翌一二〇五年、はじめて西夏王国に遠征し、多くの人民や駱駝を掠奪して引き揚げた。

3　チンギス・ハーンの大征服

一二〇六年の春、テムジンはオノン河の水源地に、部下と同盟部族、氏族の代表者を召集して大会議を開催し、その席上、全員の支持を受けて全遊牧民のハーンに選挙され、九本の尾のついた白い軍旗を押し立てて、即位式を挙げ、チンギス・ハーンという称号を名乗った。

チンギスというのは、古いトルコ語のチンギズの借用であって、「勇猛な」という意味である。後世のモンゴル人は、トルコ語の知識がないので、チンギス・ハーンという称号の由来がわからなくなり、説明のために考え出した伝説では、即位の前、三日間、毎朝、チンギス・ハーンの家の前の一つの四角な白い岩の上に、五色の羽毛の雲雀《ひばり》のような鳥が止まって、「チンギス、チンギス」と鳴いたので、この瑞兆《ずいちょう》に従ってチンギス・ハーンと名乗ったということになっている。これはチンギス・ハーンの子孫のサガン・セチェン・ホンタイジという人が一六六二年に書いた『蒙古源流《エルデニイン・トブチ》』という年代記に出ている話である。

実際のところは、このトルコ語の称号をチンギス・ハーンのために選んだのは、ココチュという巫《シャマン》であった。ココチュは、ホンホタン氏族のムンリク・エチゲの息子で、ムンリク・エチゲはチンギス・ハーンの母ホエルンの再婚の相手だったから、ココチュはチンギス・ハーンの義理の弟ということになる。ココチュは「テブ・テンゲリ」とあだ名されたが、テンゲリは「天の神」を意味し、テブはそれを強調する言葉であるから、ほんとうの超能力者だったのである。このココチュ・テブ・テンゲリは、チンギス・ハーンの即位の当初は、神々の意志の伝達者として、遊牧民たちに絶大な影響力をふるったようである。しかしチンギス・ハーンは一度権力を手に入れたのちは、この義理の弟をも容赦しなかった。

『元朝秘史』によると、九種類の言語を話す人民がココチュのもとに集まるようになって、チンギス・ハーンの馬つなぎ場よりはココチュのところのほうが多くの馬がつながれているというありさまになった。このころチンギス・ハーンの弟テムゲ・オッチギンの部下の人民も、主人を捨ててココチュのもとに移ってしまった。テムゲが人民の返還の交渉にソホルという使者をココチュに遣わすと、ココチュはソホルを打って、馬を取り上げ、鞍《くら》をソホルの背に負わせて徒歩で追い返した。これは騎馬民にとっては最大の侮辱である。翌日、テムゲが自分で出向いて抗議しようとすると、ココチュの七人の兄弟がテムゲを取り巻いて、つかみかかって打ち据えようとするので、テムゲは恐れて、

「使者を遣わしたのは私ではない」

と言った。七人の兄弟たちは、

「おまえでないのなら、跪《ひざまず》いて謝れ」

と言って、テムゲを跪かせて、背中を向けたココチュを拝ませて辱《はずかし》めた。

テムゲは翌朝早く、兄チンギス・ハーンの家に訴えに行ったが、チンギス・ハーンはまだベッドのなかにいた。そこに入ったテムゲは泣きながら跪いて、事の次第を報告した。チンギス・ハーンが口を開く前に、妻のボルテがベッドから身を起こして、掛け布団のへりで胸を隠しながら、泣いているテムゲを見て、自分も涙を流してこう言った。

「なにをしようというのでしょう、このホンホタンたちは。この前はぐるになってジョチ・ハサルを打ちましたし、今度はこのテムゲ・オッチギンを跪かせて背中を拝ませたとは、なんたることでしょう。りっぱに成人したあなたたちの弟たちでさえ、このように虐待するのです。いまにあなた御自身がお倒れになったのちでは、寄る辺のないあなたの人民を、あの人たちは誰に治めさせようとするでしょう。私の産んだ三、四人の子どもたちはどうなるでしょう。弟さんたちにこんな仕打ちをされて、あなたはどうして見ていらっしゃるのですか。」

ボルテにこう言われて、チンギス・ハーンはテムゲに言った。

「ココチュが来るころだ。できることをなんでもすることをおまえに任せる。」

テムゲは立ち上がって涙をぬぐい、出て行って三人の力士を控えさせた。しばらくしてムンリク・エチゲが七人の息子たちとともに入ってきて、ココチュは室内にあった酒の容器の右側の上席に坐った。テムゲはココチュの襟首《えりくび》をつかんで、

「昨日はよくもおれを謝らせてくれたな。勝負しよう」

と言って、戸口のほうへ引きずっていった。ココチュもこれに応じてテムゲの襟首をつかみ、二人の取っ組み合いが始まった。ココチュの帽子が室の中央の炉のなかに落ちた。父親のムンリクは帽子

を拾い上げて、匂いをかいで、懐にしまった。チンギス・ハーンが言った。

「外へ出て、男らしく勝負をつけろ。」

テムゲがココチュを引きずって戸口を出ると、控えていた三人の力士がココチュを捕まえて、引きずり出して背骨を折って、家の左側の車が何台も止めてあったところへ運んだ。テムゲはふたたび家に入って言った。

「ココチュはおれを謝らせた。勝負しようと言ったが聞かず、寝たふりをしている。たいした奴じゃなかった。」

これを聞いたムンリク・エチゲはなにが起こったかを知って涙を流し、

「大地が土くれほどだったころから、大海が小河ほどだったころから、私はお仕えしてきたのですよ」

と言うと同時に、六人の息子たちは戸口を遮り、炉の周りに立って腕まくりをした。チンギス・ハーンはこの勢いに恐れて、

「どけ。外へ出よう」

と言って、室を出て行くと、側近の親衛隊もチンギス・ハーンを取り巻いて立った。外に出てココチュの死骸《しがい》を見たチンギス・ハーンは、一つの黒いテントを持ってこさせてその上に張らせておいて、そのまま全員を牛車に乗らせて移動した。

ココチュの死骸をおさめたテントには見張り番をつけてあったが、三日後の夜明け前に、テントのてっぺんの煙出しの孔《あな》からそっくりそのまま抜け出して見えなくなってしまった。チンギス・ハーンは言った。

「テブ・テンゲリは、私の弟たちに手をあげたり、私の弟たちについて根も葉もない悪口を言ったりしたので、天の神の不興を買って、命も体も取り去られたのであるぞ。」

チンギス・ハーンはまた、ムンリク・エチゲをも厳しく叱責した。ココチュ・テブ・テンゲリの処分のあと、ホンホタン氏族は権勢を失ったのである。以上が『元朝秘史』の物語である。

この物語は、チンギス・ハーンの日常生活の片鱗《へんりん》をうかがわせてくれる挿話であるから、やや詳しく引用しておいたが、その話で見るとおり、チンギス・ハーンは、ひとたび選挙されてハーンとなったのちは、近親、功臣といえども、自分の新しい権威を笠に着て横車を押す者をいささかも容赦しなかった。この私情に流されない厳格さが、いまや北アジアの大国の最高指導者の地位に上ったチンギス・ハーンの成功のためには、きわめてたいせつな性質だったのである。

さて、チンギス・ハーンが北アジアの全遊牧民の共通の君主に選挙されるに及んで、これまでチンギス・ハーンが宗主と仰ぎ、協力してきた相手の金の皇帝との関係に変化が生じるのは自然の勢いであった。チンギス・ハーンの即位した翌年の一二〇七年のこと、金帝国のほうでは章宗皇帝が叔父の衛王永済《えいおうユンチ》を武定軍節度使《ぶていぐんせつどし》に任命した。これは中都《ちゅうと》（北京市）の西北方、張家口に近い琢鹿《たくろく》の町に駐在して、南モンゴル方面の防衛を担当する軍司令官の職である。衛王が着任すると、チンギス・ハーンは恒例によって貢ぎ物を持って、いまのフヘホトの北方の国境の町、浄州《じょうしゅう》にやって来て、ここで衛王に謁見した。

しかし金帝国にとって不幸なことに、衛王は章宗皇帝の叔父たちのなかではもっとも柔弱《にゅうじゃく》にして無能な人で、そのために猜疑心《さいぎしん》の強い皇帝に安心されていたのであるから、衛王がチンギス・ハーンの尊敬を得るのは無理な話であった。はたしてこの謁見で、チンギス・ハーンは衛王の足もとを見透かして、敬意を表そうとしなかった。チンギス・ハーンが去った後、衛王はこれを含んで、朝廷に、チンギス・ハーン討伐軍の動員を要請した。

翌一二〇八年の冬、衛王は任地から中都の朝廷に帰ったが、このときすでに章宗皇帝は病気が重く、まもなく死んだ。皇帝には息子がなかったので、遺言によって叔父の衛王が帝位を継ぐことになった。翌一二〇九年の春、新皇帝の即位を告げ知らせる詔書を持って、金の勅使が北方国境に到着した。受け取りに出向いたチンギス・ハーンが勅使に、新皇帝には誰がなったのかと問うた。勅使は、さきの衛王であることを答えた。これを聞いたチンギス・ハーンは、たちまち南のシナのほうへ向かって唾《つば》を吐き、ののしって言った。

「われわれは、中原の皇帝は、天上の人がなるものだと思っていた。あんな間抜けでもなれるのか。詔書なんか受け取ってやるもんか。」

そう言い捨てると、ただちに馬に乗って北方へ帰っていった。勅使が朝廷に帰ってこのしまつを報告すると、皇帝はますます怒って、つぎにチンギス・ハーンが貢ぎ物を持って国境に来るときに、捕らえて殺すように命令を下した。これはチンギス・ハーンの知るところとなり、チンギス・ハーンは金帝国との関係を断絶し、開戦の準備に入った。

これは一二〇九年のことだったが、このときすでにチンギス・ハーンは金帝国の西北境の大国、西《せい》夏《か》王国を同盟国の仲間に加えていた。チンギス・ハーンはこの春、みずから軍を率いて西夏王国の首都、中興府（銀川市）を包囲した。西夏王李安全《りあんぜん》はチンギス・ハーンに降伏して臣従を誓い、チンギス・ハーンは西夏王の娘と結婚して引き揚げた。

同じころ、天山山脈の東端のウイグル王国も、チンギス・ハーンの同盟国となった。ウイグル王国は、これまで西隣の契丹人《きったん》の西遼帝国《カラキタイ》の衛星国であり、首都のベシュバリクの町には契丹の仏教僧の少監《しょうかん》という者が総督として駐在していたが、ウイグル人はこの少監を殺して西遼と断絶し、チンギス・ハーン側に寝返ったのである。

すでに南モンゴルの西夏と金の国境地帯の陰山山脈のオングト部族は、チンギス・ハーンと同盟していた。もはやチンギス・ハーンと金帝国との全面開戦を妨げるものはなにもなかった。

一二一一年の春、チンギス・ハーンはいよいよモンゴル軍を指揮してケルレン河から南下し、金領の南モンゴルに侵入した。このときから始まって、五年後の一二一六年の春にふたたびケルレン河畔に帰還するまで、チンギス・ハーンはつねに南モンゴルにあって作戦を指導し、モンゴル軍は金帝国の華北の領土を縦横無尽に踏みにじった。中都の金の朝廷では、皇帝永済は部下に殺され、先代の章宗皇帝の弟の宣宗皇帝吾睹補《ウトブ》が代わって皇帝となって、チンギス・ハーンに講和を申し入れ、永済の娘をさし出しておいて、中都を放棄して汴《べん》（開封市）に都を移したほどである。

金に対する作戦が一段落すると、チンギス・ハーンはこの方面を部下に任せておいて、自分は方向を転じて西に向かった。これよりさき、チンギス・ハーンに滅ぼされたナイマンのタヤン・ハーンの王子クチュルクは、中央アジアのチュー河の畔に都していた西遼帝国に亡命し、最後の皇帝直魯古《グルハーン・チルク》の保護を受けた。しかし野心家のクチュルクは、西遼の領内に避難していたナイマン人たちを集めて軍隊を組織し、皇帝を襲って捕らえ、みずから皇帝となった。

一二一八年にいたって、チンギス・ハーンは部下の大将ジェベを派遣して西遼に遠征させた。モンゴル軍は容易にナイマン軍を破ってクチュルクを殺し、こうして西遼帝国はモンゴルの支配下に入った。これをもって、かつて契丹人が活動した地域は、東は東北アジアから西は中央アジアにいたるまで、ことごとくチンギス・ハーンの勢力圏に入ったのである。

東南の方面では、チンギス・ハーンは南モンゴルの住民を自分たちの兄弟とみなしたが、それより南の中原の地方に対しては、たんなる猟場としか見ず、この地方を恒久的に支配しようなどとは考えなかったようである。一二一五年、チンギス・ハーンが中都《ちゆうと》を占領したとき、金の高官の耶律楚材《やりつそざい》という人が降伏した。この人は契丹人で、遼の皇族の子孫であり、きわめて博学でかつ予言の能力があったので、チンギス・ハーンはこの人をおおいに気に入って、ウルト・サハル（長い鬚《ひげ》）というあだ名で呼んで側近におき、重要な決定には必ず耶律楚材の意見を参考にした。

チンギス・ハーンの死後、三男のオゴデイがハーン位を継ぐが、その当初のこと、新ハーンの側近が、漢人はモンゴル人にとっては使い道がないから、ことごとく立ち退かせて、その跡を牧地にしようと主張したことがある。これがチンギス・ハーンの時代以来の普通の観念だったわけである。これに対して耶律楚材は、管理さえよくすれば、中原の地は莫大な額の税収入の源泉になるのだと説いて、はじめて華北の地に統治組織をつくり、言ったとおりの成績をおさめたのである。これから見ても、チンギス・ハーンは、遊牧地帯の外にまで、自分の国家を広げようとは思っていなかったらしい。

そうしたわけで、西方の中央アジア方面でも、チンギス・ハーンは西遼の征服、併合をもってひとまず満足した。西遼帝国の西の国境は、いまのカザフスタン共和国を西北に流れてアラル海に注ぐスィル・ダリヤ河であった。スィル・ダリヤ河の南側はホラズム帝国の領土であったが、チンギス・ハーンは、この帝国に戦争をしかける意志は最初はなかった。それが一変してチンギス・ハーンの中央アジア遠征となり、西アジア、東ヨーロッパにまで戦火が波及するきっかけとなったのは、平和な貿易の申し入れが、ホラズム帝国によって無体にはねつけられたことであった。

ホラズム帝国を治めていたのはイスラム教徒のトルコ人、帝王《スルターン》アラー・ウッ・ディーン・ムハンマドであって、その支配下の地域は、東北はスィル・ダリヤ河から、東南はパキスタンのインダス河、西南はペルシア湾、西北はコーカサス山脈に及ぶ広大なものであった。

一二一八年、すなわち西遼がモンゴル軍に征服された年のこと、ホラズム帝国の首都ブハラ（ウズベキスタン共和国の都市）にチンギス・ハーンの三人の使節が来て、チンギス・ハーンからの友好関係と平和な貿易の申し入れをスルターン・ムハンマドに伝えた。三人はホラズム帝国出身のイスラム教徒の商人であったが、ムハンマドはこれに答えて、やはり三人の商人をチンギス・ハーンのもとに送った。こうして二つの帝国の間の友好関係が樹立されたと思ったチンギス・ハーンは、自分の一族や部下の族長たち、大将たちに命じてそれぞれ代表者を出させ、金銀を持たせて、ホラズム帝国に行って特産品を買いつけさせることにした。

こうして編成された隊商《キャラバン》は総勢四百五十人、すべてイスラム教徒であった。かれらが到着したのは、スィル・ダリヤ河畔の国境の町、オトラールであった。この町はいまはないが、アルィシ河が東方からスィル・ダリヤ河に注ぐ合流点の近くにあって、シルク・ロードの重要な宿場であった。チンギス・ハーンの派遣した隊商がオトラールに達したとき、ホラズム帝国がこの町においていた知事は、隊商の持って来た莫大な財貨に目がくらみ、全員を逮捕して、主君のスルターン・ムハンマドに、これらの隊商はモンゴルのスパイであるかのような報告を送った。スルターンは全員を死刑に処せよとの命令を送り、そのまま実行された。

この乱暴な背信行為の報告を受けて激怒したチンギス・ハーンは、ただちに懲罰戦争を決意し、二十万といわれる大軍を動員した。これは一二一八年のことであったが、翌一二一九年の夏には、アルタイ山脈を西に越えて、いまの中国新疆《しんきょう》ウイグル自治区の北端に近いイルティシュ河のほとりに本営をおいた。ここはナイマン王国のタヤン・ハーンの本拠地だったところである。ここで来《きた》るべき遠征にそなえて兵士と軍馬を休養させ、秋になると、いよいよ進軍が始まった。チンギス・ハーンは全軍を四個部隊に分け、みずからはその一つを率いて、ホラズム帝国の首都ブハラに向かい、他の部隊はそれぞれ息子たちや武将の指揮にゆだねて、各地の征服に向かわせた。

一二二〇年二月、チンギス・ハーンの軍はブハラ城を包囲し、数日間の昼夜を分かたぬ攻撃ののちこれを陥落させた。住民は手ぶらで城外に退去させられ、そのあとで城内はモンゴル兵によって徹底的に掠奪され、火を放って焼き尽くされた。

続いてチンギス・ハーンはサマルカンドに向かい、攻撃五日めにこれを落城させた。住民はおびただしく惨殺され、生存者のうちから工芸家と職人三万人をチンギス・ハーンが自分で取ったのち、のこりは一族や部下に分配された。スルターン・ムハンマドはモンゴル軍の追跡を逃れて、アム・ダリヤ河の南のホラサン地方を逃げ回ったあげく、カスピ海のなかの小さな島に逃げ込んでそこで死んだ。息子のジャラール・ウッ・ディーンがモンゴル軍に対する抵抗を続けた。

いっぽう、チンギス・ハーンは一二二一年、アフガニスタンのヒンドゥクシュ山脈を南へ越えてバーミヤン城を攻め落とした。これはカーブル市の西方の、有名な磨崖《まがい》の大仏のあるところである。そこへ新スルターン・ジャラール・ウッ・ディーンの軍が接近して、パルワンの原というところでチンギス・ハーンの養子シギ・フトフの指揮する三万のモンゴル軍を全滅させた。チンギス・ハーンはただちに敵の追跡に入り、パキスタン北部のインダス河のほとりで追いついた。ホラズム軍は粉砕された。河岸に追い詰められたジャラール・ウッ・ディーンは、高い岸から乗馬もろとも水中に飛び込んで流れを泳ぎ切って逃れた。チンギス・ハーンは、追撃して河に飛び込もうとする部下を押しとどめ、息子たちにジャラール・ウッ・ディーンの姿を指し示して、男子たる者はこうでなければならぬと教え諭した。

一二二二年、チンギス・ハーンはパキスタンからアフガニスタンに戻り、ヒンドゥクシュ山脈の北で休息を取ったのち、もと来た道をたどってゆっくりと移動しつつ、一二二五年の二月になって、やっとモンゴル高原の故郷に帰り着いた。この七年間のチンギス・ハーンの中央アジア遠征の結果、この地方の様相は一変してしまった。

ホラサン地方はそれまで人口が多く、都市や農園が連なった豊かなところで、イラン人の文化の中心であった。拝火教の教祖ゾロアスターもホラサン地方の出身であったといわれる。ところがチンギス・ハーンのモンゴル軍の侵入で多数の人々が殺され、都市は破壊され、さらにオアシスの緑を支えていた灌漑《かんがい》設備が大損害を受けたために、この地方は沙漠化し、人口は激減した。そしてこれまでの住民のイラン人に代わって、北方からトルコ系の人々が入り込んでくるようになった。もとのホラサン地方の北半分は、現在、トルクメニスタン共和国に属しているが、トルクメン人は北方から入り込んだトルコ人である。チンギス・ハーンのモンゴル軍が、この遠征でかくも破壊をほしいままにした理由は、この地方が遊牧民の好きな環境の草原地帯でなかったため、人手と財貨の掠奪にしか興味をもたなかったからであろう。

さて、ホラズム帝国のスルターン・ジャラール・ウッ・ディーンは、一二二一年にインダス河を渡って姿をくらましてから、なおも十年間、各地を転々としてモンゴル軍に対する抗戦を続け、一二三一年に死んでいる。このスルターンの行方を捜索するために、チンギス・ハーンは二人の武将を派遣した。ベスト氏族のジェベとウリヤンハン氏族のスベエデイである。

二人の指揮するモンゴル軍は、ホラサン地方から西に進んで、イラン高原の都市をつぎつぎに攻め落として荒廃させ、アゼルバイジャンに入って、当時は独立のキリスト教王国だったグルジア（いまのジョージア、スターリンの出身地）を攻撃し、カスピ海の西岸に沿ってコーカサス山脈を越えて、この地方の多数の少数民族を征服した。

その北方、モンゴル軍の行く手に広がるのは、トルコ系のキプチャク人の住地である。この民族は遊牧民で、当時は東はアラル海の北方から、黒海の北方、西はルーマニアのドナウ河にいたる広大な草原地帯に遊牧していた。ロシア人の住地は、はるか北方で、まだ黒海の北岸に達していないばかりでなく、国民の統一すらまだで、多くの小さな公国に分かれていた時代である。

ロシアの諸侯は連合してモンゴル軍を迎え撃ち、一二二三年五月、アゾフ海の北岸のジダノフ市に近いカルカ河畔で戦ったが、モンゴル軍に大敗し、ドニェプル河にいたるこの地方はモンゴル軍に蹂《じゅう》躙《りん》された。同年、モンゴルの遠征軍は、引き揚げる途中、ヴォルガ河の上流のブルガル人の住地を攻撃した。ブルガル人というのは、現在バルカン半島に住んでいるスラヴ系のブルガリア人とは違う。ヴォルガ河のブルガル人は、古いトルコ系の民族であって、いまのバルカンのブルガリア人はのちにこれから分かれて移住したのである。ヴォルガという河の名前自体が、ブルガル人の住地であったことから来ている。

このブルガル人の国を攻撃したあと、ジェベとスベエデイのモンゴル遠征軍は、カスピ海の北側を回って中央アジアに帰り、引き揚げる途中のチンギス・ハーンの本軍に合流した。これがモンゴル軍の第一回東ヨーロッパ侵入であった。

一二二五年の春、中央アジア遠征から帰ってモンゴル高原に着いたチンギス・ハーンは、同年の秋から、またもや新しい遠征戦争に取りかかった。今度の相手は、タングト人の西夏王国である。西夏王国は、現在の中国寧夏回族《ねいかかいぞく》自治区を中心とし、それに甘粛省《かんしゅく》、青海省、内モンゴル自治区の西部を領有した国であった。一二二六年の春からモンゴル軍の進攻が始まり、チンギス・ハーンじきじきの指揮のもとに、西夏王国の都市はつぎつぎに陥落した。のこったのは首都の中興府（銀川市）だけであった。チンギス・ハーンはその攻略を待つ間、本営を六盤山《りくばんざん》においた。この山は寧夏回族自治区の南の端に近いところにある。

窮地に陥った西夏王李晛《りけん》は、降伏と首都の開城をチンギス・ハーンに申し入れた。チンギス・ハーンはこれを受け入れた。しかし西夏王が謁見に来る前に、チンギス・ハーンは重病にかかった。死を予感したチンギス・ハーンは、自分の死を厳重に秘密にすること、西夏王が謁見に来たら捕らえて殺し、開城した首都の住民をことごとく殺し尽くすことを遺言した。発病して八日めの一二二七年八月二十五日（十八日ともいう）、チンギス・ハーンは死んだ。一一六二年の生まれとすれば、数え年で六十六歳、一一五五年の生まれとすれば、七十三歳だったことになる。

チンギス・ハーンの遺骸は、北モンゴルの故郷に運ばれ、ケンテイ山中の起輦谷《きれんこく》というところに葬られた。墓には盛り土も標識もなく、埋葬が終わると、多数の馬に踏ませて土を平らにした。やがて森林がその上に生い茂って、墓がどこやらわからなくなった。今日にいたるまで、チンギス・ハーンの墓は発見されていない。

第三章

チンギス・ハーンの祖先たち

◆モンゴル国西部バヤンウルギー県のカザフ人鷹匠

チンギス・ハーンの祖先系図

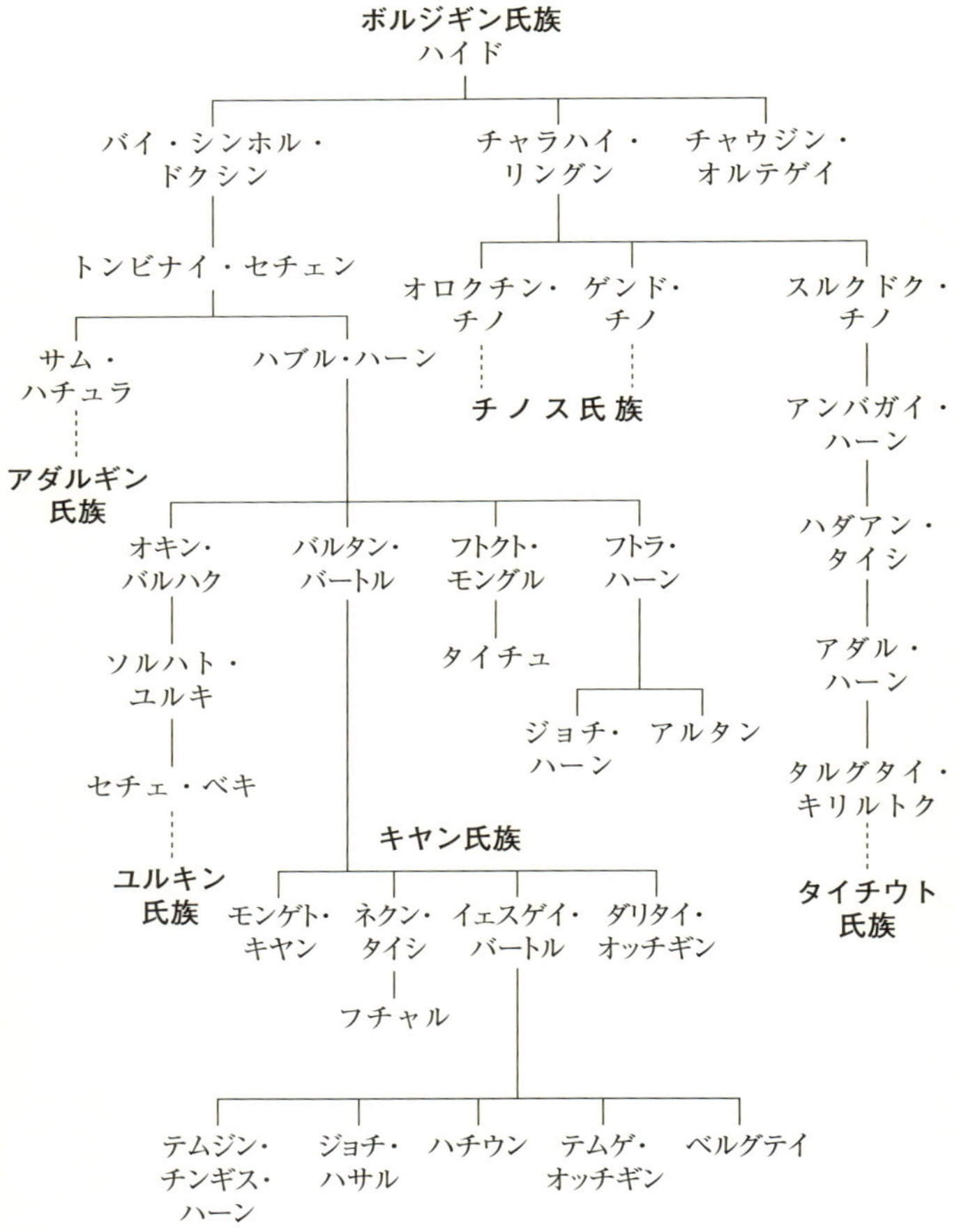

1 「蒼《あお》き狼《おおかみ》」

チンギス・ハーンは、北モンゴル（モンゴル国）の東部の遊牧民、モンゴル部族の出身であったが、西隣のキリスト教徒の大国、ケレイト王国のトグリル・オン・ハーンに仕えて、そのモンゴル高原統一事業に協力し、のちにオン・ハーンを倒して、北アジアの全遊牧民の帝王になったのであった。

モンゴル部族の王は、チンギス・ハーンが最初の人ではなかった。チンギス・ハーンの前にも三代の王があり、チンギス・ハーンは、どちらかといえば傍系に属した。こうしたチンギス・ハーンの先祖の系譜をさかのぼっていくと、チンギス・ハーンの誕生から約百五十年前、十一世紀のはじめごろに生きていた人々が、歴史上に実在したチンギス・ハーンの祖先たちのなかではもっとも古いようで、それ以前の系譜は空想の産物らしい。こうしたチンギス・ハーンの祖先伝説として、きわめて有名なのが、例の「蒼き狼」の神話である。

『元朝秘史』の第一巻第一節に、つぎのような物語が載っている。

「高き天の定命《さだめ》を受けて生まれたボルテ・チノがあった。その妻のホワイ・マラルがあった。海を渡って来た。オノン河の源のブルハン・ハルドン〔山〕に遊牧して、生まれたバタチハンがあった。」モンゴル語で、チノは「狼」、マラルは「牝鹿《めじか》」の意味であるから、狼と牝鹿が結婚したというのである。その夫妻が渡ってモンゴル高原に来たという海とは、バイカル湖のことである。そして夫妻が住んだブルハン・ハルドン山とは、オノン河の流れ出るケンテイ山脈のなかの山であり、すなわちチンギス・ハーンの故郷である。

ところで、ホワイ・マラルのホワイは、モンゴル語で動物の黄毛をホワといい、ホワイはその女性形であるから、ホワイ・マラルは「黄色い牝鹿」という名前である。これに対して、ボルテ・チノは、『元朝秘史』の原文には「蒼色的狼」という漢語訳がつけてある。このため、『元朝秘史』を一九〇六年(明治三十九年)に日本語訳して『成吉思汗実録《チンギスカンじつろく》』として出した那珂通世《なかみちよ》は、このボルテ・チノを「蒼《あお》き狼《おおかみ》」と訳した。この「蒼き狼」がいかにもロマンティックな響きを持った名前であるために、日本ではチンギス・ハーンを「蒼き狼の子孫」と呼ぶのが普通であるが、「蒼き狼」は誤訳であり、さらにチンギス・ハーンはボルテ・チノの子孫ではない。

モンゴル語で「ボルテ」という言葉は「斑点《はんてん》のある」という意味である。だからボルテ・チノは「斑《まだら》の狼」なのである。これを漢語で「蒼色的狼」としてあるのはなぜかというと、なるほど単独では「蒼《ツアン》」は「草色」「深青色」の意味で、「濃い緑色」のことであるが、これが毛色の場合となると、「蒼髪《ツアンファ》」は黒い毛と白い毛が入り交じった「斑白」、つまり胡麻塩《ごましお》のことになるのである。いずれにしてもボルテ・チノは「斑の狼」であって、ブルーの狼でもグリーンの狼でもない。「蒼き狼」は、那珂通世の完全な誤訳である。

ボルテ・チノの名前は、『集史』にも、エルゲネ・クン山脈から出て来たモンゴル部族の長として出ているし、その妻のホワイ・マラル（黄色い牝鹿）の名前も出ているが、それはこの夫妻の八代あとの子孫にドブン・バヤンが生まれ、そのドブン・バヤンが死んだあとに、未亡人のアラン・ゴワが霊夢に感じてチンギス・ハーンの十一代前の始祖を産むという物語のなかの、ドブン・バヤンの素性の説明のために、ボルテ・チノの名前を挙げただけのことであって、ボルテ・チノとチンギス・ハーンは血統でつながってはいない。だからチンギス・ハーンは、「蒼き狼の子孫」ではないのである。

あとで言うように、祖先が狼だというのは、トルコ系の民族の祖先伝説の特徴であった。『元朝秘史』の物語が、ボルテ・チノとホワイ・マラルの夫妻が渡ってきたという「海」、すなわちバイカル湖の西方、ブルハン・ハルドン山から見れば向こう側では、バイカル湖から流れ出るアンガラ河がイェニセイ河に流れ込むが、イェニセイ河の流域はトルコ系のキルギズ部族の古い住地である。さらにバイカル湖の北方のシベリアには、広大なサハ共和国が広がっているが、その住民のヤクート人はトルコ系の言葉を話す。こういうところから考えれば、海の向こうから来た斑の狼がモンゴル部族の首領になったという『元朝秘史』の物語は、モンゴル部族にはシベリアのトルコ系の住民の血も混じっているということを示しているのであろう。

さて、そのボルテ・チノとホワイ・マラルの八代あとの子孫というドブン・バヤンであるが、バヤンというのは、モンゴル語で「富んだ」「金持ち」という意味である。ところが『元朝秘史』では、もう三代増えて、十一代あとの子孫ということになり、名前もドブン・バヤンでなく、ドブン・メルゲンとなっているが、このメルゲンというのは、モンゴル語で「弓矢の上手」「賢者」の意味である。

そして、このドブン・メルゲンには、ドワ・ソホルという兄があって、この人は額の真ん中に眼が一つの、一つ目小僧であって、三日程《てい》、つまり三日間旅行して達する距離のさきまで見えるという怪人であったということになっている。ソホルというのは、モンゴル語で「盲」を意味する言葉だから、この名前は当人の超能力と矛盾するが、たぶん「一つ目」であるということを表現するために、もういっぽうの目がないという意味でソホルという言葉を使ったのだろう。

ところでおもしろいことに、モンゴル高原に一つ目の種族が住んでいるという伝説は、『元朝秘史』が書かれるより二千年近くも前から、ずっと西のほうのギリシアの人々に知られていた。紀元前五世紀のギリシアの人で、「歴史の父」と呼ばれるヘーロドトスの『歴史』によると、黒海の北の南ロシアの草原には、ずっとむかし、キンメリオイ人という種族が住んでいて、その地方はキンメリアと呼ばれていた。いまのクリミア半島の名前はキンメリアの名残りである。

ところが紀元前八世紀に、東方の中央アジアの草原から、スキュタイ人という種族が南ロシアに侵入して来て、キンメリオイ人を追い出した。キンメリオイ人は南へ逃げて、コーカサス地方を通って小アジアへ逃げ込んだ。これから南ロシアはスキュティアと呼ばれるようになった。スキュタイ人が中央アジアから西方に移動してきたのは、その向こう、つまり東方に住んでいたイッセドネス人という種族が移動してきて、スキュタイ人をその故郷から追い出したからである。そしてイッセドネス人が西方に移動してきたのは、さらにその向こうにアリマスポイ人という種族がいて、イッセドネス人をその故郷から追い出したからである。アリステアスという不思議なギリシア人がいて、イッセドネス人の国まで行き、帰ってきて『アリマスペイア』という叙事詩を書いたが、それによると、アリマスポイ人は一つ目の種族であって、スキュタイ人の言葉では「一つ」をアリマ、「目」をスプウというために、こう呼ばれているのである。そしてアリマスポイ人の向こうには、グリュプスという、頭が鷲《わし》、体が獅子《ライオン》の怪獣が住んでいて、黄金を守護している。グリュプスの向こうには、「北の海」、つまりバイカル湖の岸にヒュペルボレオイ人という平和な種族が住んでいるが、この名前はギリシア語で「北風の向こうの人」を意味する。以上がヘーロドトスの伝えている話である。

ここで一つ目のアリマスポイ人の隣に住んでいるという、黄金を守護するグリュプスは、モンゴル高原の西の端のアルタイ山脈の住民であろう。なぜかというと、モンゴル語で黄金をアルタン、トルコ語でアルトゥンというし、シナの古い文献も、アルタイ山脈を「金山」と呼んでいるからである。いずれにせよ、モンゴル高原の一つ目の怪人の話は、『元朝秘史』がドワ・ソホルの物語を書くよりずっとむかしからあり、中央アジアからギリシアまで広まっていたのである。

話を『元朝秘史』に戻すと、ある日のこと、一つ目のドワ・ソホルは、弟のドブン・メルゲンと二人でブルハン・ハルドン山の上に登った。そこからドワ・ソホルは遠くを眺めて、一団の人々がトンゲリクという小河に沿ってこちらへやって来るのを見つけた。ドワ・ソホルは言った。

「あの移動してくる人々のなかの、一台の黒い牛車の御者席に、一人の美しい娘がいる。まだ嫁に行っていなければ、弟のドブン・メルゲンよ、おまえにもらってやろう。」

そう言って弟を行かせた。ドブン・メルゲンが行ってみると、ほんとうに美しい娘がいて、名前をアラン・ゴワといった。このアラン・ゴワの素性はというと、父はホリラルタイ・メルゲンといって、ホリ・トマトのホリラル氏族の長であり、母はバルグジン・ゴワといって、コル・バルグジン・トクムという土地の領主バルグダイ・メルゲンの娘であって、アラン・ゴワはこの二人の間に、ホリ・トマトの地に生まれたのであった。こうしてアラン・ゴワは、ドブン・メルゲンの妻となり、ベルグヌテイとブグヌテイという二人の男の子を産んだ。

ここまでの『元朝秘史』の話を解説すると、まずアラン・ゴワのゴワというのは、モンゴル語で「美人」という意味である。アランについてはあとで触れるとして、このアラン・ゴワが生まれたホリ・トマトの地というのはどこであろうか。ラシード・ウッ・ディーンは、『集史』のなかで、十三世紀の北アジアに住んでいた多くの部族のことを書いて、バルグト、ホリ、トラスの三つの部族はセレンゲ河の彼方、つまり東方の、バルグジン・トクムという地方に住んでいて、またバルグトとも総称されるといい、さらに別にトマトという部族を挙げて、これもバルグトの一部であるが、その住地はキルギズの住地に近いといっている。つまりこの四つの部族はともにバイカル湖の周囲に住んでいたのであって、そのうちのホリなどの三部族はバイカル湖の東方に、トマト部族は西方に住んでいたわけである。だからホリ・トマトの地というのは、つまりバイカル湖の周囲ということになる。

現在でも、ブリヤート共和国のブリヤート・モンゴル人にはホリという部族があって、セレンゲ河に東方から流れ込むウダ河の渓谷に住んでいる。アラン・ゴワの父のホリラルタイ・メルゲンの氏族がホリラルだと『元朝秘史』がいっているが、このホリラルもホリ部族のことであって、ラルというのはトルコ語の複数の語尾なのである。

これに対して、アラン・ゴワの母の名前がバルグジン・ゴワ、その父の名前がバルグダイ・メルゲンだというのは、バルグジンが「バルグト部族の女」、バルグダイが「バルグト部族の男」を意味するのである。そしてバルグダイ・メルゲンがコル・バルグジン・トクムの領主であるというのは、コルはトルコ語で「湖」を意味し、つまりバイカル湖のことである。そしてトクムはモンゴル語で「盆地」を意味し、バルグジンはバイカル湖の東岸に流れ込む河の名前であるから、バルグジン・トクムはバルグジン河の渓谷の平野のことであり、ここがバルグト部族の本拠地だったのである。

『集史』がバルグトと総称している四部族の後裔《こうえい》が、現在のブリヤート・モンゴル人になったのであるが、現在のブリヤート共和国は、バイカル湖の北岸、東岸、南岸に沿ってぐるりと取り囲んでいる。しかし西岸はロシア連邦に直属しているが、これは言うまでもなく、十七世紀以来、ロシア人が大量にこの地方に入植して来たからである。そのむかし、アンガラ河を西からさかのぼってきたロシア人は、一六二九年、オカ河との合流点のいまのブラーツクの町のあるところで、はじめてブリヤート・モンゴル人に出会っている。だからバイカル湖の西方の、むかしのトマト部族の地は、十七世紀になってもやはりブリヤート・モンゴル人の住地だったのである。

現在でも、バイカル湖の西方、イルクーツク市の北のアンガラ河の両岸にまたがって、ウスチ・オルディンスキー・ブリヤート民族区があるが、その西岸の部分にはアラルという部族が住んでいる。アラン・ゴワの名前のアランは、あるいはこのアラル部族と関係があるかもしれない。それはともかく、アラン・ゴワの素性は、まったくバイカル湖の周辺の部族の出身だということになる。そしてこのアラン・ゴワを迎えて結婚するブルハン・ハルドン山の住人ドブン・メルゲンは、チンギス・ハーンの祖先になったわけではなく、その血統と関係がないのである。そのことは、この物語の続きで明らかになる。

2　五本の矢

ここまでは『元朝秘史』の物語によって紹介してきたが、ここで『元史』の「太祖本紀」の話も参考することにしよう。前に言ったとおり、チンギス・ハーンの孫の元の世祖フビライ・ハーンが編纂《へんさん》させた『太祖実録』という書物があり、それに基づいて書いたチンギス・ハーンの伝記が『元史』の「太祖本紀」なのであるが、この「太祖本紀」の物語はきわめて簡潔で、ドブン・メルゲンの祖先や一つ目の兄ドワ・ソホルなどの話はすべて切り捨ててしまっている。そして、ドブン・メルゲンに先立たれたアラン・ゴワが、未亡人として暮らしているところから話が始まるのである。その話というのはつぎのようなものである。

アラン・ゴワは、ドブン・メルゲンに嫁いで、二人の男の子を産んだ。長男はブグ・ハタギといい、次男はブハト・サルジといった。それから夫が亡くなったが、アラン・ゴワは再婚せずにいた。ある夜のこと、アラン・ゴワはゲルのなかで寝ていた。この「ゲル」というのは、モンゴル式のフェルトを張った円《まる》い組み立て家屋のことで、わが国では「蒙古包《もうこパオ》」として知られているが、「包」は満洲語のボーの音訳で、「家屋」の意味である。その天井の真ん中には、煙出しと明かり取りを兼ねた天窓がある。アラン・ゴワが寝ていると、白い光が天窓からさし込んで、それが金色の神人になり、ベッドのところへやって来た。アラン・ゴワは驚いて目を覚まし、自分が妊娠していることに気がついた。こうして生まれた男の子が、チンギス・ハーンの十世代前の祖先のボドンチャルであった。

ボドンチャルは一風変わった顔立ちをしていて、おとなしくて口をあまりきかなかったので、家の者どもはばかだと思っていた。しかしアラン・ゴワだけは「この子はばかではない。この子の後世の子孫に、きっとたいへん偉い人が出るだろう」と人に言うのであった。

アラン・ゴワが亡くなって、兄たちは遺産を分配したが、ボドンチャルには取り分をやらなかった。ボドンチャルは「貧しくて卑しいのも、富んで貴いのも運次第だ。財産なんかどうでもよい」と言って、一人で青白毛の馬に乗って、バルジュン・アラルというところに行って住んだが、食べ物も飲み物も手に入らなかった。たまたま黒白斑の鷹が野獣を捕らえて食っていたので、ボドンチャルは紐《ひも》でわなを仕掛けて鷹を捕まえた。鷹が慣れてから、腕に止まらせて猟に行って、兎《うさぎ》や鳥を捕らえて食べるようになった。たまたま捕れないことがあっても、またすぐに捕れるようになり、天の助けがあるようであった。こうして何月か暮らしていると、数十家族の人々がトンゲリク小河の野から遊牧しながら移住してきた。ボドンチャルはこの人々の近くに草小屋をつくって住み、互いに助け合うようになって、それから生活はすこしは楽になった。

ある日のこと、二番めの兄（ブハト・サルジ）が急にボドンチャルのことを思い出して、「ボドンチャルは、一人で出て行ってなにも持たなかった。いまごろは凍えたり飢えたりしているんじゃないだろうか」と言い、みずからボドンチャルのところへ尋ねてきて連れて帰った。その帰り道の途中で、ボドンチャルが兄に言った。「トンゲリク小河の人々は、誰の手下でもありません。もし兵隊を連れていけば、家来にできますよ。」兄はもっともだと思って、家に帰り着くとすぐ腕っ節の強い男たちを選び出し、ボドンチャルをその大将にして出発させた。ボドンチャルははたしてその人々をみんな家来にすることができた。以上が『元史』の「太祖本紀」の物語である。

ブグ・ハタギはモンゴル部族のハタギン氏族の始祖であり、ブハト・サルジは同じくサルジウト氏族の始祖である。この二つの氏族は、十二世紀の末に金《きん》帝国の辺境をおおいに騒がした強力な氏族である。そしてブグはモンゴル語で「牡鹿《おじか》」、ブハは「牡牛」を意味する。この「太祖本紀」の物語では、ブグ・ハタギとブハト・サルジは、アラン・ゴワが先夫のドブン・メルゲンとの間に産んだ子で、それに対してチンギス・ハーンの祖先のボドンチャルは、アラン・ゴワが霊夢に感じて産んだ天の神の子だということになっている。しかし『集史』でも『元朝秘史』でも、アラン・ゴワがドブン・メルゲン（またはバヤン）との間に産んだ二人の子は、ベルグヌト氏族の始祖のベルグヌテイと、ブグヌト氏族の始祖のブグヌテイだったということになっていて、これとは別に、未亡人になってからアラン・ゴワが産んだのが、ブグ・ハタギとブハト・サルジ、ボドンチャルの三人だったとされているのである。これをどちらが正しいといってみても意味はない。

こういう系図というものは、これらの氏族のほんとうの起源を伝えるというよりは、むしろ後世になってこうした氏族の間に同盟関係がつくられてから、その結びつきを固めるために、もともとは同じ祖先から分かれた間柄だと言おうとして、こうした系図ができるのである。

それでは同じ物語が『元朝秘史』ではどのように語られているかを紹介しよう。

アラン・ゴワは、ドブン・メルゲンの妻となり、ベルグヌテイとブグヌテイという二人の男の子を産んだ。その後、ドブン・メルゲンは亡くなった。夫の死後、アラン・ゴワは再婚もしないのに、ブグ・ハタギ、ブハト・サルジ、ボドンチャル・ムンハクという三人の男の子を産んだ。ムンハクというのは、モンゴル語で「ばか」の意味である。

長男のベルグヌテイと次男のブグヌテイは、「母上は、再婚もしないのに、この三人の子を産んだ。いったい誰の子なのだろう」とかげ口をきいていた。アラン・ゴワはこれに気がついて、ある春の日、羊の干し肉を煮て、五人の息子たちをいっしょに坐らせ、それぞれに一本ずつの矢を与えて「折ってごらん」と言った。一本ずつのことだから、なんともなくすぐ折ってしまった。今度は五本の矢を束ねて与えて「折ってごらん」と言った。五人は代わる代わる試みたが、折れなかった。そこでアラン・ゴワは言った。

「ベルグヌテイとブグヌテイよ、おまえたちは、私が産んだこの三人の子供たちを、誰の子だろう、どうして生まれたのだろうと疑って言い合っている。おまえたちが疑うのももっともだ。毎夜、黄色く輝く人がゲルの天窓から入ってきて、私の腹をさすると、その人の光が私の腹にしみとおるのだった。出ていくときには、日や月のさし込む光で見ると、黄色い犬のような姿になって、はって出ていくのだった。いいかげんなことを言ってはいけない。こうしたことから考えれば、この子たちが天の子であるはっきりした証拠がある。下賤《げせん》な生まれの者どもといっしょにして言っていいものだろうか。この子たちがすべての人々の王者になってはじめて、下々の者にもわかるだろう。」

さらにアラン・ゴワは、五人の息子たちを諭して言った。

「おまえたち五人は、私の一つ腹から生まれたのだ。おまえたちもさっきの五本の矢のように、一人ずつでは一本の矢のように、誰にでもたやすく折られてしまう。あの束ねた矢のように、おまえたちがともどもに心を合わせれば、誰にもたやすくはどうにもできない。」

さて、ここでこの五本の矢の教訓の話について一言説明を加えておくと、この話はわが国では、一五七一年に死んだ毛利元就《もうりもとなり》が息子の毛利隆元《たかもと》、吉川元春《きっかわもとはる》、小早川隆景《こばやかわたかかげ》らに与えた教訓として有名であるが、『元朝秘史』のアラン・ゴワの教訓のほうがずっと古い。

じつを言うと、この話は北アジアにはさらに古くからあった。あとでもいうが、青海省には四世紀に鮮卑《せんぴ》が建てた吐谷渾《とよくこん》王国があり、六六三年にチベット帝国に併合されるまで繁栄していた。この国を五世紀に統治した阿豺《あさい》という王には二十人の息子があった。臨終の床で阿豺王は言った。「おまえたちは私に矢を一本ずつくれ。死んでから記念にしたいから。」それから王は異父弟の慕利延《ぼりえん》に命じた。「おまえは矢を一本取って折ってみよ。」慕利延が折ってみせると、王はまた言った。「十九本の矢を取って折ってみよ。」慕利延には折れなかった。阿豺王は言った。「おまえたち、わかったか。一人では楽に折られてしまうが、多人数ならば折れにくいものだ。力を合わせ心を一つにして、はじめて国は安定するものだ。」そう言い終わって王は死んだ。以上は『北史』という書物に出ている話で、『元朝秘史』が書かれた時代より九百年ほども前のことである。毛利元就の時代よりは千年以上も古い。

ここでふたたび話を『元朝秘史』に戻すと、母のアラン・ゴワが亡くなったのち、息子たちが遺産の家畜と食糧を分配したが、四人の兄たちだけで分け取ってしまって、末の弟のボドンチャルには、ばかだからといって、分け前をやらなかった。のけ者にされたボドンチャルは、こんなところにいてもしかたがないと、背中に鞍《くら》ずれのある、尾の毛のちびた、背の黒い葦毛《あしげ》の馬に乗って、「死のうと生きようとままよ」と言って、オノン河に沿って下って行き、バルジュン・アラルに着いて、そこに草小屋をつくって住んだ。そこに住んでいるうちに、灰色の雌の鷹が野鳥を捕らえて食っているのを見て、馬の尾の毛でわなを仕掛けて捕らえ、飼うことにした。食べる物がないので、狼の群れが崖際に追い詰めた獣に忍び寄って射殺して、自分と鷹で分け合って食べた。こうしてその冬を越して、春になった。鴨《かも》や鵞鳥《がちょう》が渡ってくると、ボドンチャルは鷹に餌《えさ》をやらないでおいて放ち、取らせた鳥をそこらじゅうの樹につるしておいた。

ドイレン山の北側からトンゲリク小河に沿って下って、一団の人々が移動してきた。ボドンチャルは鷹狩りのついでにその人々のところへ行っては、昼間は馬の乳を発酵させた飲み物を飲ませてもらい、夜は自分の草小屋に戻って寝るのであった。その人々はボドンチャルの鷹を欲しがったが、やらなかった。その人々も、ボドンチャルも、お互いにどこの人か、どういう人かなどと尋ねることもなく暮らしていた。

兄のブグ・ハタギは、弟のボドンチャルがこのオノン河を下っていったと、探しにやって来て、この一団の人々に、これこれこういう人がこういう馬に乗って来なかったかと尋ねた。その人々は「あなたの言うのにそっくりな人と馬がいて、鷹を飼っている。毎日われわれのところに来て、発酵した馬の乳を飲んでいく。夜はいったいどんなところに寝ているのか、西北のほうから風が吹くと、鷹に取らせた鴨や鵞鳥の羽毛が吹雪のように飛び散ってくるから、この近所にいるのだろう。もう来る時分だ。しばらく待て」と言った。しばらくすると、トンゲリク小河に沿って上流へ一人の人がやって来た。着いたのを見ればボドンチャルその人であった。兄のブグ・ハタギはボドンチャルを連れて、オノン河に沿って上流のほうへ馬を走らせて行った。

ボドンチャルは、兄のうしろから馬を走らせてついて行きながら言った。「兄さん、兄さん、体に頭があり、着物に襟があるのはいいことだ。」兄はこの言葉に取り合わなかった。ボドンチャルは、また同じ言葉を言った。兄は取り合わず、なんの返事もしなかった。ボドンチャルは馬を進めながら、また同じ言葉を言った。兄が言った。「おまえはさっきからなんの話をしているのか。」そこでボドンチャルが言った。「さきほどのトンゲリク小河にいる人々には、身分の上下もなく、主君と家来の区別もない。たやすく手に入れられる人々だ。われわれはあいつらを掠奪《りゃくだつ》しよう。」兄は言った。「よろしい。それなら家に戻って、兄弟たちと相談して、あの人々を掠奪しよう。」こう話し合って、家に帰り着いて、兄弟で相談して出陣した。ボドンチャルを先鋒《せんぽう》として掠奪に行かせた。こうしてその人々を兄弟五人で襲撃して、馬の群れや食糧にありつき、人を使って生活できるようになった。以上が『元朝秘史』のボドンチャルの物語である。

『元朝秘史』の話を、さきに引用した「太祖本紀」の話と比べてみると、『元朝秘史』のほうが詳しいものの、筋はよく一致していて、違うところといえば、二人の兄がドブン・メルゲンの子か、それとも神人の子かということと、ボドンチャルを迎えにきた兄の名が違うくらいである。同じ話は『集史』にもあるが、省略する。

さて、このアラン・ゴワが神人の光に感じて産んだボドンチャルが、ボルジギンという氏族の始祖になったのだが、このボルジギンがチンギス・ハーンの氏族である。だからアラン・ゴワとボドンチャルの物語こそが、チンギス・ハーン家のほんとうの祖先伝説だということになる。それ以前のボルテ・チノとホワイ・マラルの物語や、ドワ・ソホルとドブン・メルゲンの物語などは、チンギス・ハーンのボルジギン氏族とは関係のない、一般のモンゴル部族の伝説なのであろう。

ところでこのボドンチャルの物語は、最初から最後まで、ロシア領シベリアとモンゴル国（北モンゴル）の国境を流れるオノン河の渓谷で展開する。ここはさきにも言ったように、チンギス・ハーンが生まれたところで、そのためにチンギス・ハーンのボルジギン氏族の始祖の物語の舞台にもなっているのだろうが、どうせボドンチャルは神話の主人公で、実在の人物だったはずはない。

神話というものは、どこの民族の神話でもそうだが、大むかしに実際に起こった事件の記憶を伝えたようなものではない。むしろそうした神話がつくられた新しい時代の現実を説明するものである。だからこのボドンチャルの物語の舞台がオノン河の渓谷になっているからといって、チンギス・ハーンの家系が最初からここに住んでいた証拠にはならない。じつはチンギス・ハーン家には、もう一つ、家系の起源を説明する物語があって、そのほうが本来のボルジギン氏族の建国伝説らしいのである。その物語をこれから紹介しよう。

3　ハイドの物語

ラシード・ウッ・ディーンの『集史』によると、ボルジギン氏族の始祖ボドンチャルの孫はドトム・メネンという名前で、妻のモナルンとの間に九人の息子があった。ドトム・メネンは妻に先立って死んだ。息子たちはそれぞれ、別々の氏族の娘と結婚していた。未亡人になったモナルンは大きな財産をもっていた。モナルンのキャンプは、ヌス・エルキとクヒ・シヤフという土地にあったが、所有する家畜の数があまり多くてとても数え切れず、モナルンは山の頂に坐って、家畜を集めさせ、家畜がモナルンのいるところから麓《ふもと》の大きな河までの広さをぎっしりと覆うようであれば、それで全部、もし透き間があれば、まだほかにも家畜がいるはずだという計り方をするのだった。

そのころ、モンゴル部族とは別に、ジャライルと呼ばれている部族があった。ラシード・ウッ・ディーンの説明によると、ジャライル部族はオノン河の渓谷に住んでいて、モンゴル民族のなかではトロルキンという部類の部族である。トロルキンというのは、モンゴル語で「生まれ」という意味で、それぞれ独自の始祖を持つ集団をこう総称する。これに対してボドンチャルを始祖とする集団の総称をニルウンという。ニルウンとは「背骨」という意味で、動物の背骨から頭や四肢が分かれて出ているように、中心の幹になるものだということであろう。

そのジャライル部族の一派で、分かれてケルレン河のほとりに住んでいた者があって、七十のクリエンを形成していた。クリエンというのは、前述したように草原にキャンプを張るのに、多くの牛車を円形に配置するもので、これを一クリエンと数える。この数え方からすると、このジャライルの一派は七千家族から成っていたことになる。ケルレン河は契丹《きったん》の地に近いので、ジャライルやその他のモンゴルの部族と契丹人との間には、この方面でつねに紛争が起こっていた。

この物語の時代にも、契丹の大軍が襲撃と掠奪にやって来て、ジャライルと出会った。両軍の間にはケルレン河が流れ、そのあたりには渡ろうにも浅瀬もなかった。ジャライル人たちは、契丹軍には河を渡って来られまいと侮って、帽子や袖を振って、契丹軍に「来て、われわれの家畜を掠奪しろ」と呼びかけた。しかし人数の多い契丹軍は、倒木や枯れ枝を集めて、その夜のうちにダムを築いて河の流れをせき止め、渡って来てジャライル軍を全滅させた。ジャライル人は小児にいたるまで捕らえられ、家財や家畜はことごとく掠奪された。

かろうじて脱出したジャライル人の一団が、七十輛《りょう》の牛車で移動して、モナルンの住んでいる近所に来た。飢えに苦しんで、スドスンという食用になる草の根を掘り取っていると、モナルンが言った。「なぜ、おまえたちは地面を掘り返して、私の息子たちが馬を走らせる場所を台なしにするのか。」するとジャライル人たちは、モナルンを捕らえて殺した。さらにモナルンの息子たちがそれぞれ他の氏族と縁組をしていて姻戚《いんせき》が多いから、このままでは危ないというので、息子たちを待ち伏せして、そのうち八人を殺した。末の息子のハイドは、妻の里方のカンバウト氏族に行っていたが、その叔父のナチンも同じくこの氏族に行っていた。このジャライルの滅亡と八人兄弟の滅亡は有名な事件であるが、このときナチンはハイドを、モンゴル人が馬乳酒を入れておく壺のような、大きな陶器のなかに隠した。

この事件が起こったとき、他のジャライル人たちは、下手人の七十人を拘引して罪を責め、「いったい、兄弟たちの誰に相談してこんな凶行をあえてしたのか」と言い、罰として全員を殺し、その妻子はすべてハイドの奴隷となった。チンギス・ハーン家に代々世襲されるジャライル人の奴隷ができたのは、このときからである。

ナチンとハイドはこの地方を去って、他の牧地に移住した。ハイドは、モンゴル高原に接するバルグジン・トクム地方にキャンプをおき、その河に家畜に水を飲ませる場所や渡し場をもうけたが、これがハイドのジャル・オルム（「断崖の渡し場」）である。ナチンはオノン河の下流にキャンプをおいたが、その子孫の家系はわからない。以上がラシード・ウッ・ディーンの『集史』にあるハイドの物語である。

これに対して、『元史』の「太祖本紀」の物語は、かなり細部に違いがあり、チンギス・ハーン家の建国伝説の色合いがより強く出ている。その物語というのは、つぎのとおりである。

ボドンチャルの孫をメネン・トドンといった。メネン・トドンの妻はモナルンといい、七人の息子を産んで、未亡人となった。モナルンははげしい性質の人であった。そのころ、ジャライル部族の小児たちが、牧地の草の根を掘り取って食べ物にしていた。モナルンは車に乗って出かけて、たまたまこれを見つけ、怒って「この牧地は私の息子たちが馬を走らせるところだ。子供たちがなんでこれを台なしにするのか」と言い、車を走らせて突進し、小児たちをひいて傷つけたので、死んだ者もあった。ジャライル人たちは憤慨して、モナルンの馬の群れをことごとく追い立てて連れ去った。モナルンの息子たちはこれを聞いて、鎧《よろい》を着る暇もなく、追いかけていった。モナルンはひそかに心配して、「息子たちは鎧も着ないで行った。敵に勝てないといけない」と言って、嫁たちに鎧を持っていかせたが、もう追いつかなかった。その心配どおりになって、六人の息子たちはみな敗れて殺されてしまった。ジャライル人たちは勝った勢いでモナルンをも殺し、家族を皆殺しにした。しかしただ一人、長男の息子のハイドがまだ幼くて、乳母が木の積んであるなかに隠したので、助かった。

これよりさき、モナルンの七男のナチンは、バルグト人の家に入り婿に行っていたので、災難に巻き込まれずにすんだ。一家が災難に遭ったと聞いて、様子を見に帰ってきたが、傷ついた老婆が十何人かとハイドだけが生きのこっているる次第だった。どうしようもなくているところへ、幸いなことに、ジャライルが馬を追い立てて連れ去ったときに、ナチンの兄たちの黄毛の馬が、三度まで首にウルガを引っかけられながら、振り切って逃げて帰ってきた。ウルガというのは、長い木の竿《さお》のさきに輪になった綱をつけて、これを馬の首に引っかけて捕らえる道具である。

そこでナチンはこの馬に乗り、馬飼いのふりをしてジャライルに向かったが、その途中で、父と息子がそれぞれ馬に乗り、あとになりさきになりして行くのに出会った。腕には鷹を止まらせて、鷹狩りに行くところである。ナチンが見ると、その鷹は自分の兄が飼っていた鷹である。ナチンはそばに寄って、若いほうにわざと問うた。

「赤毛の馬が一群の馬の先頭に立って東へ走って行くのを見なかったかね。」

「いいや。」

今度は若者がナチンに問うた。

「おまえの通ってきたところには鴨や雁《かり》がいたかね。」

「いたとも。」

「それじゃ案内してくれないか。」

「いいよ。」

それで二人は連れ立っていき、河の曲がっているところを回った。もう一人の乗っている馬をかなり遠くうしろに引き離したころあいを見計らって、ナチンは若者を刺し殺し、馬と鷹をつないでおいてから、あとから来る人のほうへ行って、さっきと同じようにわざと問うた。あとから来た人が問うた。

「さきに鴨や雁を射に来たのは私の息子だ。なぜ横になったまま起きないのか。」

ナチンは、鼻血を出しているのだと答えた。その人が腹を立てているところを、ナチンはすきを見澄まして刺し殺した。

ナチンはさらに進んである山の下に来ると、数百頭の馬がいて、番をしているのは子供が数人だけ、シアを打って遊んでいるところであった。ナチンが眼を凝らして見ると、やはり兄たちの家の馬であった。そこでまた、前と同じようにわざと問うて、同じような答えを得た。山の上に登って四方を見渡したが、誰もほかにやって来る者はない。そこで子供たちを殺し、馬たちを追い立て、鷹を腕に止まらせて帰って来て、それからハイドと傷ついた老婆たちを連れてバルグト部族の土地へ行き、そこに住み着いた。

ハイドがいくらか成長すると、ナチンはバルグジン・トクムの人々を率いて、ハイドをみんなの主君に推戴《すいたい》した。ハイドは主君となってから、軍隊を率いてジャライル部族を攻めてこれを臣下にした。勢力はだんだんに強大になり、バルグジン河のほとりに多数のゲルを並べてキャンプを張り、河を横切って橋を架けて往来に便利にするほどになった。そこで近隣の部族がやって来て合流する者がしだいに多くなった。以上が『元史』の「太祖本紀」に見えるハイドの物語である。

『集史』の話と『元史』の話を比べてみると、いくつか違ったところはあるが、だいたいの筋は一致している。ボドンチャルの孫の名前が、『集史』ではドトム・メネン、『元史』ではメネン・トドンとなっているが、トドンというのは突厥《とっけつ》帝国の時代以来のトルコ語の称号である。いずれにせよ、この人は物語の始まる前にすでに死んでいて、なんの役割も演じていない。

むしろ重要なのは、未亡人のモナルンであるが、モナルンが莫大な数の家畜をもっていたキャンプの所在地というヌス・エルキとクヒ・シヤフは、どこにあった地名かわからない。ただしモンゴル語でエルギは「崖」、ペルシア語でクフは「山」の意味だから、モナルンが家畜を集めて数えたという山の頂と麓《ふもと》の大きな河をこう呼んだのだろうということはいえる。

このモナルンの一家が全滅の悲運に遭う原因となったジャライル部族との衝突は、『集史』によると、契丹軍がケルレン河畔でジャライルを撃破し、虐殺を逃れて避難したジャライルがモナルンの牧地を侵したから起こったとされている。この部分は『元史』のほうにないが、『集史』がこれを、ともに有名な事件であるといっているところからみると、『集史』の著者ラシード・ウッ・ディーンは、イランのイル・ハーンの宮廷で大きな勢力を持っていたジャライル部族出身の貴族たちからこの物語を聞いたのであって、そのためにジャライル側の事情が詳しくなっているのであろう。

これに対して『元史』の話のほうは、元朝の宮廷で編纂された『太祖実録』によっているため、ジャライル部族側の事情よりは、むしろチンギス・ハーンの直接の祖先であるハイドの事績のほうに重点がおかれているのであろう。

そのハイドだが、『集史』では九人兄弟の末っ子ということになっているのに、『元史』では七人兄弟の長兄の息子ということになっている。いずれにせよ、一家が全滅して生きのこるのがもっとも幼い者だという点では同じことで、これを助けるナチンは、どちらの話でもハイドの叔父ということになっている。これも一致する。ただし助け方が違い、『集史』のほうでは婿入りさきのカンバウト氏族で、ナチンがハイドを壺のなかに隠して助けるのに対し、『元史』では婿入りさきのバルグト部族から帰ってきたナチンが、生きのこったハイドを連れて行って、バルグジン・トクムで盛り立てる話になっている。

ここで『集史』の話に壺が出てくるのは注目していい点である。なぜかと言うと、始祖が壺のなかから出てきたというのは、祖先伝説によくある話の型であって、同じラシード・ウッ・ディーンの『集史』の別の項に書いてあるところによると、黄金の容器から生まれた三人兄弟があって、長兄はフンギラト氏族の始祖になり、次弟はイキレス氏族とオルフヌウト氏族の始祖になり、末弟はハラヌウト氏族とフンリウト氏族の始祖になったという伝説があった。さらに考えると、山の穴のなかから始祖が出てきたというのも、狭いところから始祖が現れる点では同じであって、あとで紹介するモンゴル部族のエルゲネ・クンの伝説もそうだし、突厥の天山の洞穴の伝説もそうである。ここに、ハイドがもともと、チンギス・ハーン家の始祖だった痕跡《こんせき》が見えていると考えてよかろう。

ハイドが本来のチンギス・ハーン家の始祖だった形跡は、『元史』のほうではなおはっきりしている。近隣の部族の襲撃を受けて全員が虐殺に遭い、わずかに生きのこった男の子がやがて成人して、部族を再興するというのが、北アジアの祖先伝説の一つの型なのである。ハイドはこの資格を完全にそなえているし、ハイドが移住して再起を図った土地であるバルグジン・トクムには、その名を冠する「断崖の渡し場」という地名があるということが『集史』にも語られている。ただし『集史』は、ハイドの一家再興の事業の詳細については語っていないが、『元史』のほうの物語では、この点を明瞭《めいりよう》に、チンギス・ハーンの始祖ではじめて王と呼ばれるにふさわしい勢力を築いたのがハイドであったことを伝えている。

そういうわけで、チンギス・ハーンの祖先たちのなかで、最初の歴史上の人物らしいのがハイドなのであるが、それではハイドの物語は、いったいいつごろの時代を背景にしているのだろうか。系図（一一二ページ参照）によると、チンギス・ハーンはハイドの六代の孫である。チンギス・ハーンの生まれた十二世紀の半ば過ぎから、六世代、ほぼ百五十年をさかのぼると、十一世紀のはじめごろがハイドの生存した時代ということになる。この時代が、ちょうどモンゴル高原が契丹《きったん》の支配下に入った時代だということは、あとで説明するとおりである。

契丹（遼）帝国の歴史は、『遼史《りようし》』という書物に記録されているが、それによると、一〇一四年、契丹の北院枢密使《ほくいんすうみつし》（参謀総長）耶律世良《やりつせいりよう》は、烏古《うこ》（タタル）部族に馬や駱駝《らくだ》を徴発に行っていた。たまたま敵烈《てきれつ》（ジャライル）部族の夷剌《イラ》という人が、部族長の稍瓦《シヤワ》を殺して背き、近隣の諸部族はみなこれに呼応して、契丹の巨母古《クムク》城を攻め落とした。

この城は、契丹がケルレン河沿いに建設した都市の一つだと思われる。

耶律世良は契丹軍を指揮して反乱の討伐に向かい、まず烏古を攻めてこれを撃破した。契丹の政府は、今後の反乱の再発を防止するために、烏古を内地に移住させようと計画したが、烏古は故郷に執着して移住を嫌がり、また反乱を起こした。

これに懲りた耶律世良は、敵烈を撃破すると、その成年男子を皆殺しにし、進軍してハルハ河（モンゴル国の東の端を流れてブイル・ノール湖に注ぐ河。契丹の首都であるシラムレン河畔の上京臨潢《りんこう》府からケルレン河への通路）を渡り、敵烈の残党を討伐した。しかし十分な警戒を怠ったため、敵烈の大将の勃括《ボクワ》という者が密林のなかに兵士を集めて、油断している契丹軍を攻撃した。

契丹軍はすこし後退して、河の曲がったところに陣を張った。

勃括はこの夜、契丹軍の陣地に攻撃をかけたが、翌日、契丹軍の後続部隊が到着したので、勃括は、契丹側にいた烏古人たちをそそのかして、いっしょに逃走した。耶律世良はこれを追撃した。

契丹軍が道の難所に到着してみると、勃括はその難所に阻まれてしばらく休息しているところであった。契丹軍は勃括の居場所を探り出したが、耶律世良がぐずぐずしてただちに捕捉《ほそく》しないでいるうちに、勃括は少数の騎兵とともに逃げ去った。

契丹軍は敵烈軍の牛車隊と、そそのかされて脱走していた烏古人たちを捕獲し、敵烈人の捕虜たちを移動させて、ケルレン河のほとりに城を築いてここに住まわせた。敵烈の反乱が鎮圧されたのは、一〇一五年のことであった。

この一〇一四年から翌年にわたった敵烈部族の反乱と契丹軍によるその鎮圧の史実は、時代といい、場所といい、『集史』が語るケルレン河に住んだジャライル部族の一派の滅亡の伝説とよく一致している。だから、この事件のとばっちりを受けて、モンゴル部族のボルジギン氏族が全滅し、ただ一人生きのこったハイドが家を再興して、バイカル湖のほとりのバルグジン河の渓谷で王となったというのも、史実とすればこのころのことでなければならない。

ただしバルグジン・トクムの地に移る前のボルジギン氏族の住地が、はたしてオノン河の渓谷であったかどうかは確かではない。『集史』には、ハイドを救ったナチンはオノン河の下流に移住したというが、この方面はもともとジャライル部族の本拠であった。しかも『集史』によると、ナチンの子孫の家系は不明だということで、そのうえ、ナチンがハイドともども入り婿になっていたというカンバウトという氏族は、ほかの記録にいっさい出てこないし、実在した氏族かどうかも疑わしい。

もっとも『元史』のなかでも、「宗室世系表」というチンギス・ハーンの家の系図を載せた巻には、ナチンについて「いまのウチャウトはその子孫である」という注があるから、ナチンを始祖とする氏族が存在したのは事実であろう。しかし、いずれにせよ、『集史』の著者ラシード・ウッ・ディーンは、ナチンについてほとんどなにも知らなかったことはまちがいないから、ナチンの移住先がオノン河の下流であったというのもあてにはならない。ということは、ハイドがバイカル湖のほとりで勢力を築き上げる前、その先祖がオノン河にいたかどうかは確かではないということである。

アラン・ゴワがバイカル湖畔のホリ・トマトの地の出身とされていたことを考えると、やはりチンギス・ハーンの祖先のほんとうの発祥の地はバイカル湖畔であって、そこから南下して来てオノン河の渓谷に移住し、そこでチンギス・ハーンが生まれたのだと考えるほうがよさそうである。

チンギス・ハーン家の系図によると、ハイドがチンギス・ハーンの六代前の先祖で、それに三人の息子があった。長男をバイ・シンホルという。これがチンギス・ハーンの五代前の祖先である。ハイドの次男をチャラハイ・リングンという。リングンというのは、漢語の「令公《リンコン》」で、契丹の皇帝に対して友好的であったので、こう称せられたという。このチャラハイ・リングンの子孫はタイチウトという有力な氏族になった。ハイドの三男のチャウジンについては省略する。

チンギス・ハーンの五代前の祖先のバイ・シンホルには、トンビナイという息子があった。これがチンギス・ハーンの四代前の祖先である。どうもこのトンビナイの世代に、チンギス・ハーンの祖先はバイカル湖畔のバルグジン・トクムの地から、オノン河の渓谷に南下して来たのではないかと思われる。というのは、チンギス・ハーンに仕えたスベエデイという将軍があって、ウリャンハン氏族の出身だったが、その祖先は、オノン河で狩猟をしていて、トンビナイ皇帝《ハーン》にめぐり会い、主従の契りを結んだということが、『元史』のスベエデイの伝記に書いてあるからである。

トンビナイには多くの息子があって、それぞれ氏族の始祖となった。『元史』の「宗室世系表」では六人、ラシード・ウッ・ディーンの『集史』では八人の息子があったことになっている。そしてその六番めがハブル・ハーンといい、チンギス・ハーンの曾祖父にあたる。このトンビナイとその息子ハブル・ハーンの時代は、十一世紀の末から十二世紀のはじめにかけてのころで、このころモンゴル高原の政治情勢に大きな変動があった。それは契丹の支配力が衰え、それに続いて女直《じょちょく》（いわゆる女真）人の金帝国が興って、契丹に取って代わったことである。

『遼史』で見ると、一〇八四年に「萌古国《もうこ》」が契丹に使者を派遣している。このころモンゴル部族の内部に王権らしいものができて、国と呼ばれてもいいような形をとっていたことがこれでわかる。このころになると、契丹のモンゴル高原支配も永い年月がたって、統制も緩みがちになり、土着の遊牧民の発言権がしだいに強くなってきていたが、この傾向は、契丹帝国の中心からもっとも遠い北モンゴル中央部の阻卜《そぼく》（ケレイト）において顕著であった。一〇八九年、契丹の朝廷は、磨古斯《マクス》という人を阻卜の諸部族の長として承認したが、これはケレイトが王国としての統一を獲得したことを意味している。この磨古斯とは、ケレイト王マルクズ・ブイルク・ハーンとして、ラシード・ウッ・ディーンの『集史』に名前をとどめている人である。マルクズはキリスト教の洗礼名で、ギリシア語のマルコス、すなわち『新約聖書』の「マルコによる福音書」の作者とされる聖マルコにちなんだ名前である。ブイルクはトルコ語で、「命令する者、司令官」を意味する。

一〇九二年、耶都刮《ヤトクワ》という部族が、北方から契丹領の北モンゴルに侵入してきた。契丹の西北路《せいほくろ》招討使《しょうとうし》（北モンゴル駐屯軍総司令官）耶律何魯掃古《やりつホルサウク》はケレイト王マルクズを誘って、これを攻撃させた。これは成功して、捕虜や家畜を多く獲得した。続いて契丹軍が耶都刮の討伐に向かったが、誤ってマルクズの陣営を攻撃してしまった。怒ったマルクズは、モンゴル高原の契丹人の入植地を攻撃し、この方面は大混乱に陥った。契丹の朝廷は何魯掃古を免職し、前任者の耶律撻不也《やりつタブヤ》をふたたび西北路招討使に任命した。この措置は、マルクズがケレイト諸部族の長に任命されたのが撻不也の推薦によったものだったので、恩義に訴えてマルクズを懐柔しようとしたものだった。

揵不也が着任すると、マルクズは降伏を申し出てきて、両者は鎮州可敦《かとん》城の西南の沙漠のなかで会見することとなった。ところが会見場でケレイト軍は突然、襲いかかって揵不也を殺した。契丹は全力をあげてこの反乱の討伐にかかったが、鎮圧にはじつに八年を要し、ようやく一一〇〇年にいたってマルクズは契丹軍に捕らえられ、首都の市場においてはりつけにされた。

このころすでに、東方では、契丹帝国に取って代わるべき勢力が頭をもたげていた。その勢力というのは女直という狩猟民である。女直は、のちの満洲人の先祖で、自分たちの言葉ではジュシェンといい、モンゴル語ではジュルチェトという。だいたいに言って、遊牧民の世界と狩猟民の世界が接する線は、北方の嫩《ノン》江と南方の遼河を連ねる線で、この線の西側が遊牧民、東側が狩猟民とむかしから分かれていた。この十二世紀のはじめに強力になったのは、いまの黒龍江省の省都ハルビン市の東南の阿城《あじょう》の地にいた女直の完顔《ワンヤン》部族であった。その部族長阿骨打《アグダ》は、一一一四年、ついに契丹と開戦し、翌年、皇帝の位について、大金《だいきん》という国号を採用した。これが金の太祖である。金軍は破竹の勢いで、現在の中国東北三省の契丹領を席巻し、一一二〇年には契丹の首都の上京臨潢府《りんこうふ》を占領した。契丹の天祚《てんそ》帝は南モンゴルに逃げ、西夏王国に入ろうとしたが、一一二五年、金軍に捕えられ、契丹(遼)帝国は滅亡した。

これよりすこし前の一一二二年、契丹の皇族耶律大石《やりつたいせき》は、南モンゴルにいた天祚帝の一行から脱走して北モンゴルに行き、鎮州可敦城にモンゴル高原の七州の契丹人と、十八部族の遊牧民の代表を召集して、王に推戴された。翌年、耶律大石は全軍を率いて中央アジア遠征に出発し、天山山脈の北側のベシュバリクのウイグル王国を通過してサマルカンドを占領し、その西方のケルミネの地において一一二四年、即位式を挙げ、契丹語ではグル・ハーン、漢語では天祐《てんゆう》皇帝という称号を採用した。これが西遼の徳宗《とくそう》である。徳宗は一一二六年、いまのキルギズスタン共和国の首都ビシュケクの東方のチュー河のほとりのベラサグンの町に都を定め、これをクズ・オルドと呼んだ。

西遼はこれから百年近く、一二一八年にモンゴルのチンギス・ハーンに滅ぼされるまで、中央アジアのトルコ系の諸部族を支配し、トルコ人は西遼をカラ・キタイと呼んだ。「黒い契丹」の意味である。耶律大石とその子孫は二度とモンゴル高原に帰ってこなかったが、契丹の本国を打倒した金帝国は、もはや契丹のようにモンゴル高原を直接支配する力はなく、南モンゴルの北辺に長城を築いて国境とするにとどまった。

十二世紀のはじめにモンゴル部族がはじめて勢力を伸ばすのは、こうした力の空白がモンゴル高原に生じたからである。

4　三代のモンゴル王たち

チンギス・ハーンの曾祖父であるハブル・ハーンは、契丹人の遼帝国が崩壊した当時のモンゴル部族の指導者で、新興の金帝国とはじめて交渉を持った。ハブル・ハーンは金の朝廷を訪問したとき、なみはずれた食欲の旺盛《おうせい》さで皇帝を驚かし、また、ある日、酒に酔って、身のほどを忘れて皇帝の鬚《ひげ》に手を伸ばしたこともあったと伝えられる。酔いから醒《さ》めて、注意されると、ハーンは皇帝に処罰を請うたが、皇帝はただ笑うだけで、赦免の意を示すために帰国することを許可し、手厚い賜り物を与えた。それにもかかわらず、ハーンが出発するとすぐに、皇帝は自分の臣下のよこしまな進言に惑わされて、急使を派遣してハーンに引き返すことを命じたが、ハーンはこれを拒絶した。金の使者はハーンを逮捕した。しかしハーンは巧みに脱走して自分の住地に帰り、追跡してきた皇帝の官吏を自分の部下に命じて殺させた。

ハブル・ハーンの死後、モンゴル部族を指導したのは、チャラハイ・リングンの孫のアンバガイ・ハーンという人であった。ハブル・ハーンの又従弟にあたる。この人の子孫がタイチウトという有力な氏族になったことは前にも言った。このハブルとアンバガイの二人のハーンの時代に、モンゴル部族は、金の長城沿いに遊牧したタタル部族と抗争を繰り返し、アンバガイ・ハーンもその犠牲となって殺された。『元朝秘史』に、このころの事情を、つぎのように描写してある。

全モンゴルをハブル・ハーンが治めていた。ハブル・ハーンのあとに、ハブル・ハーンの遺言により、自分の息子は七人あったけれども、セングン・ビルゲ（系図ではスルクドク・チノ）の息子のアンバガイ・ハーンが全モンゴルを治めていた。

ブイル・ノール湖とホロン・ノール湖の間のウルシウン河に住むアイリウト氏族とブイルウト氏族のタタルの民に、アンバガイ・ハーンは娘を嫁入らせて、自分で娘を送っていくことになったが、タタル種族の民はアンバガイ・ハーンを捕らえて、シナの金の皇帝のもとへ連れていった。

そのときアンバガイ・ハーンは、ベスト氏族の人であるバラガチらを使者として伝言を送り、ハブル・ハーンの七人の息子のなかのフトラと、自分の十人の息子のなかのハダアン・タイシに向かってこう言わせた。「全部族のハーン、全国人の君主となりながら、娘を自分で送っていくようなことは、私の例に鑑《かんが》みて慎んでくれ。タタルの民に私は捕らえられた。五本の指の爪がはがれるまで、十本の指がすりへるまで、私の仇を討つように努力してくれ。」

アンバガイ・ハーンがハダアンとフトラの二人を指名してきたので、全モンゴルとタイチウトはオノン河のホルゴナク河原に集まって、フトラをハーンとした。モンゴルの祝いようは、踊りを踊り酒宴を張って祝うのであった。フトラをハーンに推戴して、ホルゴナクの茂った樹の周りを、肋《あばら》のところまでの深さの溝、膝のところまでの深さのぼこぼこができるまで踊った。

フトラはハーンになると、ハダアン・タイシと二人でタタルの民に対して出陣した。タタルのコトン・バラガとジャリ・ブハの二人に対して十三回戦ったが、アンバガイ・ハーンの仇を討ち恨みを報いることはできなかった。このように『元朝秘史』には記されている。

ここでセングン・ビルゲというのは、チャラハイ・リングンの息子スルクドク・チノの称号である。ここにいたって、モンゴル部族の王位は、チンギス・ハーンの曾祖父の死後、いったんは別の家系に属するアンバガイのところに移ったのであるが、アンバガイが敵の部族の手によって非業の死を遂げてから、王位はふたたびハブル・ハーンの息子のフトラのところに戻ったのであった。

フトラ・ハーンはハブル・ハーンの第四子とも第五子ともいうが、とにかくこのフトラ・ハーンの二番めの兄にバルタン・バートルという人があった。バートルは、モンゴル語で「勇士」の意味であるが、このバルタン・バートルがチンギス・ハーンの祖父にあたる。バルタン・バートルには四人の息子があり、その三番めがイェスゲイ・バートルといって、すなわちチンギス・ハーンの父である。

つまりチンギス・ハーンの家系は、代々モンゴル部族の王位を世襲した家柄ではなく、どちらかと言えば傍系に属したのであった。それにもかかわらず、チンギス・ハーンがモンゴル部族の王権のみならず、北アジアの全遊牧部族の支配権を握るにいたったのは、第二章でいったように、西隣の強大な部族であるケレイト王国のトグリル・オン・ハーンとの主従関係に負うところが大きいのである。

ここまで話してきたことは、チンギス・ハーンの家系の由来ではあるが、けっしてそれがそのままモンゴル部族の歴史なのではない。チンギス・ハーンの祖先の系譜が始まる十一世紀のはじめよりもずっと以前から、モンゴルという部族は存在していた。この名前の部族は、すでに七世紀にシナの記録に姿を現している。チンギス・ハーンの誕生より五百年も前のことであった。

しかもモンゴルは遊牧民の部族であったが、モンゴルが北アジアで最初の遊牧民であったわけではない。中原《ちゅうげん》の諸国が秦《しん》の始皇帝のもとに統一されて、シナ（チャイナ）の歴史がほんとうに始まった紀元前三世紀には、その北方の草原地帯でも、最初の遊牧民の国家が建設され、やがて大帝国に成長して、中華帝国の歴史の王朝を脅かし、しばしば漢地を征服してしまうという歴史が始まっていた。こうした遊牧帝国の成長と交代の繰り返しが、シナ文明に与えた影響の大きさは想像を絶する大きなものであった。シナの運命は、そのためにはげしい変化をなんべんも経験している。

チンギス・ハーンの大征服は、暗黒の北方の片隅から、野蛮人の大群が突然、姿を現して襲いかかり、文明世界を踏みにじったというようなものではなかった。北アジアの草原にも、長い長い遊牧民の歴史があり、それが最高潮に達したときにチンギス・ハーンが出現したのであった。その歴史の流れがどんなコースをたどったか、つぎの第四章で説明することにしよう。

第四章 遊牧世界の夜明け

◆山羊は羊を先導するので一緒に放牧する

遊牧世界の興亡

	東ヨーロッパ	モンゴル高原	シナ
B.C. 3			秦
2		匈奴	漢
1	スキュタイ		
A.D. 1			王莽の新
2			後漢
3		鮮卑	三国 晋
4	ゴート		五胡十六国
5	フン	柔然	
6			南北朝
7	西突厥	突厥（第一帝国）	隋
8	ハザル	突厥（第二帝国） ウイグル	唐
9		タタル　キルギズ	
10			五代十国
11	ルーシ　ペチェネグ	契丹	宋
12	キプチャク	ケレイト	金　南宋
13			
14			元
15	西方の ハーンたち	モンゴル	
16			明
17			
18	モスクワ ＝ ロシア	清	
19			
20	ソ連	モンゴル	中華民国
21	ロシア		中華人民共和国

1　モンゴル民族の起源

チンギス・ハーンは、モンゴルという部族の出身である。部族というのは、日本語ではあまり使わない言葉であるが、要するに民族よりは小さく、氏族よりは大きい、その中間の大きさの人間の集団をあらわすものだと思えばよい。一つの部族のなかには多くの氏族があり、その全体に共通な、部族の起源を語る神話というものがある。そして一つの部族が強大になって、他の多くの部族を集めてその盟主となり、自分の部族から君主を出すようになると、そうした部族連盟全体が一つの民族ということになる。

そして盟主である部族の名前が、こうしてあたらしく誕生した民族の名前になる。チンギス・ハーンはモンゴル部族から出て、北アジアの多くの部族の共通の君主に選挙された人であって、そのため、チンギス・ハーンのもとに馳《は》せ参じた多くの部族の連合体が、またモンゴルと呼ばれるあたらしい民族になったのである。この意味で、チンギス・ハーンはモンゴルという民族を創り出した人だったのである。

それでは、民族になる前のモンゴル部族は、どういう人々だったのであろうか。ラシード・ウッ・ディーンがペルシア語で書いた『集史』には、文字を知る前のモンゴル人が口頭で語り伝えた伝説として、つぎのような話が載っている。

「むかしむかし、チンギス・ハーンが生まれるよりも二千年も前のこと、モンゴル部族は、ほかの部族によって征服され、皆殺しにされたことがあった。このとき生きのこったのは二人の男と二人の女だけであった。この二組の夫婦は、難を逃れて、エルゲネ・クンと呼ばれる山脈に囲まれたある土地に逃げ込んだ。エルゲネ・クンというのは、『けわしい岸壁』という意味である。この土地は豊かなよいところだったので、二組の夫婦の子孫はどんどん増えて、ヌクズとキヤンという二つの氏族になった。しかし切り立った岸壁に囲まれた狭い土地に閉じこめられて、どこにも行くところのなかったこの人々は、外に出る方法を考えた。山のなかに鉄の鉱石の採れるところがあったが、そこに木材をたくさん積み上げて火をつけ、七十本のふいごで吹き立てて岩を溶かし、山の横腹に坑道を開けた。こうして広い世界に出てきた人々が、モンゴル部族の先祖になったのである。」

この『集史』の伝える伝説の筋で、敵に皆殺しになってわずかに生きのこった者が、あたらしい部族の開祖になるというのは、北アジアに普通な祖先伝説の一つの型であって、モンゴル部族についても、さきに言ったとおり、もう一回、この型の伝説が語られている。この部分を除くと、あとにのこるのは、エルゲネ・クンという山の横腹の穴からモンゴル部族の先祖が出てきたという話だけになる。この山がどこにあったのかということは、しばらくおいて、チンギス・ハーンの生まれる二千年前というのは、文字のない時代の話だというのだから、たんに「むかしむかし、大むかし」というだけのことで、実際の年代を示しているわけではない。

ところで、歴史の記録に、モンゴルという部族がはじめて実際に姿を現したのは、チンギス・ハーンの生まれるより五百年ほど前の七世紀のことである。この時代は、シナでは唐の初期の時代にあたるが、このころの漢語の記録によると、モンゴル高原の東北の隅に大室韋《だいしつい》という民族が住んでいたといい、その部族の一つが「蒙兀《もうごつ》」または「蒙瓦《もうが》」であるという。これがモンゴルである。

大室韋の住地は大山の北で、倶輪泊《くりんはく》という湖から流れ出た望建河《ぼうけんが》が、その地方を通って東に流れて海に注ぐが、モンゴル部族はそのほとりに住んでいるともいう。大山というのは、現在の内モンゴル自治区の東部に、東北から西南に長く延びる大興安嶺山脈のことである。倶輪泊はホロン・ノールという大きな湖のことで、大興安嶺山脈の西の、モンゴル高原の東北の隅にある。そしてここから流れ出る望建河というのは、現在、内モンゴル自治区とロシア領シベリアの国境になっているアルグン河のことで、アルグン河はシルカ河と合流してアムール河、すなわち黒龍江となり、オホーツク海に流れ込んでいる。つまり歴史にはじめて姿を現したころのモンゴル部族は、いまの中国とロシアの国境でモンゴル国の東北境に近いところに住んでいたのである。

ところでこのアルグン河というのはロシア語の名前で、モンゴル語ではエルグネ河という。さきほどの『集史』の伝説では、モンゴル部族の故郷はエルゲネ・クンという山の穴だというのだったが、エルゲネはすなわちエルグネ、つまりアルグン河のことである。古いモンゴル語では断崖のことをグンと言ったらしい。けっきょく、エルゲネ・クンというのは、アルグン河の岸の岸壁のことだったのである。これがチンギス・ハーンの先祖の時代のモンゴル部族の故郷の地だったのである。

こうしてモンゴル部族は、七世紀の時代にはじめてモンゴル高原の東北の隅、アルグン河のほとりに姿を現したのであるが、その時代のモンゴル高原は、モンゴル語とは違う言葉を話す、トルコ系の民族の天下であった。

2　最初の遊牧帝国

もともとモンゴル高原は、遊牧民の住むところであった。モンゴル高原は、平均が海抜一五〇〇メートルほどもあり、アジア大陸の奥地にあって海から遠いので、年間の降水量がきわめてすくなく、乾燥していて、農業には向かない気候のところである。その大部分は草原で、その真ん中にゴビ沙漠が東西に延びて、北のモンゴルと南のモンゴルを分けている。沙漠とはいっても砂丘の連なるような砂地ではない。乾燥の度がとくにひどくて草があまり生えない土地をモンゴル語でゴビといい、それを漢人が沙漠と訳したのである。

だからこうした気候のモンゴル高原の草原では、人間が生活を立てるのにもっとも無理がすくなくて効率のよい方法は家畜を飼うことであるが、それも草の生え方がすくないから、一カ所の牧場では間に合わず、いまいるところの草を家畜が食い尽くしたら、つぎの草のあるところに家畜を連れて移動するというやり方で、移動を続けながら牧畜する。こういう牧畜を遊牧というのである。

自然の条件がそういうところだから、モンゴル高原に人間がはじめて住み着いて以来、その住民はずっと遊牧で生活を立ててきたにちがいない。古い時代の遊牧民は、自分たちの言葉で記録をのこさなかったが、モンゴル高原の南に接するシナの人々は、それぞれ自分たちの同時代に活躍した遊牧民について、詳しい観察を書き留めている。そのなかでももっとも古い記録をのこしたのが、紀元前一世紀の漢の歴史家、司馬遷《しばせん》であった。司馬遷は自分の著作である『史記』のなかに、とくに一章をもうけて、北方の遊牧民のことを記している。

それによると、遊牧民の家畜には馬、牛、羊が多く、珍しい家畜としては駱駝《らくだ》、驢馬《ろば》、騾馬《らば》などがある。水と草のあるところを求めて移動するので、町や家屋や耕地などはないが、それでもそれぞれ決まった牧地というものがある。文字で書くということがなく、口頭の申し合わせを守る。小さい子供は羊にまたがって、弓を引いて鳥や鼠を射る。少し大きくなると、狐や兎《うさぎ》を射て取って食う。大人の男で弓を引き絞れるほどの力のある者は、みな鎧《よろい》を着けた騎兵になる。遊牧民は、平和なときには家畜のあとをついて歩き、ついでに鳥や獣を射て取って生活を立てるが、戦争のときになると、ひとりひとりが戦闘に励んで遠征に出かけるのが、その本来の性質である。

武器としては、長距離用には弓と矢があり、短距離用には刀と槍《やり》がある。戦闘では、優勢ならば突進するし、不利ならば後退するので、逃走することも恥としない。君主をはじめとして、みな家畜の肉を食い、その皮を着、その上にフェルトや毛布をかぶる。血気盛んな者がうまいところを食い、老人はそののこり物を食う。強くて丈夫な者を大事にして、老いた者や幼い者を大事にしない。父が死ねば、継母と結婚する。兄弟が死ねば、その未亡人と結婚する。人の名前をそのまま呼んで、名字というものがない。

こうした司馬遷の記述には、農耕地帯の都市に住む漢人が、生活のしかたがまったく違う遊牧民に対してもつ偏見が多少感じられるが、だいたいにおいて正確な観察であるといえる。この記述から、モンゴル高原の遊牧民の生活が、司馬遷の時代から千三百年後のチンギス・ハーンの時代まで、あまり大きく変わったところがなかったことがわかるのである。

こうしたモンゴル高原の遊牧民が、はじめて団結して大きな部族連合をつくったのは、紀元前三世紀の末であった。この紀元前三世紀の末という時代は、シナでは、秦《しん》の始皇帝が黄河の流域から長江の流域にいたる中原《ちゆうげん》の地域の多くの都市国家を統一して、はじめてシナ（チャイナ）という帝国をつくり出した時代だったが、シナの北隣のモンゴル高原でも、遊牧民の多くの部族の連合体をつくり上げて、最初の遊牧帝国を建設した冒頓単于《ぼくとつぜんう》が現れたのがこの時代だったのである。冒頓は、南モンゴルの西部の陰山《いんざん》山脈に遊牧していた匈奴《きようど》という部族の出身であった。

黄河は、いまの青海省の高原から流れ出して、甘粛《かんしゆく》省の省都である蘭州の傍らを通って北に流れ、モンゴル高原に出て、寧夏《ねいか》回族自治区を北に抜け、内モンゴル自治区に入って、陰山山脈に突きあたって、方向を東に変え、しばらく東に流れたのち、自治区の首都フヘホトの南方でふたたび方向を南に変えて、急流となって黄土層の断崖の間を南に向かって流れ落ちる。そして陝西《せんせい》省の省都、西安の東方で秦嶺《しんれい》山脈に突きあたって、またも方向を東に変えて、華北の平原に流れ出る。このように曲がりくねった黄河の上流の部分のうちで、モンゴル高原をコの字形に切り取っている部分に囲まれた地方を河套《かとう》というが、この河套は匈奴部族の本拠地である陰山山脈から黄河を越えてすぐのところにあり、遊牧に適した豊かな草原が広がっていた。しかしこの地方は、秦の帝都である咸陽《かんよう》に近いので、始皇帝は大軍を河套に駐屯させて、北方からの遊牧民の侵入を防いだのである。

ところが前二一〇年に始皇帝が死んで、シナの統一が破れ、各地で反乱が起きると、シナ軍は河套を放棄して撤退してしまった。こうしてシナの軍事力がモンゴル高原に及ばなくなったので、それまで個々別々に始皇帝と外交関係を結んでいた遊牧民の部族は、今度は自分たちどうしの間で団結する必要にせまられた。

そのときにあたらしい部族連合の中核となったのが、それまでシナの最前線と直接に接触する位置にあった陰山山脈の匈奴部族の冒頓単于という指導者であったので、冒頓を共通の君主に戴《いただ》く部族連合も匈奴と呼ばれた。匈奴部族、匈奴帝国の始まりである。これがモンゴル高原に現れた最初の遊牧帝国である。

匈奴帝国の最高指導者を単于《ぜんう》といい、シナの皇帝に相当するものであった。冒頓単于の指導のもと、匈奴帝国の勢力は、東方では大興安嶺山脈を越えて、いまの遼寧《りようねい》省、吉林省、黒龍江省の方面の狩猟民にまで及び、北方ではシベリアのバイカル湖に及び、西方ではモンゴル国の西部国境のアルタイ山脈に及び、モンゴル高原の遊牧民の諸部族をことごとく支配下に入れた。

さらに匈奴軍は、冒頓単于の指導のもとに、アルタイ山脈を越えて、新疆《しんきよう》ウイグル自治区の北部、天山山脈の北方にいた大月氏《だいげつし》という遊牧民族を攻撃して、これを打ち破り、大月氏王を西のほう、カザフスタンの方向へ逃亡させ、天山山脈の北方の遊牧民と、その南方のタクラマカン沙漠の周辺のオアシス都市の諸国をも、匈奴帝国の支配下に入れた。

こうして、東のシナと西の地中海世界を結ぶシルク・ロードの交通路は、完全に匈奴帝国の手に落ちたのである。こうした北アジアと中央アジアを覆う大遊牧帝国の建設は、この冒頓単于の匈奴帝国に始まって、チンギス・ハーンのモンゴル帝国にいたるまで、これから何度も繰り返されることになる。

匈奴帝国の南方に接するシナでは、秦帝国が倒れたのちの混乱のなかから、やがて漢王劉邦《りゅうほう》が現れて皇帝の称号をとなえた。これが漢の高祖である。この当時、すでに北アジアの統一を完成していた冒頓単于の匈奴帝国は、その強大な実力をふるってシナの内政に干渉していた。漢の高祖は匈奴に対して開戦を決意し、前二〇〇年、みずから全軍を率いて攻撃に向かい、山西省の高原を北に進んだが、大同の東の白登《はくとう》城に着いたところで、冒頓単于がみずから指揮する匈奴の大軍に包囲されてしまい、七日間も動きが取れず、絶体絶命の窮地に陥った。高祖はひそかに使者を冒頓単于の皇后に送って手厚い贈り物をして取り成しを頼み、これが功を奏して、冒頓単于は高祖の脱出を許した。こうして遊牧帝国と中華帝国の最初の対決は、遊牧帝国の完全な勝利に終わった。

これに懲りた高祖は、匈奴と友好条約を結び、皇族の娘（公主《こうしゅ》）を単于に嫁入らせ、毎年決まった額の真綿、絹織物、酒、米、食物を贈ることとし、匈奴の単于が兄、漢の皇帝が弟という格で親密に交際することになった。高祖の子孫の漢の皇帝たちは、この友好政策を代々守ったのだが、なんといってもこうした友好関係というものは、国家と国家の間の関係ではなく、個々の単于と個々の皇帝の間の個人的な関係であったから、匈奴のほうで単于が代替わりするたびに、友好関係を基本から築き直さなければならない。それでうまくいかなければ、友好はたちまち破れて、匈奴軍が大挙して漢に侵入してくることになる。

それでも漢の側はじっと我慢を続けなければならなかったが、そのうちに、前一四一年に漢の武帝が即位するころになると、シナのほうでも人口が増えて国力が充実してきて、いよいよ匈奴に対して反撃に出る機会が到来した。武帝は五十四年間も皇帝の位にあったが、その間、しばしば大軍をモンゴル高原に送り込んで匈奴に攻撃を加えた。しかし、効果はあまりなく、いたずらに人命と物資の莫大な損害を出しただけで、匈奴帝国を打倒することは及びもつかず、かえってシナの国力を消耗する結果となった。

なぜ漢の武帝の全力をあげた匈奴征伐が失敗したかというと、それは漢軍が歩兵を主力とするのに対して、匈奴軍はすべて騎兵だったからである。歩兵は進軍の速度がきわめて遅い上に、農民出身の兵士たちの常食は穀物で、モンゴル高原の草原地帯では、食糧の現地調達ができない。そのため内地からはるばる牛車隊で重い穀物を大量に輸送しながら、軍隊に従って進まなければならないが、そのためただでさえ遅い進軍の速度がいっそう遅くなる。それに後方に長く延びる補給線はほとんど無防備になって、ここを敵に襲撃されやすく、襲撃されれば本軍は敵地の真っただ中に孤立することになる。さらに歩兵の戦法は、密集隊形を組んで、近づく敵に刀や槍《やり》の白兵戦で勝負を決するのが原則であるが、これで敵を撃破するためには、よほどうまく敵と出会わなければならない。あの広々として見晴らしのいいモンゴル高原の草原地帯では、そのようにうまく敵を捕捉《ほそく》するのには、よほどの幸運が必要である。

これに対して遊牧民の軍隊は、すべて騎兵で組織されていて、移動の速度がきわめて速く、行動半径も長い。それにつね日ごろ移住に慣れているから、食糧にする家畜ばかりでなく、女子供まで連れて迅速に移動ができ、食糧の補給の心配もいらない。おもな武器は弓矢で、戦場では全速力で敵に近づいて、馬上から矢の雨を降らせ、敵の刀や槍が届かないところでさっと反転して駆け去る。この戦法を繰り返して敵に損害を与え、敵の陣形が崩れたところへ馬を乗り入れて斬《き》り結び、敵を散り散りにして打ち破る。だからモンゴル高原での戦争では、遊牧民の軍隊は少数の兵力をもってシナの大軍をやすやすと全滅させることができたのである。

このため、匈奴との戦争で国力をおおいに消耗した漢のほうでは、前八七年に武帝が死んだのち、一転して消極政策をとり、匈奴との衝突を極力避けるようになった。ところがその後、匈奴で内乱があり、けっきょく、呼韓邪《こかんや》という単于と、その兄の郅支《しつし》単于の対立となった。呼韓邪単于は、国内の再統一のために漢と手を握る必要を感じ、前五一年、みずから漢の首都である長安（西安）を訪れ、漢の宣《せん》帝から最大級の歓迎を受けた。

二千年を超えるシナの長い歴史のなかで、遊牧帝国の君主がシナの皇帝を公式に訪問したのは、匈奴の呼韓邪単于がはじめてである。これから漢は呼韓邪単于と共同戦線を張ることになり、その結果、郅支単于は中央アジアに逃走して殺され、匈奴の国内はふたたび安定した。せっかく成立した匈奴との友好関係を保つために、漢の元帝は、前三三年、自分の後宮にいた王昭君《おうしようくん》という良家の娘を、呼韓邪単于に嫁入らせた。これが後世のシナの芝居で有名な悲劇の女主人公、王昭君であるが、実際は王昭君はみずから志願して匈奴に行ったのであって、その後も漢と匈奴との友好の維持におおいに力を尽くしている。

このころシナでは、漢の帝室の外戚である王氏の一族の勢力が強くなり、ついに紀元八年、その一人の王莽《おうもう》が皇帝の位を乗っ取って、国号を漢から新《しん》に改めた。王莽の時代、匈奴とシナの関係はひじょうに悪化した。王莽は内乱で滅びて、そのあと後漢《ごかん》の光武帝《こうぶてい》が国内を再統一したが、匈奴とシナの衝突はやまなかった。ところが紀元四八年、匈奴は南北に分裂し、南モンゴルの南匈奴は呼韓邪単于の孫を単于に選挙した。新単于は祖父の親シナ政策を継承する意味をこめて、自分もまた呼韓邪単于という称号を採用し、後漢に同盟を申し入れた。光武帝はこれに応じて、後漢と南匈奴は連合して、北モンゴルの北匈奴に対して共同戦線を張ることになった。南匈奴の単于のもとにはシナ皇帝の代官が駐在して後漢との連絡にあたり、単于の王子は人質としてシナの皇帝の側近に奉仕し、南匈奴の人民には、漢地の食糧や物資が供給されることになった。

そして南匈奴軍と後漢軍の共同作戦の結果、紀元一世紀の末になって、北匈奴は勢力が衰え、それに代わって北モンゴルに東方から進出してきたのが、鮮卑《せんぴ》という民族であった。

3　五胡《ごこ》十六国

鮮卑《せんぴ》というのは、モンゴル高原の東の端に沿って南北に延びる大興安嶺山脈の東斜面に住んでいた遊牧民である。匈奴《きょうど》が南北に分裂したあと、鮮卑の勢いが盛んになり、やがて北匈奴に代わって北モンゴルに広がって住むようになった。一世紀末、北モンゴルには匈奴人が十余万家族もまだのこっていたが、これらの匈奴人もみな鮮卑と自称するようになった。

そして紀元一三七年、鮮卑人の間に檀石槐《だんせきかい》という英雄が生まれた。伝説によると、その母が昼間、外出していて雷鳴を聞き、天をふり仰いだところが、雹《ひょう》が口に飛び込んだ。これをのみこんでから妊娠して、十カ月たって生まれたのが檀石槐であったという。檀石槐は、それまでばらばらであった鮮卑の諸部族を糾合して連合体をつくり上げ、モンゴル高原をことごとく支配下に入れた。南匈奴はわずかに南モンゴルの南辺に、シナの国境沿いに存在を保つばかりであった。一八一年、檀石槐は四十五歳で死んだ。その三年後、後漢では黄巾《こうきん》の乱という全国にわたった大内乱が起こって、それから半世紀も続く内戦のなかで、シナの人口は五千万人台から、いっきに五百万人足らずに激減してしまい、社会も経済も完全に崩壊した。

この一八四年に始まるシナの混乱のなかで、華北では多くの将軍たちが私兵を率いて覇権を競い合ったが、その一人が魏《ぎ》王曹操《そうそう》であった。曹操は、漢人だけを兵士にしていたのでは、十分な兵力を確保できないので、遊牧民の騎兵を味方につけることに努力した。その一環として、曹操は南匈奴を、漢人の住民のいなくなった山西省の高原に移住させ、その単于を自分の側近におくことにした。南匈奴ばかりでなく、北方の遊牧民はその当時、シナの人手不足を補うために、盛んに華北に移住させられたのである。この遊牧民の大量移住が、やがてシナの運命を決定的に変えることになる。

曹操が二二〇年に死ぬと、その子の曹丕《そうひ》は、すでに名目だけの皇帝になっていた後漢の献帝《けんてい》を退位させてみずから皇帝となり、国号を魏と改めた。これに対抗して、西南では蜀《しょく》の劉備《りゅうび》が、東南では呉《ご》の孫権《そんけん》が、それぞれ独立した。三国時代の幕開けである。それから約三十年後、山西省の南匈奴の単于の一族に、劉淵《りゅうえん》という英雄が生まれた。劉淵は幼いときから学問が好きで、『詩経』『易経』『書経』などの儒教の経典はもちろん、『春秋左氏伝』や『孫子』『呉子』の兵法書はすっかり暗誦《あんしょう》し、『史記』『漢書』、その他あらゆる書物にも眼を通した、漢人としても第一級の教養人だったが、そのうえ武術にも優れ、成人すると身長一九〇センチメートルの堂々たる体格になった。

劉淵は人質として魏の都の洛陽《らくよう》に行っていたが、その間に魏は蜀を併合し、続いて魏の実力者の司《し》馬炎《ばえん》が皇帝を退位させて自分で皇帝になり、国号を晋《しん》と改めた。そして二八〇年、晋は呉をも併合して、シナを統一した。黄巾の乱から百年近くがたっていた。しかし晋の統一は、わずか二十年しか続かなかった。三〇〇年、皇族の将軍たちの勢力争いが爆発して、八王《はちおう》の乱という全面的な内戦となり、シナはふたたび大混乱に陥った。

この機会を利用して故郷の山西省に帰った劉淵は、三〇四年、匈奴人たちを率いて独立し、漢王と自称した。劉淵は三一〇年に死んだが、その後継者たちは翌年、晋の都の洛陽《らくよう》を占領して懐帝《かいてい》を捕らえて連れ去った。それから翌々年の三一三年まで、シナには皇帝というものがなかった。紀元前二二一年に秦の始皇帝がはじめてシナを統一してから、一九一二年に清《しん》の宣統帝《せんとうてい》が退位して中華民国が成立するまでの間、シナに皇帝がなかったのは、あとにもさきにもこの二年間だけである。

匈奴の劉淵の反乱をきっかけにして、華北では各地の遊牧民が我も我もと旗挙げして、それぞれ国をつくり、これから百三十五年間というもの、華北はこれら遊牧民の諸王国の慌ただしい興亡の巷《ちまた》となった。これを五胡《ごこ》十六国の乱という。五胡というのは、匈奴、鮮卑、羯《かつ》、氐《てい》、羌《きょう》の五種類の遊牧民のことで、それがつくった国が十六あったのである。羯は匈奴のなかの一部族、氐と羌は甘粛省の草原から四川省の山地へかけての住民である。この五胡十六国の乱の間、華北はまったく遊牧民の天下となり、華南では長江の南に避難した漢人が、下流では南京、中流は武漢を中心として固まって、細々とシナ文化の伝統を維持していた。その時代の華南はタイ系の原住民の住地であって、漢人の眼から見れば未開の蛮地だったのである。

その五胡十六国の混乱は、四三九年にいたって、鮮卑の拓跋《たくばつ》部族が大同に建てた北魏《ほくぎ》国が、他の遊牧民の諸王国をことごとく併合して、華北を統一するとともにおさまった。拓跋部族の建てた北魏帝国は、のちに四九四年に洛陽に都を遷《うつ》したが、三十年で東西の二国に分裂し、さらに東魏は北斉《ほくせい》、西魏は北周《ほくしゅう》と変わり、つぎに北周が北斉を併合し、その北周が隋《ずい》に取って代わられるが、こうした王朝はいずれも遊牧民の出身であった。そうして五八九年、隋が華南の漢人の王朝であった陳《ちん》を併合してシナを統一するとともに、すべての漢人が遊牧民の支配下に入ったのである。

五胡十六国の乱から、隋のシナ再統一にいたるまでの三百年近い間に、遊牧民はシナの政治を支配しただけではない。シナの文化をも、すっかり変えてしまったのである。文化の一番の基礎というものは、言葉である。その漢語が、この三百年間に、すっかり変わってしまったのである。後漢の時代の漢語がどんなものであったのかは、この時代に仏教の経典が漢語に訳され始めたので、そのなかの外国語を、どんな漢字を使って音訳してあるかを調べれば、わかってくる。それで見ると、後漢の時代の漢語は、単語の頭に二重子音があったりする、複雑な発音のものであった。

ところが遊牧民の活躍した三百年がたったあと、隋の再統一の直後の六〇〇年に、『切韻《せついん》』という書物ができた。これはシナで最初の、漢字の発音辞典である。この『切韻』に登録された漢字の読み方は、遊牧民支配時代の標準漢語の発音なのだが、これで見ると、当時の漢語の発音は、後漢時代に比べてずっと簡単になっている。たとえば、二重子音がなくなっていたり、単語の頭のRがLに変わっていたりしている。こうした変化がなぜ起こったかというと、それは遊牧民にも発音しやすい形に変わったのである。北アジアの遊牧民の言葉には、二重子音はないし、また単語の頭にRがくることもない。そういう音は、遊牧民にはむずかしすぎて発音できない。ちょうど普通の日本人が、英語のLやTHを発音できないのと同じである。漢語の発音がそのように変わってしまったということは、つまり、一八四年の黄巾の乱のあとで、後漢時代の漢人がほとんど絶滅に近くなり、それに代わってシナに入り込んできた遊牧民たちが、それぞれの部族の言葉がみな違うので、お互いどうしの間の共通語として、訛《なま》りの強い片言の漢語を使うようになり、それがあたらしい標準漢語になったということである。こうしてできた『切韻』の漢字音は、ちょうど同じころに始まった科挙《かきよ》の試験で標準発音として採用されたので、遊牧民の片言の漢語だったものが、これからのちの全シナ人の標準語になってしまった。現在の中国で話されている中国語のすべての方言は、もとをただせばこの六〇〇年に編纂された漢字発音辞典『切韻』の発音から分かれてきたものであって、それ以前の後漢時代の漢語から直接伝わってきた発音を保存しているような方言は一つもない。つまり、現在の中国人の大部分の祖先は、北アジアからシナに入り込んできた遊牧民なのであり、現在の中国人が話している中国語は、そうした遊牧民が話し始めた片言の漢語が後世に伝わったものなのである。もって匈奴や鮮卑の活躍が、いかに根本からシナを変えてしまったかが知られるというものである。

前に言ったとおり、四三九年に鮮卑の拓跋部族の北魏帝国が華北を統一して以来、五八九年にシナを再統一した隋帝国にいたるまで、歴代の王朝はすべて鮮卑系の遊牧民の出身であったが、鮮卑民族が南モンゴルと華北で活動している間に、その北方の北モンゴルでは、鮮卑から分離した柔然《じゆうぜん》という部族が、あらたな部族連合の中心となっていた。そして四世紀の末に、柔然に社崙《しやろん》という指導者が出て、東は大興安嶺山脈から、西はアルタイ山脈にいたる全北モンゴルを支配し、みずから丘豆伐《きゆうとうばつ》可汗《カガン》という称号を採用した。丘豆伐というのは、柔然の言葉で「はじめて統治する者」という意味だったという。また、これまで北アジアの遊牧帝国の君主は、匈奴以来の単于《ぜんう》という称号を使っていたが、このときからのちは、可汗《カガン》という称号を使うようになった。この可汗がモンゴル語ではハーンとなったのである。可汗の皇后を可賀敦《カガトン》と呼んだが、これもモンゴル語に入ってハトンとなった。

4 トルコ民族の時代

柔然《じゅうぜん》帝国が北モンゴルの遊牧民を支配している時代に、その西方の中央アジアではトルコ系の民族の活躍が始まっていた。最初に強大になったのは高車《こうしゃ》と呼ばれた民族で、政治的統一もなく、共通の指導者もいなかったが、つねに団結して柔然に敵対していた。

高車の祖先伝説によると、むかし匈奴《きょうど》の単于《ぜんう》に二人の娘があったが、いずれも容姿が美しかったので、匈奴人たちは、これは人間ではない、神様だといったほどであった。単于は言った。「このような娘を、人間の嫁にやるわけにはいかない。天に嫁にやろう。」そして北方の無人の地に高い台を築き、二人の娘をその上において言った。「天よ、どうか御自分で迎えにきてください。」三年がたって、母が二人の娘を連れて帰りたいと言った。単于は言った。「だめだ。まだ天に届かないのだろう。」また一年がたつと、一頭の狼が来て、昼も夜も台の周りを去らずに吠《ほ》え立て、台の下に穴を掘って住み着き、いつまでたっても離れようとしなかった。若いほうの娘が言った。「お父様が私たちをここにおいたのは、天にお嫁にやろうとしたのです。そこへいま、狼が来ました。これはきっと神様で、天がお遣わしになったのでしょう。」そう言って、台を降りて狼の傍らに行こうとすると、姉はおおいに驚いて言った。「これは畜生です。お父様、お母様の恥になりはしませんか。」そう言ったけれども、妹は聞き入れず、台を降りて狼の妻になって子供を産んだ。その子孫が繁殖して高車民族になった。だから高車人は好んで声を長く引っ張って歌うが、その声は狼の吠《ほ》えるのに似ている。あとでも言うが、狼の子孫だという話は、トルコ系の民族に共通の祖先伝説なのである。

さて、北モンゴルの柔然帝国は、一世紀半の繁栄ののち、五五二年にいたって、西方から侵入してきた突厥《とっけつ》という民族に撃破され、最後の柔然の可汗は自殺した。そして突厥が代わって北モンゴルの支配者になった。

この突厥というのは、テュルクという民族名を漢字で写したものである。このテュルクが、日本語の「トルコ」の原語である。「トルコ」というのは、テュルクを現代の中国人が「土耳古《トゥルクー》」と音訳し、それをまた日本人が「土耳古《とるこ》」と読んだためにできた形であって、そのもともとの語形は「突厥《テュルク》」なのである。このように、突厥はトルコ系の民族の名前の起こりであって、五五二年の突厥の建国以後、中央アジアの遊牧民はみなテュルク（トルコ）と名乗るようになった。

しかし、これまでの北アジアの遊牧民の部族連合でもそうであったように、遊牧帝国の公用語と、それぞれの遊牧部族の部族語とは同じではなくて、突厥帝国に参加してテュルクと名乗るようになった遊牧民が、ことごとくトルコ語を話したわけではない。

シナの記録には、突厥の起源について、何通りもの違った筋の祖先伝説を伝えてある。これはたぶん、突厥のなかでもそれぞれ違った部族の祖先伝説を記録したものだろうが、いずれも突厥が狼の子孫である点では一致している。

その一つを紹介すると、突厥の先祖は、西方の海の西にいた部族であったが、隣国のために滅ぼされて、皆殺しになり、十歳になったばかりの男の子がただ一人のこされた。敵兵は、男の子があまり小さいので、殺すに忍びず、両手と両足を切り落として、草原のなかに捨てた。ところが一頭の牝の狼が、肉を男の子に食べさせて養った。男の子は大きくなると、この狼と交合し、とうとう狼は孕《はら》んだ。隣国の王は、男の子がまだ生きていると聞いて、ふたたび人を遣わして男の子を殺させた。使者は、側にいる狼を見て、この狼をも殺そうとした。そのとき、神様のようなものが、狼を海の東に投げ、狼は空を飛んで、天山山脈のなかに落ちた。そこの山には洞穴があって、そのなかは草のよく茂った平原になっており、広さは周囲が数百里もあって、四面はすべて山になっていた。狼はそのなかに身を隠して、そのうちに十人の男の子を産んだ。男の子たちはそれぞれ氏族の祖先となったが、その一つが阿史那《あしな》氏族で、突厥の君主の氏族である。突厥の君主が陣営の入り口に狼の頭のついた軍旗を立てるのは、先祖を記念するためである。そのうちに人口が増えて数百家族になり、何世代かたって、阿賢設《あけんシャド》という指導者が出て、部族を率いて洞穴から出て、柔然の臣下となった。

この突厥の祖先伝説は、前に紹介したモンゴル部族の祖先伝説とよく似ていて、敵に皆殺しになってわずかに生きのこった者が、新しい部族の開祖になるという話の筋であるし、逃げ込んださきが山のなかの穴であって、子孫の人口が増えて穴から出てきて世界に広がったというのも一致している。ただし狼の子孫という要素は、モンゴル部族のエルゲネ・クンの伝説には出てこない。

五五二年に柔然を倒して、突厥の独立を達成した建国の君主は、ブミン・カガンという名であった。

ブミン・カガンの建てた遊牧帝国を、ふつう、突厥第一帝国と呼ぶ。ブミン・カガンはまもなく死んだ。その息子のムカン・カガンは政治の中心をモンゴル高原に移して、北モンゴルの西部のハンガイ山脈においた。このムカン・カガンの時代に、突厥帝国の勢力圏は、東方では大興安嶺山脈を越えて遼河に達し、西方では中央アジアを覆って、アム・ダリヤ河でペルシア帝国と境を接するまでに広がった。しかしあまり広がりすぎたために、五八三年になると、突厥帝国は東西の二つに分裂して、モンゴル高原の東突厥と、中央アジアの西突厥に分かれた。

シナでは、この時代は、再統一を成し遂げた隋《ずい》帝国の時代であったが、六一七年になると、全国で反乱が起こった。このとき山西省の太原で兵を挙げたのが李淵《りえん》という鮮卑《せんぴ》系の将軍で、太原から進軍して隋の首都の長安（西安）を占領し、翌年、この地で皇帝の位について、国号を唐と改めた。これが唐の高祖である。高祖は、他の競争相手を打倒する間、突厥の介入を防ぐため、突厥のカガンに対して臣下の礼をとっていた。高祖の子が李世民《りせいみん》、すなわち唐の太宗である。

太宗は、シナの統一を完成すると、六三〇年、モンゴル高原に兵を進めて、突厥のイルリグ・カガンを捕らえた。突厥第一帝国はここに滅亡した。北アジアの遊牧民の諸部族は、ともどもに唐の皇帝を自分たちの天可汗《てんカガン》に選挙した。これはちょうど、第一次世界大戦の前のヨーロッパで、オーストリアの神聖ローマ皇帝がハンガリー王を兼ねていたようなものであって、シナの皇帝と、遊牧民の諸部族のカガンとが同一人物であるという体制ではあっても、モンゴル高原がシナの領土になったというわけではない。しかしこの時代に、北アジアの事情が漢人に詳しく知られるようになったことは事実である。前に言った、七世紀の時代に、モンゴル部族がはじめてアルグン河の流域の住民として、漢語の記録に姿を現すのも、ちょうどこの六三〇年の突厥第一帝国の滅亡のあとのことであった。

その後、唐は、六五七年、中央アジアに出兵して、西突厥をも滅ぼした。こうして遊牧帝国はアジアから姿を消した。この時期、西方でも、新興のアラブ人がペルシア帝国を滅ぼし、中央アジアに進出してきていた。

突厥第一帝国の滅亡から半世紀がたった六八二年、南モンゴルで、突厥の阿史那《あしな》氏族のクトルグという者が兵を挙げて唐から独立し、北モンゴルに進出して、ふたたびハンガイ山脈に本拠をおき、イルテリシュ・カガンと号した。突厥第二帝国の建国である。

これよりさき、突厥第一帝国では、国号こそテュルク（トルコ）ではあったが、公用語はまだトルコ語ではなかった。第一帝国の時代に建てられた突厥の碑文は、トルコ語ではなく、中央アジアのイラン系の言葉であるソグド語で刻まれている。ソグド語というのは、いまのウズベキスタン共和国の、サマルカンドの町を中心とするゼラフシャン河の渓谷で話されていた言葉であるが、この地方の出身の商人たちが、古くからシルク・ロードを通って、シナやモンゴル高原に商売に行っており、この商人たちの活動のおかげでアジア大陸の広い地域で通用する言葉になっていた。

ところが六八二年に始まる突厥第二帝国の時代の碑文は、はじめてトルコ語で刻まれている。文字は、ソグド文字のアルファベットに手を加えてつくった、特別な文字を使っている。こうして突厥第二帝国の時代になってはじめて、北アジアの遊牧民は、自分たちの言葉を独自の文字で書き表すことができるようになったのである。こうして記録をつくるのに使える言葉になったために、トルコ語は、これからのちの遊牧民の諸部族の共通語として、広く使われるようになった。

突厥第二帝国は、しかし、六十年ほどしか続かなかった。七四四年、北モンゴルのウイグル部族のクトルグ・ボイラという指導者が独立してカガンとなり、翌年、突厥の最後のカガンを攻めてこれを殺した。ウイグル帝国の建国である。ウイグルの勢力は、東は大興安嶺山脈から、西はアルタイにいたるモンゴル高原の全域に及んだ。

ウイグル帝国は、突厥第一、第二帝国の中心であったハンガイ山脈に本拠をおき、公用語としてトルコ語を採用したが、ウイグル部族自身は、もともとトルコ語を話す人々ではなかったらしい。ウイグル部族はそれまで、北モンゴルのトーラ河の北方に遊牧していたが、この地方はもともとトルコ系の人々の住地ではなかった。それに、ウイグル人の祖先伝説には、トルコ系に特有な、狼の子孫であるという話がないのである。

十四世紀の漢人の学者で虞集《ぐしゅう》という人が、ウイグル人の祖先伝説を伝えてつぎのように言っている。

ウイグルの地にコルムという山があって、二つの河がそれから出るが、トーラ河、セレンゲ河という。ある夜、天の光が二つの河の間にある樹に降《くだ》った。ウイグル人が様子を見にいってみると、樹に瘻《こぶ》ができていて、人が妊娠したようである。これから光はつねに現れたが、九カ月と十日たって瘻が裂け、そのなかに五人の赤ん坊がいたので、取り上げて養った。そのうちで一番幼い者をブグ・カガンといい、成長するとウイグルの人民と土地を支配して、その君主となった。

同じ祖先伝説は、十三世紀のペルシアの人であるジュワイニーの『世界征服者の歴史』にも、つぎのように伝えられている。

その時代に、カラコルムの、一つはトーラ、もう一つはセレンゲと呼ばれる二つの河は、カムランチュという地で合流し、二つの河の間に密接して二本の樹が立っていた。一本はクスクと呼ばれ、松のような形をし、葉は冬も糸杉のごとく、実は形も味も松の実のようであった。もう一本はトズ（樺《かば》）と呼ばれた。二つの樹の間に大きな塚が盛り上がり、空から光がそれを照らした。塚は日に日に大きくなった。この不思議な光景を見て、ウイグル族は驚異の念に満たされ、敬虔《けいけん》な態度で塚に近づくと、歌のような美しい快い音が聞こえた。そして毎夜、光が塚の周囲を三十歩の距離まで照らし、とうとう妊婦の分娩《ぶんべん》のときのように、扉が開いて内に一つずつ別々になったテント状の小室が五つ現れ、それぞれの内には男の児が一人ずつ坐っていて、その口の前には管が下がっていて必要な乳を供給しており、テントの上には銀の網が伸びていた。

族長たちはこの奇瑞《きずい》を見にきて、敬意をもって跪拝《きはい》した。風に吹かれると、幼児たちは力がついて動き回り始めた。しまいに小室から出てきて乳母たちに預けられ、人々はあらゆる奉仕と栄誉の儀礼を執りおこなった。乳離れして口が利けるようになるとすぐ、かれらは自分たちの両親について問い、人々は二つの樹をさして教えた。かれらは二つの樹に近づき、孝行な子供たちが両親にするように拝礼をし、また二つの樹の生えている土地に対して尊敬の念を示した。すると二つの樹は話しだして、「もっとも高貴な徳を身につけたよい子供たちは、つねにこの道を歩み、両親に対する義務を守るものである。おまえたちの生命は永く、名は久しからんことを」と言った。

その地方のあらゆる部族は幼児たちを見に来、王子たちにふさわしい敬意を払った。そして帰るときにそれぞれに名をつけたが、一番上の子は、ソンクル・テギン、二番めはコトル・テギン、三番めはトゥケル・テギン、四番めはオル・テギン、五番めはブグ・テギンと呼んだ。そしてこの一番下のブグ・テギンが選挙されてブグ・カガンとなり、ウイグル王家の始祖となって世界を征服するのである。

この話でウイグル部族の故郷とされている北モンゴルでは、ケンテイ山脈の西側から出たトーラ河が北に流れて、西から来たオルホン河に流れ込む。オルホン河はハンガイ山脈の東側から出て、カラコルムの古都の遺跡の側を通って東北に流れ、東から来たトーラ河と合流してから、北に流れて、ロシア領シベリアとの国境の南で、西から来たセレンゲ河に流れ込み、セレンゲ河はさらに北に流れて、バイカル湖に入る。このあたりがウイグル部族の発祥の地なのである。

ウイグルの祖先伝説では、始祖のブグ・カガンは、天からの光に照らされて妊娠した樹から生まれた子であるということになっているが、その名前の「ブグ」というのは、トルコ語でシャマン（巫《みこ》）、つまり神がかりして予言する人を意味する言葉である。

ウイグル人の故郷に近いバイカル湖の周辺は、現在はブリヤート・モンゴル人の住地であるが、この人々の間では、二十世紀にいたるまで、シャマン教の信仰が盛んであった。ブリヤートのシャマンの家の真ん中には「母の樹」が生えていて、天井の煙出しの穴を通って立っている。その近くには別の「父の樹」が立っていて、綱で「母の樹」につながっている。天の神の霊は、「母の樹」を伝わって降りてきて、シャマンに乗り移るのである。ウイグルの祖先伝説で、ブグ（シャマン）という名の始祖が樹の根もとのふくらみから生まれるというのは、「母の樹」の根もとにあるシャマンの家を形容したものであって、こうした伝説は、シベリアの森林地帯で発生したものであろう。

さらに、十世紀にマフムード・アル・カーシュガリーという人がアラビア語で書いたトルコ語辞典に、ウイグル人は、よその人にはトルコ語で話をするが、自分たちの間では、別の言葉を話している、という記述がある。このトルコ語とは別の言葉というのは、北モンゴルのセレンゲ河畔の故郷で、ウイグル人たちがもともと話していた言葉であろうと思われる。要するに、ウイグル人は、もともとトルコ系ではなかったが、突厥の遺産のトルコ文化を継承した人々だったのである。

七四四年にウイグル帝国がモンゴル高原に建国してまもなく、南の唐では七五五年に安史《あんし》の乱が起こった。ソグド人とトルコ人の混血の将軍安禄山《あんろくざん》が北京で反乱を起こして、長安を占領してみずから大燕《だいえん》皇帝と称し、唐の玄宗《げんそう》皇帝は脱出して四川省に逃れた。途中の馬嵬坡《ばかいは》で楊貴妃《ようきひ》が殺されたのは、このときのことである。皇太子だった粛宗《しゆくそう》は、寧夏回族《ねいかかいぞく》自治区の霊武県に逃げてここで即位して皇帝となり、ウイグル帝国の援助を受けて長安を奪回した。安史の乱は七六三年に終わったが、これからのち、唐では中央政府の力が弱まり、各地の将軍たちが半ば独立の形となった。こうして、建国後まだまもないウイグル帝国は、唐の内政に介入するほどの強力な立場を獲得したわけである。

ウイグル帝国の建国から百年近くがたった八四〇年、キルギズの反乱が起こった。キルギズというのは、古くからシベリアのイェニセイ河からオビ河にかけて住んでいた部族であって、トルコ語を話していた。現在ではキルギズ人ははるかに西南に移動して、中央アジアにキルギズスタン共和国をつくっているが、九世紀のころにはモンゴル高原の西北隣のシベリアに住んでいたのである。

西北方から侵入してきたキルギズ軍に北モンゴルの本拠地を奪われて、ウイグル帝国は瓦解《がかい》し、ウイグル人たちは四散した。ある者は南モンゴルに逃れて唐の保護を受け、ある者は甘粛省《かんしゆく》の方面に逃れてチベット帝国の保護を受け、ある者は天山山脈の方面に逃れ、またある者は天山山脈の北方のトルコ系カルルク部族の地に逃げ込んだ。

これらのうち、甘粛省に移った者は甘州のウイグル王国、天山山脈に移った者はベシュバリクのウイグル王国、カルルクの地に移った者はカラ・ハーン朝を建てた。

こうしたウイグル人の諸王国の南方に接するタクラマカン沙漠のオアシス都市では、これまで公用語はインド系の言葉であったが、九世紀に移住してきたウイグル人の支配を受けるうちに、インド系の言葉に代わってトルコ語が公用語となった。こうしてトルコ化したのが、現在の中国の新疆《しんきょう》ウイグル自治区のウイグル族である。

キルギズ部族はこのように、ウイグル人に代わってモンゴル高原の支配者になったが、しかしその支配は長続きしなかった。ウイグル帝国の時代には、ウイグル部族の故郷のセレンゲ河の流域の東隣、ケンテイ山脈の東方の東部北モンゴルには、タタルと呼ばれる遊牧民が住んでいた。タタル人はキルギズ人のモンゴル高原支配に抵抗して、八六〇年代にはキルギズ人をアルタイ山脈の北方に撃退してしまった。

かつてのウイグル帝国の本拠地であった北モンゴル中部に進出したタタル人は、やがてケレイトと呼ばれる部族となる。そしてこのケレイトに対して、北モンゴル東部のタタル人が、狭い意味のタタル部族になるのである。このケレイトとタタルの二つの部族が、チンギス・ハーンのモンゴル部族と深い関係を持つことになる。

このころ、南モンゴルの南辺に接する山西省の大同盆地には、トルコ系の沙陀《さだ》という部族が遊牧していた。この首領の朱邪赤心《しゅやせきしん》は、唐の内乱の鎮圧に功績を立てて、八六九年、唐の朝廷から李国昌《りこくしょう》という名を与えられ、大同の軍司令官に任命された。こうして沙陀部族はシナの軍閥の一つに成長した。李国昌の子の克用は、八八三年、黄巣《こうそう》の反乱軍に占領されていた唐の都長安を取り返して、その功績によって太原の領有を唐の朝廷から認められた。

この当時、華北で沙陀の李克用《こくよう》に匹敵する大軍閥といえば、河南省の開封《かいほう》を本拠とする朱全忠《しゅぜんちゅう》で、もと黄巣の部下であった。朱全忠は九〇七年にいたって、唐の最後の皇帝を廃位して、みずから皇帝となり、国号を梁《りょう》と改めた。朱全忠が後梁《こうりょう》の太祖である。これで四三九年に北魏《ほくぎ》が華北を統一してから、五世紀近く続いた鮮卑系の王朝のシナ支配は終わった。

朱全忠は安徽《あんき》省碭山《とうざん》県の出身の漢人だったが、しかし後梁の建国によってシナの政治の主導権が漢人の手に戻ったわけではなかった。唐の滅亡とともに、シナ各地に割拠する将軍たちは、それぞれ独立して王国をつくったので、開封に都をおく朱全忠の後梁朝の勢力の及ぶ範囲は、華北の一部に限られた。そしてその華北でも、太原の沙陀部族の李克用は、後梁朝の最大の敵であった。そして九二三年、李克用の息子の李存勗《りそんきょく》が太原で皇帝と称して、唐という国号を立て、ついで開封を占領して後梁朝を倒した。これが後唐《こうとう》の荘宗《そうそう》である。荘宗は太原から都を洛陽《らくよう》に遷《うつ》し、これから二十七年間、華北は沙陀系の王朝の支配下に入る。

ところが沙陀が華北で活動している間に、その背後の北アジアでは、またも新手の遊牧民が帝国を建設しつつあった。その遊牧民というのが契丹《きったん》である。

5 契丹《きったん》帝国

契丹という部族は、四世紀の末ごろから歴史に姿を現し、大興安嶺山脈の南部、いまの遼寧《りようねい》省の西部のシラムレン河とローハ河の流域に遊牧していた。この二つの河は、いずれも遼河の上流である。突厥《とつけつ》第二帝国時代のトルコ語の碑文は、契丹をキタニと呼んでいる。このキタニが、のちのトルコ語ではキタイとなった。モンゴル語ではキタトという。

十世紀のはじめになって、耶律《やりつ》阿《あ》保機《ほうき》という契丹王が現れて、しきりと華北および南モンゴルへの進出を図ったが、いずれも沙陀《さだ》に阻まれて失敗に終わった。九一六年、阿保機は大契丹国皇帝の位に登り、神冊《しんさく》という年号を採用した。そして九一九年、方向を転じて北モンゴルへの進出を開始し、親征してケンテイ山脈以東のタタル部族をおおいに撃破し、一万四千二百人を捕虜にするという大勝利をあげた。契丹人は、ケンテイ山脈以東のタタル部族を烏古《うこ》と呼んだのである。ケンテイ山脈以西のケレイト部族を、契丹人は阻卜《そぼく》と呼んだが、これに対しては、阿保機は九二四年にふたたび親征してケレイトを撃破し、オルホン河畔のウイグル時代の都市オルドゥバリクにまで達し、さらにそこから南へゴビ沙漠を横断して、甘州（甘粛《かんしゅく》省張掖《ちょうえき》県）のウイグル王国を攻めた。こうして契丹人の勢力は北モンゴルの中央部にまで及んだが、タタルやケレイトの勢力もなお強く、契丹人の支配が北モンゴルに確立するには、さらに多くの年月が必要であった。

阿保機（遼《りょう》の太祖）は九二六年、吉林省の東部にあった狩猟民の国、渤海《ぼっかい》王国に親征してこれを滅ぼし、その帰途に死んだ。息子の徳光《とくこう》（遼の太宗）があとを継いで、北モンゴルへの進出を図り、九二八年、契丹軍を送って烏古（タタル）を征伐し、これを完全に服属させた。烏古の地には契丹人が入植し、ケルレン河沿いにいくつもの都市が建設された。

いっぽう、シナのほうでは、後唐で内紛が起こって、太原の沙陀人を率いる将軍石敬瑭《せきけいとう》は、九三六年、洛陽《らくよう》の朝廷に背いて契丹と同盟した。契丹の太宗（徳光）は、みずから軍を率いて石敬瑭の救援におもむき、石敬瑭に大晋《だいしん》皇帝の称号を与えてシナの正統の君主として承認した。その代償として、石敬瑭は、北京《ペキン》の一帯と大同盆地以北の南モンゴルを契丹に割譲し、契丹皇帝をシナ皇帝の父としてこれに仕え、毎年、三十万匹《びき》の帛《きぬ》を契丹に支払うことを約束した。こうして契丹の後援のおかげで、石敬瑭は洛陽を攻め落として後唐朝を滅ぼすことができたのである。石敬瑭が開いた華北の王朝が後《こう》晋《しん》であり、石敬瑭が後晋の高祖である。

北京と大同盆地以北を沙陀から手に入れたことによって、契丹はいっぽうでは北京を通って華北の平原地帯に入る重要な通路を獲得し、いっぽうでは陰山山脈と黄河の北岸にいたる南モンゴルを支配することができるようになった。このため契丹人はシナに対しても、モンゴル高原に対しても、戦略上、圧倒的に有利な立場に立つことになり、契丹人の帝国のみならず、その地位を引き継いだ金帝国、そしてチンギス・ハーンのモンゴル帝国が、全アジアの歴史の主流になっていくのである。九三六年の、契丹人の北京、大同の獲得は、そうした大きな意義のある事件であり、歴史の流れの大きな転回点であった。

話をシナに戻すと、沙陀人の後晋朝は、かつての故郷の大同盆地を失って、土着の漢人の勢力により大きく依存するようになり、翌九三七年、都を洛陽から漢人の中心地の開封《かいほう》に遷《うつ》した。太原の沙陀人はこれに反発し、将軍劉知遠《りゅうちえん》を中心として独立の形勢を強めた。そこへ九四六年、契丹の太宗がふたたびシナに介入し、親征して開封を占領し、後晋朝を滅ぼした。劉知遠は太原において即位して大漢皇帝と称し、契丹軍の撤退とともに、開封に入って後漢《こうかん》朝を建てた。劉知遠が後漢の高祖である。しかし後漢朝はわずか四年しか続かず、九五〇年、劉知遠の側近であった郭威《かくい》に取って代わられた。郭威は河北省邢台《けいだい》市の出身の漢人で、その建てた王朝を後周《こうしゅう》という。こうして九二三年以来、二十七年続いたトルコ人の華北支配の時代は終わった。太原では、劉知遠の弟の劉崇《りゅうすう》が即位して皇帝となり、北漢《ほくかん》朝を建てて、この沙陀人の王国はもう二十九年間存続するが、実体は契丹の保護国にすぎなかった。

契丹のほうでは、太宗皇帝が九三七年、国号を大契丹から大遼《だいりょう》と改めた。これは契丹部族の故郷の遼河にちなんだ名前である。帝室の出身地の地名を国号にするのは、シナの古くからの伝統であるから、遼という国号は、契丹人がシナを征服しようとする意欲を表現したものであった。

これに対してシナのほうでは、九六〇年、郭威の後継者となった世宗柴栄《さいえい》の側近の趙匡胤《ちょうきょういん》が、後周朝に取って代わって皇帝となり、国号を宋《そう》と改めた。これが宋の太祖である。宋の太祖とその弟の太宗は、着々とシナ各地の諸国を併合していった。そして九七九年、太宗は、シナ統一の最後の仕上げとして、みずから軍隊を指揮して太原を攻めて北漢国を滅ぼした。こうして沙陀人の政権はすべて姿を消した。

太宗はそのまま進軍して北京を攻めたが、北京の郊外の高梁河《こうりょうが》で契丹軍に大敗して逃げ帰った。こうして遊牧帝国と中華帝国の第一戦は、遊牧帝国の勝利に終わった。この九七九年の高梁河の戦いから三百年、一二七六年にチンギス・ハーンの孫である元《げん》の世祖フビライ・ハーンが南宋帝国を滅ぼすまで、北アジアの帝国はシナに対してつねに優勢であり続けるのである。

このころ、契丹人の遼帝国の西境、漢人の宋帝国の西北境に接する、南モンゴルの黄河の南の河套《かとう》の地に、党項《とうこう》という有力な遊牧民の部族があった。モンゴル語ではタングトと呼ぶ。党項は、もともと四川省の西北部の山地に住んでいたが、その首領の氏族名を拓跋《たくばつ》といった。これは鮮卑《せんぴ》の北魏《ほくぎ》朝の帝室の氏族名と同じである。党項の原住地の北に接する青海省の高原には、四世紀以来、鮮卑の建てた吐谷渾《とよくこん》という王国があって、六六三年にチベット帝国に併合されるまで繁栄していた。党項も吐谷渾と同じく、北方のモンゴル高原から入り込んできた鮮卑系の部族だったのだろう。吐谷渾の滅亡以後、党項は、対立する唐とチベットの二大帝国の間に挟まれて、しばしば戦争に巻き込まれた。

七五五年から七六三年まで続いた安史の乱のあと、唐は国境の安全を保つために、党項を河套の地に移住させた。この地方は、古くから匈奴《きょうど》の住地であり、鮮卑の北魏朝がここに軍事基地をおいたところである。八七〇年代に入って、河套の党項に拓跋思恭《たくばつしきょう》という指導者が出て、八八三年、黄巣《こうそう》の反乱軍から唐の都の長安を奪回する作戦に参加して功績があり、唐の朝廷から、帝室の姓である李氏と、夏国公の爵位を与えられて、独立の軍閥として承認された。唐の滅亡後は、党項は華北の王朝との友好関係を維持していたが、九七九年の高粱河の戦いで宋が契丹に敗れると、拓跋思恭の子孫の李継遷《りけいせん》は九八二年、河套において宋から独立し、九八六年、契丹と同盟し、九九〇年、契丹の聖宗《せいそう》皇帝から夏国王の称号を与えられた。西夏《せいか》王国の建国である。

十世紀に党項（タングト）が河套に独立の王国を建設できたのは、東方の二大帝国、契丹と宋が互いに正面から対立していて、遠い河套の地にまで手を伸ばす余裕がなかったからである。さらに西夏王国にとって幸運なことに、その西方では、チベット帝国が八四二年のダルマ王の死後、分裂してしまっていた。こうして西夏王国は順調に発展し、一〇二八年には甘州のウイグル王国を併合し、さらに西に進んで、黄河の西の南モンゴル西部と甘粛省の地方をことごとく征服した。そうして李継遷の孫の李元昊《りげんこう》は、一〇三八年、大夏皇帝と称して、いまの寧夏《ねいか》回族自治区の首都である銀川市に都を定めた。これから百八十九年後、李継遷の独立から数えれば二百四十五年後の、一二二七年にいたって、西夏王国はチンギス・ハーンに滅ぼされることになるのである。

西夏王国は、タングト語を書くための独特の西夏文字をもっていた。十四世紀にモンゴル人の元帝国が倒れたあと、タングト人は歴史のうえから姿を消し、タングト語も話されなくなったので、現代の学者はタングト語はチベット系の言葉であるという前提で、西夏文字の解読をいろいろ試みてきたが、どの解読も十分に納得のいくものではない。

これに対して最近、タングト語をモンゴル語に近縁の言葉とする有力な説が出ている。たしかにタングト人が最初、チベット高原の東の端に住んでいたことは事実であるけれども、もともとはモンゴル高原から南下してきた鮮卑であった可能性があり、しかもタングト人が七世紀に移住した先の河套の地は、匈奴と鮮卑の古い住地であって、タングト人はここで勢力を伸ばし、のちに甘粛省のウイグル人を吸収して西夏王国をつくったのだから、タングト語がモンゴル語に似たアルタイ系の言葉であったことは、十分にありうることである。西夏文字の新しい解読法の成果が期待される。

ここでついでに、アルタイ系の言葉について説明しておこう。「アルタイ語族説」というのは、フィンランドの言語学者グスタフ・ヨーン・ラムステット（一八七三～一九五〇）が提唱した学説である。アジア大陸の西の端から東の端まで、広大な地域にわたって話されているトルコ語、モンゴル語、ツングース語（満洲語、エヴェンキ語など）、韓国語（朝鮮語）が、共通の特徴をそなえていて、互いによく似ているところから、これらの言葉がもともとは同じ言葉から分かれたものであろうと考えて、アルタイ語族と名づけたのである。アルタイとは、もちろんアルタイ山脈のことで、現在、この山脈が、東側のモンゴル語地域と西側のトルコ語地域の境界になっているため、トルコ語、モンゴル語などをアルタイ語族と総称することにしたのである。

共通の特徴というのはなにかというと、まず母音に二とおりの系列があって、一つの単語のなかでは同じ系列の母音しか使えないこと（これを母音調和という）、単語の頭にはRがこないこと、それから文法では、主語が文章の最初にきて、つぎに目的語があり、最後に動詞がくること、形容詞が名詞の前につくこと、動詞の活用や名詞の格変化が、単語の語尾につく接尾辞でおこなわれることなどである。つまり、アルタイ系の言葉というのは、いずれも日本語に似たところの多い言葉なのである。

ただし残念ながら、「アルタイ語族説」はまだ十分に証明されていない。その理由の一つは、これまで述べてきたように、北アジア、中央アジアでは、はっきりとした国境のようなものがなく、いろいろの部族が入れ代わり立ち代わり、部族連合の盟主になって帝国をつくり、自分たちがもともと話していたのとは違う言葉を公用語に採用したので、その結果、どの言葉もよそから借用した外来語が多くなって、本来の言葉との見分けがつきにくいことである。外来語を比較したところで、二つの言葉が同じ系統であることを証明したことにはならないのである。

もう一つの理由は、言葉によって、古い形を示してくれる資料の年代がひどく違うことである。トルコ語は、前に言ったように突厥《とっけつ》第二帝国の時代の碑文に書いてあるものがいちばん古いから、七世紀より前にさかのぼれない。モンゴル語は、チンギス・ハーンの時代にはじめて文字に書かれるようになったので、十三世紀以前の資料はない。満洲語がはじめて文字に書かれるようになったのは一五九九年のことだから、十七世紀より古いものはない。韓国語は、朝鮮の世宗王が一四四六年に頒布した『訓民正音《くんみんせいおん》』によって、ハングル文字の使用が始まるまで、漢字を使って不正確に写した資料しかなかった。これほど年代がでこぼこでは、それぞれの言葉のいちばん古い形を比較してみたところで、何百年も時代の違うものを横に並べることになってしまう。これではあまり確かなことは言えないのである。

ただ、日本語は、八世紀の『日本書紀』や『万葉集』ですでに言葉の音を正確に写す漢字の使い方ができあがっており、九世紀には仮名文字が成立していたから、資料の年代の古さではトルコ語に匹敵するが、これまた残念ながら、いままでのところ、トルコ語と日本語が同じ系統の言葉であるかどうかは確かではない。いろいろの点で日本語はアルタイ語族の言葉によく似ているにもかかわらず、日本語がアルタイ系の言葉であるという決定的な証拠はまだないのである。

話を契丹人の帝国に戻すと、九八二年、十二歳の聖宗皇帝が即位すると同時に、母の摂政皇太后はケレイトに対する征服作戦を命令し、翌年、国号を大遼から契丹にもどした。これは北アジアの帝国であることに徹しようという意図の表れとみていいだろう。このときのケレイト討伐は九八五年にいたっていちおう完了したが、ケレイトの抵抗がなおも続いたので、九九四年から第二回の対ケレイト作戦が始まり、一〇〇〇年に至って、ケレイトの首領が勢い窮まって、契丹軍に降って殺され、その弟の鉄剌里《テラリ》が兄に代わってケレイトの衆を率いて契丹に服属することになった。

契丹は北モンゴルの恒久支配の方策を立て、一〇〇三年、トーラ河のほとりのウイグル帝国時代の都市であった可敦《カトン》城を修復し、翌年、ここに鎮州建安軍という軍事基地をおいて、ケレイトの統治の中心にした。こうして契丹の支配は、モンゴル高原の大部分に及ぶようになった。

同じ一〇〇四年、聖宗はみずから契丹軍を率いて宋に侵入し、河南省の東北境のすぐ南の黄河の北岸の澶淵《せんえん》に達し、ここで宋の真宗皇帝と対陣した。ここで契丹と宋の間に和議が成立し、真宗は契丹の皇太后を自分の叔母と認め、宋から契丹に毎年、十万両の銀と二十万匹の絹を支払うことになった。これを澶淵の盟という。これによってアジアの二大帝国は、安定した友好関係に入ることになった。

さて、契丹が北モンゴルのケレイト部族の中心地に鎮州建安軍を建設してまもない一〇〇七年のこと、イラクのバグダードにいたキリスト教のネストリウス派の総大主教ヨハンネスは、ホラーサーンのマルヴ（いまのトルクメニスタン共和国のマルィ市）の首都大主教エベド・イシューから、つぎのような文面の手紙を受け取った。

「東北方のトルコ人の住地のなかに住むケレイトという部族の王が、ある日、自分の国の雪に覆われた山へ狩猟に出て、道に迷った。王は助かる望みをまったく失ったが、そのとき、一人の聖者が王の前に現れ、こう言った。もしおまえがイエス・キリストを信じることを願うならば、私はおまえをこの危険から救い出し、おまえに道を示してやろうと。王は、キリストの羊群の一頭となることを、聖者に約束した。そのとき、聖者は道案内を務め、王をよい道に連れていった。自分のキャンプに帰ったのち、この王は、自分の国に滞在していたキリスト教徒の商人に、その宗教の教義のことを質問した。王は、洗礼を受けなければキリスト教徒になれないということを、商人たちから知った。しかし、王は一冊の福音書《ふくいんしょ》をもらって、毎日それに礼拝した。王は私（マルヴの首都大主教）が来て洗礼を施してくれるか、あるいは洗礼をしてくれる聖職者を派遣するよう希望している。王は私に、斎戒《さいかい》のことについて、われわれの食物は肉と乳しかないので、われわれはどうして斎戒を守るのであろうかと質問した。王は、二十万人の人々が自分の手本に従う用意があるとつけ加えて言った。」

この手紙を受け取って、バグダードの総大主教はマルヴの首都大主教に対し、改宗を希望するすべての人々を洗礼するための聖瓶を携えた二人の聖職者と助祭をその王のところへ派遣し、かれらにキリスト教の儀礼を教えるよう、手紙で返答した。また、斎戒についての質問に対しては、肉断ちの期間は肉食を禁止するべきであるが、その国では大斎節のための食物がまったくないといっているから、乳を飲むことを許してもよいと答えた。この話は、グレゴリオス・アブル・ファラジュ、一名をバル・ヘブラエウスという十三世紀の人がシリア語で書いた編年史に出ている。

この話に出てくるケレイト王は、年代から見て鉄剌里のことだろうが、契丹がケレイトの地に鎮州建安軍を建設したわずか三年後に、もう中央アジアのオアシス都市のキリスト教徒の商人たちが、ケレイト王のもとにやって来て滞在しており、ケレイト王がその感化でキリスト教に改宗するようになっていたことは注目に値する。つまり契丹の北モンゴル支配の効果の一つが、鎮州からハンガイ山脈、アルタイ山脈を越え、天山山脈の北を通って、スィル・ダリヤ河、アム・ダリヤ河を渡ってマルヴ（マルィ）に達し、そこからイラン高原の北部を通ってバグダードに達する商業交通路の利権を、契丹が握ったことであったわけである。

本来のシルク・ロードは、もっと南方を通っていて、天山山脈の南のタクラマカン沙漠から甘粛省を経て西安に達するものだったが、この当時、甘粛省は西夏王国の領土だったし、終点の西安は宋帝国の領土だったから、契丹としては、北モンゴルが中央アジア、西アジア、ヨーロッパへの通路の出発点として重要だったのである。

とにかく、一〇〇七年にケレイト王鉄刺里がはじめて改宗してから、ネストリウス派のキリスト教はモンゴル高原に広がり、二百年後のチンギス・ハーンの主君であったケレイト王トグリル・オン・ハーンにいたるまで、ケレイト王家は代々キリスト教を信仰した。北モンゴルのケレイト部族だけではない。南モンゴルの陰山山脈にはオングトという部族が遊牧していて、契丹の西夏王国に対する最前線の防衛を分担していた。オングト部族は沙陀の後裔《こうえい》であるというが、オングト王家の遠祖はブグという名であったというから、おそらくウイグル系なのであろう。このオングト王家もキリスト教徒であった。これもケレイト王の改宗の影響であろう。

6　歴史の流れ

チンギス・ハーンの生まれる前のモンゴル部族は、こうした国際情勢、つまり契丹《きったん》人の帝国がまずモンゴル高原全体を支配したのち、西隣のケレイト王国が成長してくるという環境のなかで、東の大興安嶺山脈と西のケンテイ山脈に挟まれた北モンゴル東部の地域で遊牧生活を送っていた。当然、かれらは契丹人の文化から深い影響を受けた。契丹人は南方では、北京《ペキン》市から山西省北部の大同市にかけての農耕地帯を領有し、シナの都市文明を自分たちの文化に取り入れていた人たちであったから、契丹時代のモンゴル部族は、契丹のもち込んだシナ文化に触れていたのである。

ところが第三章の終わりで説明したように、契丹人の遼《りょう》帝国は十二世紀のはじめに、女直《じょちょく》人の金帝国に倒される。金帝国は南方では、支配地域をぐっと拡大して、淮河《わいが》以北の華北全域を占領するが、北方では、南モンゴルを支配するにとどまり、北モンゴルにまでは手が届かなかった。いっぽう、モンゴル高原の契丹人は、耶律大石《やりつたいせき》のもとに結集し、西方に移住して、中央アジアに西遼《カラキタイ》帝国を建設した。

こうしてモンゴル高原の遊牧民たちは、自分たちの頭上にこれまでのしかかっていた契丹人の支配という重しがとれたので、いっせいに活動を始めた。

モンゴル部族にハブル・ハーン、アンバガイ・ハーン、フトラ・ハーンという三代の王たちが現れたのも、そうした活動の一環であった。ところが金帝国は、北モンゴルの遊牧民たちに対して、氏族と氏族、部族と部族を対立させて牽制《けんせい》するという分裂策をとり、これが成功して、十二世紀の末までには、モンゴル部族全体の王というものは姿を消した。それに代わって、金帝国と同盟したケレイト王トグリル・オン・ハーンがモンゴル高原の統一事業を着々と推し進めるということになった。

しかしその事業の完成直前になって、オン・ハーンは内部分裂のために倒れ、それまでオン・ハーンに仕えてきたモンゴル部族出身のテムジン・チンギス・ハーンが、代わって北アジアの王者となり、十三世紀はじめからモンゴル時代の歴史が始まったわけである。

モンゴル時代以前の北アジアの草原の歴史を振り返ってみると、そこには一貫した大きな流れがある。それは南モンゴルに興った匈奴《きようど》帝国に始まり、匈奴帝国の周辺でいくつものあたらしい民族が育ってきて、やがて南下してシナになだれ込み、まず華北に多くの王国をつくり、それが統一されて北朝（北魏、北斉、北周、隋《ずい》）となり、さらに進んで華中、華南をも含めた全シナ大陸を統一して、隋、唐の帝国を建てた。これが第一波である。

第二波は、隋、唐帝国の時代に始まった。モンゴル高原ではトルコ人が活動を始める。大興安嶺山脈の東方では、契丹人が活動を始める。契丹人の帝国はトルコ人に勝ってモンゴル高原を覆った。契丹時代は約二百年続いたが、この間に、隋、唐時代以来のシナの都市文明は、北アジアの遊牧民の間に広がった。この契丹人の遺産を継承したのが、東アジアの金帝国と、中央アジアの西遼帝国であった。そしてその両方を征服したのが、チンギス・ハーンのモンゴル帝国で、この流れはチンギス・ハーンの孫たちの世代にいたって、ユーラシア大陸を覆うモンゴル世界という形をとって完成した。これが第二波である。チンギス・ハーンは、たんなる野蛮な征服者ではなかった。こうした大きな歴史の流れの波頭に乗って現れた英雄であった。

それでは、つぎに、この英雄チンギス・ハーンが、自分の死後の世界にのこした足跡について語ることにしよう。

第五章

チンギス・ハーンの子孫たち

◆男が逃げて女が追いかけるカザフ男女の競馬

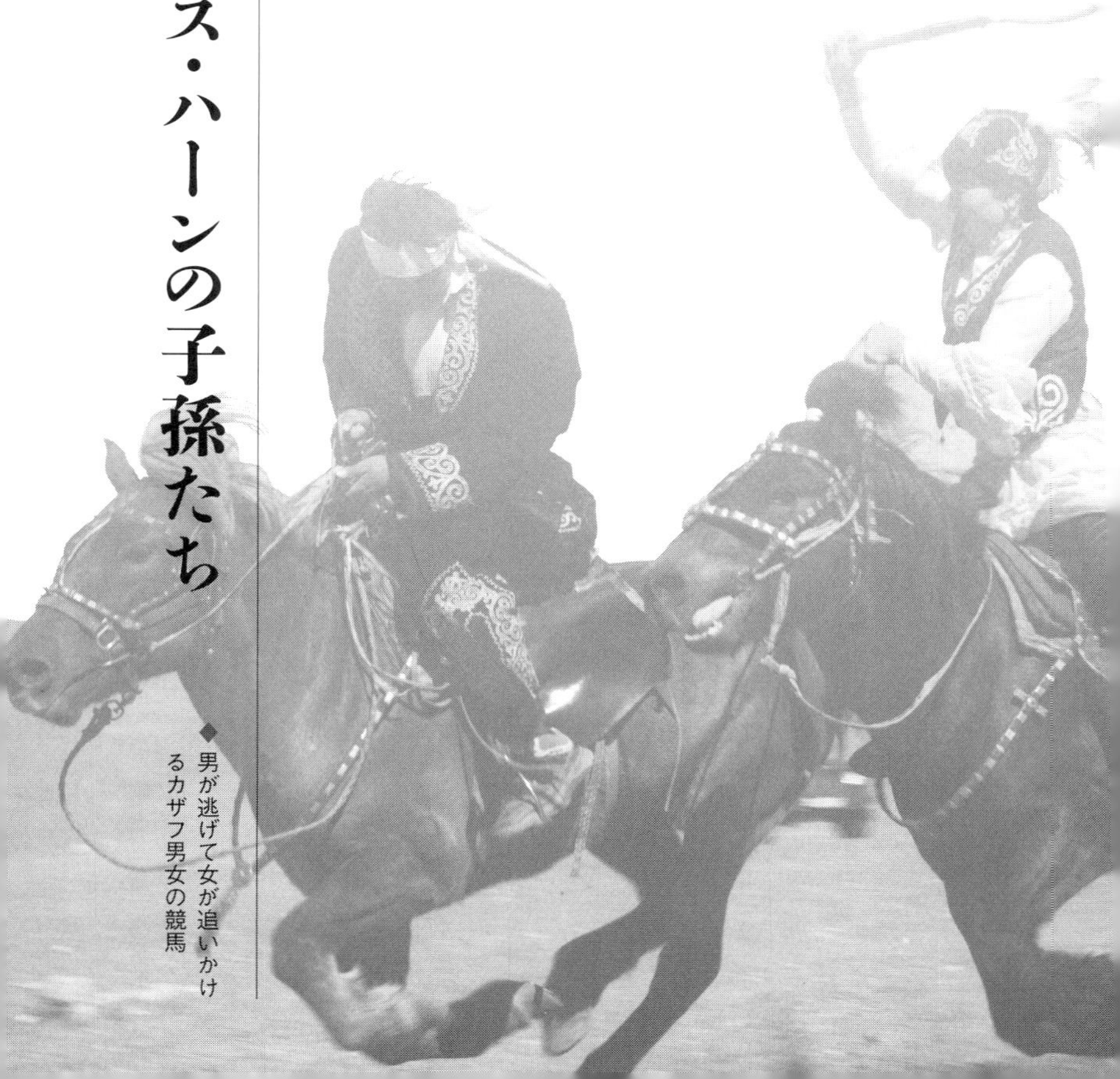

チンギス・ハーンの子孫たち

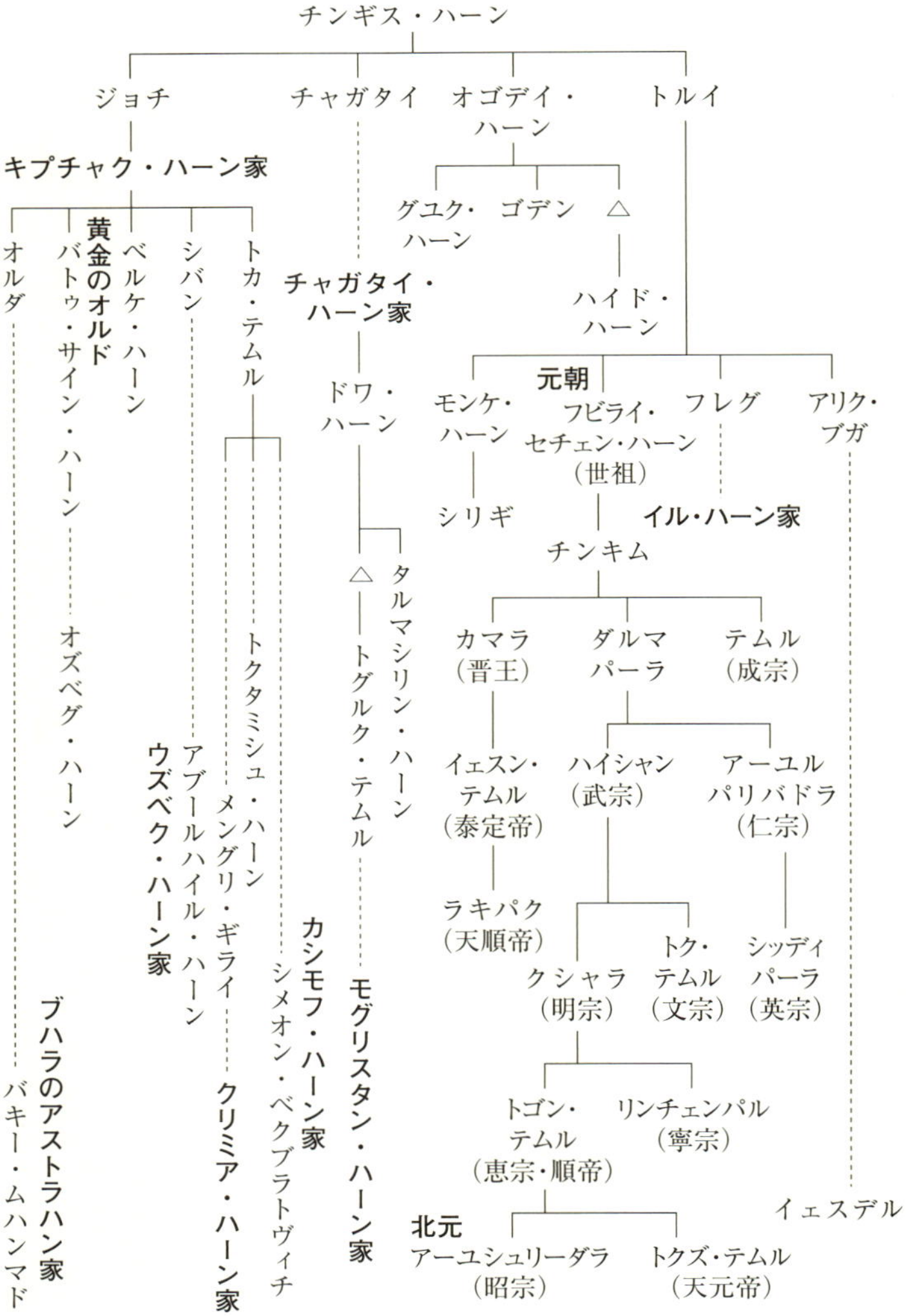

1　世界をおおうモンゴル帝国

一二〇六年の春の、ケンテイ山脈の中のオノン河の水源地での即位式で、テムジンの義理の兄弟の大シャマン、ココチュ・テブ・テンゲリは、かれに「チンギス・ハーン」という称号を授けただけではなかった。ココチュの口を通して、つぎのような天の神の託宣がくだったのである。

「永遠なる天の命令であるぞ。天上には、唯一の永遠なる天の神があり、地上には、唯一の君主なるチンギス・ハーンがある。これは汝らに伝える言葉である。我が命令を、地上のあらゆる地方のあらゆる人々に、馬の足が至り、舟が至り、使者が至り、手紙が至る限り、聞き知らせよ。我が命令を聞き知りながら従おうとしない者は、眼があっても見えなくなり、手があっても持てなくなり、足があっても歩けなくなるであろう。これは永遠なる天の命令である。」

この神託は、チンギス・ハーンを地上の全人類の唯一の君主として指名し、チンギス・ハーンの臣下とならない者は誰でも、天の命令に服従しない者として、破滅をもって罰するという趣旨である。この天命を受けて、チンギス・ハーンとその子孫に率いられたモンゴル人たちは、世界征服の戦争に乗り出したのである。モンゴル人たちは、このチンギス・ハーンに授けられた世界征服の天命を固く信じていた。モンゴル人にとって、無条件で降伏せず、かれらに抵抗する者は、天に逆らう極悪人であり、極悪人を殺し尽くすのは、天に対する神聖なる義務を果たすことだったのである。

ここで問題になるのが、残忍凶暴な殺戮《さつりく》者・破壊者という、ヨーロッパ人がもち伝えた、チンギス・ハーンのイメージのことである。実際のところ、チンギス・ハーンのモンゴル軍が、撃ち破った敵を皆殺しにした話は、ただ一例を除いて、すべて都市民に対するものである。その例外の、遊牧民に対する唯一の虐殺事件は、テムジンがチンギス・ハーンと名乗る前の一二〇四年、タタル部族に対しておこなったものである。

この前年、一二〇三年の秋、テムジンは長年仕えた主人、ケレイト部族のオン・ハーンと仲違《なかたが》いして、奇襲してこれを滅ぼした。そしてこの一二〇四年、西方のアルタイ山脈のナイマン部族の王タヤン・ハーンと戦って、これを滅ぼし、さらに北方のメルキト部族を攻撃して降伏させた。続いてかつてのアンダ（盟友）ジャムハを捕らえて処刑した。こうしてモンゴル高原には、ほかにテムジンの敵はいなくなった。そこでテムジンは、取り残されて孤立した東方のタタル部族に向かって進軍した。

このタタル部族は、大興安嶺山脈の、金帝国の長城沿いに遊牧した大部族で、しばしば金の辺境に侵入して掠奪を働き、金は討伐に苦労していた。モンゴル軍との戦いで、タタル部族は撃ち破られて、婦女・小児にいたるまで虐殺された。

テムジンは、一人たりとも助命してはならぬと厳命した。それにもかかわらず、タタル出身であったテムジンの二人の妻、イェスイとイェスケン、さらにテムジンの将兵の妻になっていた多くのタタルの婦人たちは、いずれもタタルの幼児たちをひそかに助けることに成功した。
また、テムジンの弟のジョチ・ハサルは、捕虜の分配に際して、一千人を受け取って、それを殺すことになっていたが、タタルの生まれであるその妻の哀願に動かされて、その半数だけを殺して、ほかの五百人を隠匿した。のちにテムジンはこれを知って激怒したという。

テムジンがタタル部族を絶滅しようとしたのは、個人の残虐趣味からではない。テムジンも、その旧主人のオン・ハーンも、金帝国と同盟して、その保護のもとに行動していた。モンゴル高原の遊牧諸部族の統一事業も、金の承認と援助があって、はじめて可能であった。タタル部族の絶滅計画は、辺境をおびやかす敵を取り除こうという金の政策に基づいて、テムジンが実行したものである。もしこれを忠実に実行せず、タタル部族の投降を許したならば、今度はテムジンが金に忠誠を疑われ、危険視される番だったのである。

この一二〇四年のタタル部族の虐殺を除けば、ほかの有名な虐殺事件は、すべてテムジンが世界征服の天命を受けて即位して、チンギス・ハーンと名乗ったあとの話であり、しかも都市民に対する虐殺事件ばかりである。

一二一九年の秋、チンギス・ハーンは二十万といわれる大軍を率いてホラズム帝国に攻め込んだ。長男ジョチの軍は、オトラールの町からシル河に沿って下ってジャンドに向かう途中、シグナークの町に立ち寄って、使者を遣わして城門を開くよう要求した。ところが住民が使者を殺したので、ジョチはただちに攻撃を命令し、一週間間断なく攻撃を続けた。モンゴル軍は町に入ると、すべての住民を殺し、シグナークの人口は絶滅した。これが記録にのこる、最初の都市民の虐殺である。このあと、ジョチの軍はジャンドを占領するが、抵抗しなかったので、住民の生命は助けられた。

チンギス・ハーン自身の率いる本軍は、一二二〇年二月、ブハラの町を包囲した。最初抵抗した城内の守備隊は、囲みを突いて脱出したが、アム・ダリヤ河のほとりで追いつかれて全滅した。城門を開いて降伏した市民たちは助命され、身につけた衣服のほかはなにも携えずに城外に出された。モンゴル軍は市内に入って掠奪をほしいままにし、命令を無視して市内にとどまっていた者をすべて殺した。つづいて落城したサマルカンドでも、住民は強制的に城外に出され、モンゴル軍は市内に散らばって掠奪をおこない、市内に隠れていた多数の住民を皆殺しにした。

一方、ホラズム帝国の都であったウルゲンチは、チンギス・ハーンの長男ジョチと、次男チャガタイが率いるモンゴル軍に包囲されていたが、六カ月たっても落城しなかった。その原因は二人の皇子の間の不和であって、そのため軍の規律が緩んで、敵につけこまれたのである。チンギス・ハーンはこれを知って腹を立て、三男オゴデイを送って包囲作戦の総指揮をとらせた。

一二二一年四月、モンゴル軍は城壁を乗り越えて城内に入り、多数の住民は閉じこめられてついに降伏を乞うた。ジョチはすべての市民に場外に出るよう命令した。工芸家と職人たちは、別の一団をなして整列させられた。この命令に従った者は助命され、モンゴル本土に送られたが、モンゴル送りを恐れ、また住民の生命が救われるであろうと信じた人々は、大衆の集団を離れることをさし控えた。それから大衆はモンゴル軍の各部隊の間に分配され、剣、斧《おの》、矢をもって虐殺された。この虐殺を免れた者はわずかに若い女と幼児だけで、かれらは奴隷の身分に落とされた。このあと、モンゴル軍は市内を掠奪し、アム・ダリヤ河の堤防を切って水を市内に流し込み、市内に隠れていた者を溺死《できし》させた。こうしてウルゲンチは完全に廃墟《はいきょ》となった。

以上の例で見ると、モンゴル軍の虐殺には一定の原則がある。都市に対しては、まず降伏を要求する。要求に応じて開城した都市の住民は、掠奪は受けるが、生命は助かる。その反対に、城門を閉じて抵抗した都市の住民は、落城のあとで、工芸家と職人を除いてことごとく虐殺される。降伏するか、抵抗するかの違いで、助命か、虐殺かの運命が分かれるのである。決して誰でもかれでも、無差別に殺したわけではない。

ウルゲンチの落城と同じころ、チンギス・ハーンの四男トルイは、七万の軍を率いてマルヴ（マルイ）を攻めた。町の守備隊は二度、城を出て突撃したが、包囲軍に押し返された。町の知事はみずからトルイの幕営におもむいて降伏したが、友人や従者たちとともに捕縛された。町の富豪二百人と、工芸家・職人四百人は、トルイの幕営に呼び寄せられた。ついでモンゴル軍は市内に入り、全住民に命令して、おのおのの家族と、もっとも大事な財産を携えて市外に出させた。トルイは野原に設けた金色の席に坐し、捕虜の軍人を連れてきて首をはねさせた。市民たちは、男と女、老人と幼児と、それぞれ引き離され、泣きわめきながら、モンゴル軍の各部隊の間に分配されて、ことごとく虐殺された。命が助かったのは、奴隷にあてられた若干の少年少女にすぎなかった。

このマルヴの虐殺事件も、モンゴル軍の攻撃が始まるまでに降伏しなかったために、虐殺がおこなわれた例である。イスラム教徒の記録の伝えるところによると、マルヴで殺された人数は約七十万人とも、百三十万人以上ともいう。この数字は、どう考えてもありそうにもない数字である。マルヴを攻めたモンゴル軍が七万人というのが正確な数とすれば、その整列した部隊の間に、殺されるために分配された市民の数が、それを十何倍も上回るほど多いはずがない。虐殺される側の市民に抵抗した形跡がないことと、モンゴル軍の兵員数とのバランスから考えて、虐殺の規模は、伝えられる数よりせいぜい多くて百分の一程度であろう。同様に、一二二三年六月に落城したヘラートの町でも、百六十万人が殺されたと伝えられるが、これも実数の百倍程度の誇張と見てよい。

ところで、チンギス・ハーンの中央アジア遠征と時を同じくして、東方でも一二二〇年以来、モンゴル軍は金領に進攻して猛威をふるっていたが、中央アジアと違って、この方面で大虐殺があったことは伝えられていない。これは虐殺がなかったからではなく、記録を残した漢人たちが、虐殺は自分たちの古来の戦争のルールとして、とくに怪しまなかったからであろう。

要するに、チンギス・ハーンとモンゴル人が異常に残虐であったわけではない。大虐殺の記録が中央アジアで特に多くて、被害を実際の百倍にも誇張しているのは、この方面のイスラム教徒がモンゴル軍の侵入で受けた心理的ショックの大きさを物語るものである。ショックが大きかった理由は、第一に、モンゴル軍が、最初にまず無条件降伏を要求して、いっさいの取引を認めないという態度を絶対に崩さなかったこと、第二に、少しでも抵抗した敵に対しては、そのあとで降伏してももはや助命を許さず、捕虜を殺し尽くすという原則を貫いたことである。

イスラム教徒の常識では、戦争は外交と同じく交渉の一形式で、一方では戦闘の姿勢をとりながら他方では取引をして、なるべく実力行使に持ち込まずに勝負をつけるものである。さらに捕虜は殺すものではなく、身代金と交換するために、大切に扱うべきものである。この常識をことごとく覆されたイスラム教徒が、大きなショックを受けて、虐殺を誇大に伝えたのは無理もない。

なお、チンギス・ハーンの死後に東ヨーロッパに侵入したモンゴル軍についても、キリスト教徒がその残虐さを大々的に伝えているが、これもイスラム教徒と同じく、戦争をあまり徹底的にやらないという暗黙の了解になれていたキリスト教徒が、モンゴル軍の戦争に対する観念が自分たちとまったく違うのに、大きなショックを受けたからであろう。

チンギス・ハーンのモンゴル軍の戦争のやりかたが、それまでの戦争とまったく違って、無条件降伏か死かの原則を貫いたのは、自分たちは、天から世界征服の使命を授かった種族であり、戦争はその神聖な使命を果たす手段であると、かれらが確信していたからである。

チンギス・ハーンは、中央アジア遠征に七年の歳月を送り、一二二五年二月になって、モンゴル高原の故郷に帰り着いた。ここにおいてチンギス・ハーンは、自分に従う遊牧民の氏族長・部族長にそれぞれ千人隊（ミンガン、漢語では「千戸」）長の位階を与えた。特に大きな氏族・部族の長は、一人で何個もの千人隊の長に任命された。千人隊長の下には、百人隊長（ジャウトゥ、「百戸」）、十人隊長（アルバトゥ、「牌子頭」）の位階をもつ将校がいた。

千人隊は百一個あり、そのうちの一個はチンギス・ハーン自身に直属する親衛の千人隊であり、これが中軍（ゴル）を成した。この中軍は、チンギス・ハーンの四人のハトン（皇后）が治める四つのオルド（移動宮殿）に配属され、ハーンとハトンの身辺の警備と日常生活の世話にあたった。残りの百個の千人隊のうち、モンゴル高原の東部に遊牧する六十二個の千人隊は左翼（ジェウン・ガル、「左手」の意味）を成し、ジャライル部族のムハリがこれを指揮して、左翼の万人隊（トゥメン、「万戸」）長と呼ばれた。モンゴル高原の西部に遊牧する三十八個の千人隊は右翼（バラウン・ガル、「右手」

の意味）を成し、アルラト氏族のボオルチュがこれを指揮して、右翼の万人隊長と呼ばれた。これらのほかに、オイラトやオングトなど、モンゴルと同盟した部族・氏族の長たちも、それぞれ何個かの千人隊の長の位階を受けた。これらのほかにも、二十八の千人隊があり、チンギス・ハーンはこれらを自分の息子たち、弟たち、母ホエルンに分け与えた。

こうした十進法の編制は、匈奴以来の遊牧帝国の伝統である。これは一見したところ、それまでの部族・氏族を解体して、軍隊式に再編したもののように見える。しかし本来、遊牧帝国の君主の位は選挙制であり、君主は部族長・氏族長の大集会で選出されるものである。その君主に、自分の選挙母体である部族・氏族の内政に干渉する権利はない。まして部族・氏族を解体して再編することなど、できようはずがない。実際のところ、千人隊長の位階は、部族長・氏族長の格付けであった。千人隊長は頭割りで、戦争のときに一定の数の兵士を供出する義務を負うと同時に、戦利品やハーンの賜物の分配を受ける権利があった。千人隊長の位階は、そうした権利と義務を保証する、株のようなものであった。

チンギス・ハーンは、五百人もの妻や妾をもっていたといわれる。これは、遊牧民の社会では、同盟はすなわち結婚関係であり、チンギス・ハーンに服従してモンゴル人となった部族・氏族は、それぞれ娘をさし出して忠誠の証とし、モンゴルと同盟した種族はやはり友好の証として、チンギス・ハーン家と婚姻を結んだからであった。そうした多くの妻妾のうち、皇后と呼べるような地位の高い正妻としては、四人のハトンがあり、それぞれチンギス・ハーンの四つのオルド（移動宮殿）の一つを治め、他の妻たちはそれぞれ、どれか一つのオルドに分かれて住んだ。その四人というのは、大オルドを治めるフンギラト氏族のボルテ・フジン、第二オルドを治めるメルキト部族のフラン・ハトン、第三・第四オルドを治めるタタル部族のイェスイ・ハトンとイェスケン・ハトンの姉妹であった。そのうちボルテ・フジンはチンギス・ハーンの長男ジョチ、次男チャガタイ、三男オゴデイ、四男トルイを産み、フラン・ハトンは六男コルゲンを産んだ。チンギス・ハーンには、このほかにも、もう三人の息子が生まれたが、皆小さいうちに死んだ。また六人の娘があり、それぞれ大部族・大氏族に嫁入りした。

チンギス・ハーンは、息子たちに、それぞれ西方に牧地《ユルト》を割り当てた。長男ジョチには、アラル海の北、ヴォルガ河にいたるまでの、現在のカザフスタンの草原を与えた。次男チャガタイには、東は天山山脈の北のウイグル人の国から、バルハシ湖の南を通って、西はアム河にいたるまでを与えた。三男オゴデイには、アラコル湖に東から流れ込むエメル河（カザフスタンと新疆ウイグル自治区にまたがる）のほとりを与えた。四男トルイは、モンゴル高原の父チンギス・ハーンのもとにとどまっていた。チンギス・ハーンの叔父たち、弟たちは、東方の大興安嶺山脈、北満洲の方面に牧地を与えられた。

チンギス・ハーンの定住民に対する征服戦争が非常によく成功した理由の一つは、抵抗する者を決して許さず、最後の一人まで殺し尽くすが、抵抗せず降伏する者は、人頭税を払わせるだけで助命し、自治を許すという、わかりやすい原則を実行したことであるが、その他にも、少なくとも六つの理由が数えられる。第一に、前もって情報をよく集め、地理を調査し、綿密な作戦予定表をつくって、それに従って行動したことである。第二に、作戦中は兵士の規律が徹底して、指揮官の命令を厳守したことである。第三に、兵士はそれぞれ乗馬のほかに替え馬を用意していたので、部隊の機動力が大きかったことである。第四に、モンゴル人の弓は張り合わせ弓で、矢の速力が大きく射程が長かったことである。第五に、モンゴル軍の進軍途上で、他の遊牧種族がわれもわれもと参加し従軍したために、出発したときより目的地に到着したときのほうが兵力が大きくなる、雪だるま現象を呈したことである。第六に、モンゴル軍の敵は、おおむね地方社会で、統一行動の習慣がなく、功にはやった抜け駆けや仲間割れを起こしやすくて、モンゴル軍に各個撃破されたからである。

一二二七年にチンギス・ハーンが死んだとき、その遺産の四大オルドと軍隊の指揮権は、四男トルイが預かった。チンギス・ハーンは生前、三男オゴデイが自分のハーンの位を継ぐことを希望していたが、遊牧国家は部族・氏族の連合体であるから、その君主は選挙制で、誰が位を継ぐかは、部族長・氏族長の大会議《クリルタイ》が決めるのである。大会議を召集して議長をつとめるのは、皇族の中の最年長者であるが、チンギス・ハーンの長男ジョチはすでに前年に死んでいたので、最年長は次男チャガタイであった。一二二九年、ケルレン河畔で大会議が開かれ、チンギス・ハーンの遺志通り、オゴデイがモンゴル帝国の第二代ハーンに選出された。

チンギス・ハーンの在世中は、ハーン自身の存在が、東北アジアから中央アジアまで広がった帝国の統一を保証していたが、二代目の世ともなると、モンゴル帝国は多数の所領《ウルス》の集合になっていたので、帝国の秩序を保つためには、全体に通用する法律が必要になった。それでオゴデイ・ハーンは、チンギス・ハーンの法令《ジャサク》（トルコ語ではヤサク）を整理して成文化し、これを公布した。また、はじめて徴税制度を定め、これまで免税であった遊牧民からは、馬百頭ごとに牝馬一頭、牛百頭ごとに牝牛一頭、羊百頭ごとに牡羊一頭を徴収することにした。征服地の定住民に対しては、黄河の北では家族ごとに課税し、中央アジアでは人頭税を課することにした。これにともなって、ハーンの管理する倉庫が置かれた。また、駅伝《ジャム》（トルコ語ではヤム）が整備され、幹線道路に沿って一日程の距離ごとに、替え馬の用意のある宿泊施設が置かれ、早馬に乗った急使がハーンと帝国の各地との連絡に当たった。

こうした制度を運用するには、文書の記録がどうしても必要である。チンギス・ハーン以前のモンゴル部族には、自分たちの言葉を文字に書く技術がなかった。一二〇四年、まだテムジンといったチンギス・ハーンがナイマンのタヤン・ハーンを滅ぼしたとき、タヤン・ハーンに仕えていたウイグル人顧問のタタトンガは、主人から預かっていた黄金の印章を懐にして逃げだしたが、モンゴル軍に捕らえられた。チンギス・ハーンに印章はなにに用いるものかと問われて、タタトンガは「財物の出し入れや、人の任命など、あらゆる文書に捺《お》して証拠とするものです」と説明した。チンギス・ハーンはタタトンガが気に入り、かれを側近に置いて、それからは命令書には印章を捺すことにした。

またチンギス・ハーンは、タタトンガに命じて息子たちに、ウイグル文字のアルファベットを使ってモンゴル語を書くことを教えさせた。これが現在まで通用している縦書きのモンゴル文字の起源である。モンゴル語がただの話し言葉から文章語に成長し、モンゴル帝国の公用語の地位を獲得することが可能になったのは、チンギス・ハーンがタタトンガの才能を見いだしたおかげである。

オゴデイ・ハーンは文書行政のセンターとして、中書省《ちゆうしよしよう》という秘書室を設け、中書令（秘書室長）には契丹人の耶律楚材《やりつそざい》、左・右丞相（次長）には女直人の粘合重山《ネムハチユンシヤン》とウイグル人の鎮海《チンカイ》を任命した。

これがモンゴル帝国で最初の中央官庁であった。

いっぽう、金帝国に対するモンゴルの作戦は、一二一六年、金の宣宗《せんそう》皇帝が中都（北京市）を放棄して汴《べん》（開封市）に移ったあとも、ジャライル部族のムハリを総司令官として続いていた。一二三四年、ついに金の最後の都となった蔡州《さいしゅう》（河南省汝南県）は陥落し、哀宗《あいそう》皇帝は自殺した。これで淮河《わいが》以北の華北はモンゴル領となった。オゴデイ・ハーンは華北の占領地の戸口調査をおこない、百十一万戸あまりの「漢人」の民を戸籍に登録した。この数字から、華北の定住民の総人口は、たった五百万人ばかりしかなかったことがわかる。しかもこの「漢人」は、契丹人、高麗人、女直人、渤海人などの総称であった。このことを記しているのは、十四世紀の陶宗儀《とうそうぎ》の著書『輟耕録《てつこうろく》』だが、その「漢人八種」のなかには、これらの種族とは別に、本来のシナ人を挙げていない。もって当時の華北が、いかに非シナ化していたかがわかる。

金帝国の征服が完了したので、オゴデイ・ハーンは、同じ一二三四年から翌一二三五年にかけて、モンゴル高原のダラン・ダバーの地に大会議を召集した。この会議では、いよいよ本格的な世界征服計画が討議され、その決議に従って、ヨーロッパ、インド、華北の甘粛南部、華中・華南の南宋、韓半島の高麗に、それぞれ遠征軍が派遣されることになった。

そうした各方面の作戦のなかでも、一二三六年に始まったヨーロッパ遠征は、世界征服計画の中心を成す、最重要の作戦であった。これが普通にバトゥの遠征として知られるものだが、じつはチンギス家が総力を結集した大作戦であった。オゴデイ・ハーンは、この大作戦にみずから出陣して陣頭指揮をとるつもりであったが、トルイの長男モンケの諫言《かんげん》によって思いとどまったのである。ジョチ家からは、長男オルダ、次男バトゥ、五男シバン、六男タングトが出陣して、バトゥが全軍の総指揮をとった。チャガタイ家からは、六男バイダル、次男モエトゥケンの息子ブリが参加した。オゴデイ家からは、のちに大ハーンとなる長男グユクと、庶子のハダン・オウルが参加した。トルイ家からは、やはりのちに大ハーンとなるモンケと、七男ボチェクが参加した。これらは皆、チンギス・ハーンとフンギラト部族のボルテ・フジン間に生まれた息子たちの子孫だが、そのほかにも、チンギス・ハーンとメルキト部族のフラン・ハトンの間に生まれた息子のコルゲンも、この遠征に参加している。

このヨーロッパ遠征に限らず、およそ大きな作戦ならば、それに参加するモンゴル軍は、かならず各皇族家、各部族がそれぞれ提供した部隊の混成であった。これは、征服地の人民と戦利品を、作戦に参加した部隊の頭割りで分配するのが、チンギス・ハーン以来のモンゴル帝国のきまりであったからである。兵力を供出する側は、従軍の見返りに、征服地に新しい牧地と領民がもらえるのだから、喜んで作戦に参加した。ことに今回のヨーロッパ遠征は、よい牧地と多数の領民を獲得できる見込みのある、有利な作戦だったから、ますます参加に熱心になることになった。

モンゴル軍の作戦は、まず一二三六年の春のブルガル人の国の攻略から始まった。この種族は、ヴォルガ河の上流のウラル山中に住んでいた。このころヴォルガ河の西では、北はノヴゴロドから、南はキエフにいたる間に、ルーシ人の都市が散らばっており、九世紀にスウェーデンから渡ってきたリューリク家の公《クニャージ》たちがそれぞれの町を治めていた。モンゴル軍は、北コーカサス・ウクライナの草原の遊牧民キプチャク人を征服したのち、一二三九年、ルーシの町々を次々と占領し、一二四〇年にはキエフを攻略した。

モンゴル軍は引き続いてポーランドに侵入し、翌一二四一年の四月九日には、バイダルの指揮のもと、レグニツァでポーランド軍とドイツ騎士団の連合軍を粉砕した。一方、バトゥの指揮するモンゴル軍はハンガリーに侵入し、ドナウ河の東岸にいたる地方を踏みにじり、その先鋒部隊はオーストリアのウィーンの南方のウィーナー・ノイシュタットに達した。またハダン・オウルの指揮するモンゴル軍は、クロアティアを南下してアドリア海岸に達し、東に転じてセルビアを横断した。

しかし、一二四一年十二月十一日、オゴデイ・ハーンは死んだ。この報知を早馬で、ユーラシア大陸を横切って伝えられたモンゴルの遠征軍は、翌一二四二年八月、ウィーナー・ノイシュタットの前面から突然引き揚げを開始した。オーストリア軍は急に元気が出て、モンゴル軍を追撃し、八人の将校を捕虜にした。そのうちの一人を見て、オーストリアのフリードリヒ公は、以前十字軍に加わってパレスティナに居たときに会ったことのあるイギリス人だと気がついた。

このイギリス人の名前は記録されていないが、一二一五年にイングランドのジョン王に迫って「マグナ・カルタ」(大憲章)を承認させた貴族たちの一人であったらしい。「マグナ・カルタ」派は、翌年のジョン王の死後、その息子のヘンリー三世に反対して、フランスの王子ルイを迎えて王位につけようとして失敗し、ローマ教皇に破門された。かれらは贖罪《しよくざい》のために第四回十字軍に加わり、一二一八年にパレスティナのアークル(アッコ)に上陸した。ここでフリードリヒ公は、このイギリス人貴族に会ったのである。しかしこのイギリス人は、十字軍からも脱落してイスラム教徒側に走り、諸国を流浪して苦難をなめたのち、バグダードに滞在した。もともと教養が高い上に語学の才能があり、いかなる異国の言葉でも流暢《りゆうちよう》に読み、書き、話すことができた。これを聞いたモンゴル人は、このイギリス人を召し寄せて、多額の贈り物を与えて忠誠を誓わせた。かれはモンゴルのヨーロッパ遠征に従軍し、モンゴルの使節として二度もハンガリーを訪れ、ハンガリー王ベーラ四世に無条件降伏を交渉している。このイギリス人がオーストリア軍の捕虜になったあとでどうなったかは記録がないが、キリスト教世界の事情に通じているフランス派のこのイギリス人が、モンゴル軍の先鋒部隊に加わって道案内をつとめていたところから見て、モンゴル軍の遠征の最終目的が、大西洋にまで達する西ヨーロッパ全体の征服であったことは疑いない。

しかし、オゴデイ・ハーンの死後、その跡継ぎのグユクと、皇族の最長老のバトゥの仲が悪く、そのため五年間も大会議が開催できなかった。そうした事情で、モンゴルのヨーロッパ征服作戦は、再開されないままに終わった。

バトゥはヴォルガ河畔にとどまって、サイン・ハーンと自称し、北コーカサス、ウクライナ、クリミアの草原の遊牧民と、北方の森林地帯のルーシの町々を支配した。長兄オルダをはじめとするジョチの他の息子たちは、ヴォルガ河以東のカザフスタンの草原の遊牧民を支配した。こうしたジョチ家の所領《ウルス》を総称して、普通「キプチャク・ハーン国」と呼ぶが、これは「キプチャク草原のハーンたち」の意味であって、実際にそういう名前の統一国家があったわけではない。

バトゥはヴォルガ河の下流沿いにサライという都市を建設したが、自分はそこに住まず、ヴォルガ河の岸を移動しながら暮らした。バトゥは一二五五年に死んで、弟のベルケがあとを継いだ。ベルケ・ハーンは、バトゥのサライよりも上流の、現在のヴォルゴグラードの近くに新しいサライを建設した。この町は、北のバルト海と南のカスピ海を結ぶ水上交通路と、西の黒海・地中海方面と東のシナ方面を結ぶ陸上交通路の交差点にあたったため、国際貿易のセンターとしておおいに繁栄した。
モンゴル人は、人頭税の徴収のために、ルーシの人口を調査して戸籍を作り、徴税官《ダルガ》(トルコ語ではバスカク)と駐屯部隊をルーシの町々に置いた。これから、ルーシ人たちははじめて徴税制度と戸籍制度を知り、自分たちの行政機関をもつようになった。ルーシの貴族たちは、ハーンの移動宮殿《オルド》への参勤交代の機会に、モンゴル宮廷の高度な生活を味わい、モンゴル文化にあこがれるようになった。かれらは他のルーシとの競争に勝つために、モンゴル人と婚姻関係を結んで親戚となるのに熱心であった。

軍事の面でも、ルーシの騎兵の編制も装備も戦術も、まったくモンゴル式になった。宗教の面では、ベルケ・ハーンはイスラム教に改宗したが、それでもチンギス・ハーンの教訓を守ってあらゆる宗教に寛容であり、ルーシ人たちのロシア正教を保護して、教会や修道院を免税にした。そのおかげで、ロシア正教はルーシ人たちの間にこれまでになく普及した。

ルーシ人たちは、バトゥ家のハーンたちのオルドを「黄金のオルド(ロシア語でゾロタヤ・オルダ)」と呼んだ。一三三二年に、モロッコのベルベル人の大旅行家イブン・バットゥータが黄金のオルドを訪問しているが、その観察によると、当時のオズベグ・ハーンのオルドは、木製の柱に金箔《きんぱく》が貼ってある大テントであった。ロシア人は、十八世紀のピョートル一世の時代まで、黄金のオルドに臣従して、貢税を納め続けることになる。

モンゴル高原では、オゴデイ・ハーンはオルホン河のほとりにカラコルムという都市を建設した。しかしこれもモンゴル帝国の首都ではなく、ハーンの移動宮廷《オルド》の補給基地であり、商業・手工業の中心であった。

　オゴデイ・ハーンの死後、大ハーンの位は、ジョチ家のボイコットのために後継者が決まらなかった。やっと一二四六年の春になって、ダラン・ダバーの地において大会議が開催された。バトゥは出席を拒否したが、オゴデイの未亡人トレゲネは、トルイの未亡人ソルカクタニ・ベギ（ケレイトのオン・ハーンの姪、キリスト教徒）の支持をとりつけて、自分が産んだ長男グユクを即位させることに成功した。しかしグユク・ハーンは病身で、翌々一二四八年、エメル河の自分の所領に帰るため西方に向かう途中、天山山脈の北のウイグル人の国で死んだ。

　これとともにジョチ家・トルイ家陣営とチャガタイ家・オゴデイ家陣営の対立が表面化した。ジョチ家とトルイ家は連合して、一二五一年、ケルレン河畔のチンギス・ハーンの大オルドで開いた大会議で、トルイの長男モンケの即位式を強行し、引き続いて反対派のチャガタイ家・オゴデイ家の徹底的な弾圧をおこなった。

　ソルカクタニ・ベギが産んだトルイの息子たちには、モンケ・ハーンのほかに、四男フビライ、五男フレグ、六男アリク・ブガがあった。モンケ・ハーンは弟フビライを、ゴビ沙漠以南のモンゴル高原と華北の総督に任命し、領地として陝西を与えた。フビライは一二五二年、陝西から軍を率いて東チベットの高原を南下し、雲南にあったタイ人の大理王国を征服した。

　これよりさき、オゴデイ・ハーンの息子ゴデンが甘粛に領地をもらい、そこからチベットの征服にあたっていた。このころのチベットは統一王国ではなく、地方ごとに割拠した豪族が、それぞれ仏教寺院を経営して富を集めていた。当時チベット随一の高僧であったサキャ派の教主サキャ・パンディタは、全チベットの代表として、甘粛のゴデンのもとに駐在していた。サキャ・パンディタの死後、その甥パクパは、あらたに到着したフビライのもとに移った。

モンケ・ハーンはまた、弟フレグを西南アジアに派遣した。フレグは一二五六年、アム河を渡ってイラン高原に入り、一二五八年、アッバース朝の首都バグダードを攻略して、ハリーファ（カリフ）・ムスターシムを殺した。モンゴル軍はさらに進んでエジプトに入ろうとしたが、一二六〇年、パレスティナのアイン・ジャールートでエジプト軍に大敗した。フレグは、アゼルバイジャンのタブリーズの平原に本拠を置き、イル・ハーンと自称した。フレグ家のイル・ハーンたちは、一三三五年まで西南アジアを支配した。

モンケ・ハーンは、華中・華南の漢人の南宋帝国を征服する作戦に着手し、みずから四川に進軍したが、病気にかかって一二五九年に死んだ。フビライは湖北に攻め込んでいたが、ハーンが死んだので引き返し、翌一二六〇年、自分が建てた開平府という町（いまの内モンゴル自治区の多倫県の西北）の近くに自派の大会議を召集して、ハーンに選挙された（元朝の世祖皇帝）。これと同時に、アリク・ブガもカラコルムの近くに、やはり自派の大会議を召集してハーンに選挙されたので、トルイ家には二人のハーンが対立する異常事態となった。四年間の内戦ののち、アリク・ブガは敗れて兄に投降し、フビライがただひとりのハーンとなった。

2　元朝のハーンたち

韓半島の高麗《こうらい》王国に対しては、オゴデイ・ハーンの治世の一二三一年からモンゴル軍の侵入が始まっていた。高麗の実権を握っていた崔《さい》氏の軍人政権は、都を陸上の開城《かいじょう》から江華島《こうかとう》に移して抵抗を続けたが、一二五八年にいたって崔氏の政権が江華島で倒れ、高麗王国はモンゴルに降伏することになった。使節としてモンゴルにおもむいた高麗の太子（元宗王）は、一二五九年、湖北から引き揚げて来るフビライを北京の郊外で出迎えて会見し、降伏を受け入れられた。元宗王の息子の忠烈《ちゅうれつ》王は、フビライ・ハーンの皇女クトルグ・ケルミシュと結婚し、その間に忠宣《ちゅうせん》王イジル・ブハが生まれた。これ以後、代々の高麗王はモンゴルの皇女と結婚し、モンゴル・ハーンの側近にあって、モンゴル風の宮廷生活を送ることになった。

フビライ・ハーンは、南宋に対する征服作戦の一環として、一二七四年、モンゴルと高麗の連合軍を送って日本を攻めたが、暴風雨のために艦隊が壊滅して、征服に失敗した（文永の役）。当の南宋に対しては、モンゴル軍は漢江のほとりの南宋の要塞、襄陽《じょうよう》城（湖北省襄樊《じょうはん》市）を五年間包囲して、一二七三年に攻め落とし、ここから長江を下って、一二七六年、南宋の首都、臨安《りんあん》（浙江省《せっこう》杭州市）を占領した。南宋の征服が終わると、今度は南宋の艦隊をも動員して、一二八一年、ふたたび日本を攻めたが、またも暴風雨のために征服に失敗した（弘安の役）。このほか、フビライ・ハーンはサハリンに対しても、台湾に対しても、ジャワ島に対しても、海を越えて軍隊を送って征服を試みたが、いずれも失敗に終わり、モンゴル帝国が海外に広がることはできなかった。

前に言ったように、モンゴル帝国には全体を統治する中央政府はなく、多数の所領《ウルス》の集合であった。この事情は、フビライ・ハーンの率いるトルイ家領でも同様で、もとの金領の満洲・華北、もとの南宋領の華中・華南などの定住地帯は、征服の当時に皇族や将軍たちに分け与えられた領地・領民がモザイク状にいりまじっており、その間のあちらこちらにハーンの直轄領が散在しているという状況であった。こうしたフビライ・ハーンの所領を経営し、同時に他の皇族やモンゴル貴族たちに代わってかれらが定住地帯に持つ所領を差配したのは、中書省《ちゅうしょしょう》という役所で、大都に置かれ、モンゴル高原のゴビ砂漠以南と、華北の山東・山西・河北を管轄した。大都は、フビライ・ハーンがあらたに建設した都市で、現在の北京の市街を含んで東と北に広がる広大な面積を占め、トルコ語ではカンバリク（ハーンの町）と呼ばれた。

中書省の直轄地以外の地方には、中書省から出向した行《こう》中書省という役所を置いて、その地方の定住民を管理した。行中書省は十一あった。嶺北（カラコルム）・遼陽（遼陽に置かれ、満洲を担当）・河南（開封）・陝西（西安）・四川（成都）・甘粛（張掖《ちょうえき》）・雲南（昆明）・江浙（杭州）・江西（南昌）・湖広（武漢）・征東（瀋陽に置かれ、高麗王国・済州島・アムール河下流域を担当）である。

大都のほかの役所としては、尚書省《しょうしょしょう》というものがあり、商業に投資し、鉱山や工場を経営して、フビライ・ハーンの私産の利殖に従事した。治安を担当する枢密院《すうみついん》は、フビライ・ハーンの参謀本部であった。御史台《ぎょしだい》は行政の監察機関であり、それから出向した江南諸道行《こう》御史台が現在の南京市にあって、もとの南宋領の統治を監督した。

文化の方面では、フビライ・ハーンは一二六〇年に即位すると、自分の侍僧であるチベット仏教のサキャ派の教主パクパに国師の称号と玉印を授け、新しいモンゴル文字をつくることを命じた。パクパがつくった文字は、横書きのチベット文字のアルファベットを改良して、縦書きとしたものであった。

フビライ・ハーンはこの新モンゴル文字を一二六九年に公布して、今後はハーンの詔勅のモンゴル語の本文はこの文字で書き、それに地方ごとの文字で書いた訳文を付けることにした。これがいわゆるパクパ文字であるが、すでにモンゴル語をウイグル文字で書く習慣が確立していたので、パクパ文字はあまり普及しなかった。しかしパクパ文字は、元朝の支配下の韓半島の高麗王国に伝わり、その知識が基礎となって、高麗朝に代わった朝鮮朝の世宗王が一四四六年に公布した『訓民正音《くんみんせいおん》』のハングル文字が誕生した。

フビライ・ハーンはこうした自分の所領全体の呼び名として、一二七一年、「大元《だいげん》」という王朝名を採用したが、これは「天」を意味する。こうして成立した元朝は、決して漢や唐や宋のようなシナ式の王朝ではなく、遊牧民がシナに入って建てた、いわゆる「征服王朝」でもなかった。そもそも大都は、モンゴル人の漢地統治の行政センターではあったが、元朝の首都ではなかった。フビライ・ハーンも、その子孫の元朝のハーンたちも、華北の平原の北端にある大都を、冬季の避寒キャンプ地、補給基地として利用するだけで、夏季にはハーンの宮廷はモンゴル高原に戻って移動生活を続けた。フビライ・ハーンがモンゴル高原に建設した開平府は、昇格して上都《じようと》と呼ばれたが、これも元朝の首都ではなく、夏季にハーンの宮廷が高原の各地を移動中に、上都は宮廷の補給基地となり、また宮廷と大都の間の連絡にあたる役目をもっていた。

フビライ・ハーンには十二人の息子があり、そのうち四人はフンギラト氏族出身の皇后チャブイ・ハトンから生まれた。長男のドルジは病身で早く死んだ。フビライ・ハーンは次男のチンキムに自分のあとを継がせたいと思い、チンキムを燕《えん》王に封じて、中書省と枢密院の監督権を与え、ついに一二七三年にはチャブイ・ハトンには皇后の称号、チンキムには皇太子の称号を授けた。

一方、中央アジアでは、オゴデイ・ハーンの孫のハイドが立ち上がって、一度トルイ家に取りつぶされたオゴデイ家を再興し、チャガタイ家と同盟し、ジョチ家の後援を得て、一二六八年、フビライ・ハーンの元朝に対して開戦した。元朝は大軍を西北辺境に集結して、たえず防戦につとめなければならなかった。フビライ・ハーンの四男のノムガンは、北平王に封ぜられて、モンゴル高原の防衛を担当していたが、一二七七年、部下のシリギ（モンケ・ハーンの息子）に裏切られてハイドに引き渡された。ハイドと連合したシリギの軍は、深くモンゴル高原に侵入したが、南宋征服から急いで引き返して来た元朝の将軍バヤン（バーリン氏族）によってオルホン河畔において撃破された。ノムガンはその後、一二八四年になってハイドに放免されて、元朝に帰ることができた。

元朝では、皇太子チンキムの権力は着々と成長し、一二七九年には六十五歳のフビライ・ハーンに代わっていっさいの国政を決裁するようになった。チンキムの母の皇后チャブイ・ハトンは一二八一年に死んだ。それまでフビライ・ハーンの財政を一手に掌握してきたのは、チャブイ・ハトンの家臣のアフマド（西トルキスタンのバナーカト出身のイスラム教徒）であったが、ハトンの死とともにチンキムとアフマドの関係は冷たくなり、翌年、アフマドはチンキムの家臣の王著という千人隊長に暗殺された。こうしてチンキムは元朝の独裁権を握り、一二八四年には、モンゴル軍の最精鋭部隊である、ジャライル、ウルート、マングトなどの「五投下」は、皇太子チンキムの親衛軍になった。

そのやさき、翌一二八五年にチンキムは急死した。チンキムには、フンギラト氏族出身のその妃コジン・ハトン、一名バイラム・エゲチとの間に、カマラ、ダルマパーラ、テムルという三人の息子があった。祖父のフビライ・ハーンは最初、次男のダルマパーラを一番かわいがったが、ダルマパーラは一二九二年、二十九歳で若死にした。そこでフビライ・ハーンは同年、長男のカマラを晋王に封じてモンゴル高原の防衛を担当させ、ケルレン河畔のチンギス・ハーンの四大オルドを所領として与えた。

ハイドと元朝との戦争は、その間も西北方面で続いていたが、一二八七年には東北方面でも、ナヤン、ハダンらがハイドと手を結んで、フビライ・ハーンに対して反乱を起こした。かれらはチンギス・ハーンの弟たちの子孫で、満洲北部に所領をもっていた。フビライ・ハーンはただちにみずから出陣してナヤンを滅ぼし、翌一二八八年、チンキムの三男のテムルを派遣して、ハダンを撃破し、反乱を鎮圧した。東北方面はこうしておさまったが、西北戦線ではハイドが常に優勢であった。フビライ・ハーンは一二九三年、将軍バヤンをモンゴル高原から召還し、代わって皇孫テムルにチンキムの遺物の皇太子の印璽《いんじ》を授けて、モンゴル高原防衛軍の総司令官とした。

バヤンは翌一二九四年の二月八日、大都に到着した。このときすでにフビライ・ハーンは病床にあり、十八日に死んだ。八十歳であった。チンキムの未亡人ココジン・ハトンが空位の間の国政を預かり、その夏、上都においてハーン位の継承者を決める大会議が開かれた。候補者はカマラとテムルの二人であったが、賢明なココジン・ハトンはこう言った。

「セチェン・ハーン（＝フビライ）は、かつて『誰であれ、チンギス・ハーンのビリク（格言）をもっともよく知る者が即位するべきである』と仰せられました。ですから、お前たちはそれぞれビリクを暗誦《あんしょう》して、お集まりの方々に、どちらがよく知っているか、見ていただきなさい。」

テムルはきわめて言葉の才能があり、暗記力にすぐれていたので、ビリクをたくみに、音吐朗々《おんとろうろう》と暗誦したが、カマラはどもりがちで、こうしたことにはあまり才能がなかったので、テムルにはとてもかなわなかった。人々は異口同音に、

「テムル皇子のほうがビリクをよく知っており、暗誦にもすぐれている。ハーンの位にふさわしいのは、かれである」

と叫んだ。将軍バヤンもモンゴル高原防衛軍を代表してテムルの即位を支持したので、ココジン・ハトンは「受命于天《じゅめいうてん》、既寿永昌《きじゅえいしょう》」と刻んだ玉璽《ぎょくじ》をテムルに授けて、ハーンの位につけた（元朝の成宗皇帝）。この玉璽は、ジャライル部族のムハリ国王の子孫の貴族の家にあったもので、秦の始皇帝がつくって漢の歴代の皇帝に伝わった玉璽だということであった。

この間にも、モンゴル高原の元朝領の西北辺境では、中央アジアのハイドとの間に戦争が続いてお

り、一三〇一年、ハイドはオゴデイ家とチャガタイ家の全兵力を動員した連合軍を率いて、モンゴル高原に進攻した。戦闘はハイドの勝利に終わったが、その帰り道で、ハイドは病死した。

ハイドの死後、オゴデイ家のハーンの位は、その息子のチャバルが継いだ。チャガタイ家の当主ドワは、チャバルと相談して、一三〇五年、元朝のテムル・ハーンに対して講和を申し入れた。テムル・ハーンはこれを受け入れて、ここではじめて全モンゴル帝国が、元朝のハーンを宗主として承認することになった。

まもなくドワとチャバルは仲間割れを起こした。チャガタイ家軍と元軍にはさみ撃ちされたチャバルは、翌一三〇六年、勢いきわまってドワに降伏し、チャバルのオゴデイ家領はチャガタイ家に併合された。こうしてオゴデイ家は、ついに滅びた。

フビライ・ハーンが生前、皇太子チンキムに分与した莫大な財産は、チンキムの死後も太子府《たいしふ》に保有され、フンギラト氏族出身の未亡人ココジン・ハトンが管理していた。テムル・ハーンは即位とともに、母ココジン・ハトンを皇太后に昇格し、太子府を隆福宮《りゅうふくきゅう》と改名した。隆福宮の富は、国の中の国といった観があり、その領地領民の統治のために徽政院《きせいいん》という独自の政府があった。隆福宮皇太后ココジン・ハトンは一三〇〇年に死んだ。

テムル・ハーンが一三〇七年に死んだとき、ハーンの位を継ぐべき皇子がなかった。空位の間の国政を預かったバヤウト氏族出身の皇后ブルガン・ハトンは、チンキムの弟マンガラの三男のアーナンダを、その治めている甘粛・寧夏の旧西夏領から呼び寄せて、ハーンの位につけようとした。アーナンダは熱心なイスラム教徒であった。しかしブルガン・ハトンの思いどおりにアーナンダの即位が実現すれば、フンギラト氏族は帝室の外戚の地位を失い、隆福宮の富もバヤウト氏族の手に落ちることになる。そこでフンギラト派は、故テムル・ハーンの二番目の兄ダルマパーラの次男アーユルパリバドラをかついでクーデターを起こし、アーナンダを殺し、ブルガン・ハトンを追放した。アーユルパリバドラの兄ハイシャンは当時、アルタイ山方面に駐在してモンゴル高原の防衛を担当していたが、弟の迎えを受けて上都に帰り、ハーンの位についた(元朝の武宗皇帝)。フンギラト派がハイシャンとアーユルパリバドラをかついだ理由は、二人の生母ダギ・ハトンが、フンギラト氏族の出身だったからである。ハイシャン・ハーンはダギ・ハトンを皇太后に昇格して隆福宮に住まわせ、さらに一三〇八年には母のために興聖宮《こうせいきゅう》を建てた。

ハイシャン・ハーンは弟の功労に報いるため、アーユルパリバドラに皇太子の地位を与えて自分の後継者としたが、その代わりアーユルパリバドラの死後は、ハイシャン・ハーンの息子がハーンの位につく約束であった。この約束は、一三一一年にハイシャン・ハーンが死ぬとともに、そのまま実行され、弟のアーユルパリバドラがハーンとなった(元朝の仁宗皇帝)。

この間、宮廷の実権を握っていたのは、興聖宮皇太后ダギ・ハトンであった。最初の約束では、アーユルパリバドラ・ハーンの皇太子には、ハイシャン・ハーンの息子が立つはずであった。しかし、ハイシャン・ハーンの長男クシャラの母はイキレス氏族の出身であり、次男トク・テムルの母はタングト(西夏)人であった。フンギラト氏族が興聖宮の利権を失うことを恐れた皇太后は、一三一六年、約束を破って、アーユルパリバドラの長男シッディパーラを皇太子に立てた。これはシッディパーラの母がフンギラト氏族の出身だったからである。

フンギラト派は、じゃま者のクシャラを周王に封じ、遠い雲南のフビライ家領に派遣することとした。これに不満なクシャラの一行は、雲南に赴任する途中、陝西の延安で反乱を起こし、モンゴル高原にのがれてアルタイ山の西北に落ち着き、チャガタイ家と同盟した。

一三二〇年、アーユルパリバドラ・ハーンが死んで、シッディパーラが即位した（元朝の英宗皇帝）。その翌年、フンギラト派は、クシャラの弟トク・テムルを海南島に追放した。

元朝はフビライ家の私有財産であり、元朝の行政はハーンの私領からの収入でまかなわれていたが、遊牧民の均分相続の習慣のために、代替わりごとにハーンの私領は分割されて小さくなってきて、このころになると宮廷の財政は極度の窮迫状態におちいっていた。

改革の必要を痛感したシッディパーラ・ハーンは、一三二二年、興聖宮太皇太后ダギ・ハトンが死んで目の上のこぶがなくなると、政治体制の建て直しに乗りだした。ところがハーンの改革の計画は、利権を失うことを恐れたフンギラト派の旧勢力の猛烈な反抗にぶつかった。とうとう翌一三二三年の秋、シッディパーラ・ハーンの一行がモンゴル高原から下りてきて大都に向かう途中の九月四日の夜、フンギラト派の廷臣たちが共謀して、ハーンのテントを襲って殺害した。

シッディパーラ・ハーンには位を継ぐべき息子がなかったので、フンギラト派は晋王イェスン・テムルに使いを送って、その即位を求めた。イェスン・テムルは、晋王カマラの息子である。

皇太子チンキムの長男カマラは一二九二年、モンゴル高原のケルレン河畔に遊牧するチンギス・ハーンの四大オルドの遺産の領主となり、チンギス・ハーンの霊に仕える神官長を勤めていた。ここにはチンギス・ハーンのオルドのほかに、歴代のハーンたちの遺産のオルドもあり、カマラはかれらの霊のために一つの廟《びよう》を建てた。このカマラの宮廷で編纂された、チンギス・ハーン廟の祭神の縁起が『元朝秘史』である。これにはチンギス・ハーンの祖先から、一二〇六年の即位までの物語が、おおいに創作をまじえて書かれている。

一二九四年の祖父フビライ・ハーンの死後の大会議では、前述のように二人の母ココジン・ハトンの仲介もあって、カマラはハーンの位を辞退して弟のテムルに譲り、兄弟の間で元朝領を二分して、ゴビ沙漠以北を晋王カマラの管轄、ゴビ沙漠以南をテムル・ハーンの管轄とした。カマラは一三〇二年に死に、長男のイェスン・テムルが晋王を継いだ。

シッディパーラ・ハーンを殺害したフンギラト派の廷臣たちが、晋王イェスン・テムルをつぎのハーンに迎えようとしたのは、イェスン・テムルの母がフンギラト氏族の出身だったからである。イェスン・テムルはただちに十月四日、ケルレン河畔のチンギス・ハーンの大オルドにおいて即位式をあげた（元朝の泰定帝）。しかし新ハーンにしてみれば、フンギラト派の誘いにそのまま乗ったのでは、行動の自由を失い、前ハーンと同様の目に遭う恐れがある。イェスン・テムル・ハーンは大都に軍隊を急行させて、シッディパーラ・ハーンを殺害した廷臣の一党を逮捕し、ことごとく処刑してしまった。

イェスン・テムル・ハーン自身はその冬の十二月十二日、大都に到着して元朝の権力を掌握した。ハーンが去ったあとのケルレン河畔のチンギス・ハーン廟で、翌年の秋のはじめに書かれたのが、『元朝秘史』の続編の『元朝秘史続集』である。これにはチンギス・ハーンの即位後、一二二七年の死と、一二二九年のオゴデイ・ハーンの即位までの物語が書かれている。

こうした情勢の急変で、フンギラト派の旧貴族は大打撃を受け、これに代わって晋王家譜代の家臣たちが権力の座についた。しかし晋王家といえども、やはりフンギラト勢力の片割れであったから、旧貴族の没落は、いずれはフビライ家そのものの安定にひびいてくることは必然であった。

はたして、一三二八年のイェスン・テムル・ハーンの死とともに、元朝には内乱が起こった。ハーンには、フンギラト氏の皇后バブハン・ハトンとの間に生まれた皇太子ラキパクがあり、上都において即位した（天順帝）。ところが大都においてはこれに反対して、九月八日、エル・テムルの指揮するキプチャク人軍団のクーデターが起こった。このころ、故ハイシャン・ハーンの次男トク・テムルは、海南島から湖北の江陵に移されていたが、エル・テムルはトク・テムルを大都に呼び寄せてハーンにおし立て、上都と開戦した。

キプチャク人は、もともとシベリアのオビ河の上流のアルタイ山地から出てきた、トルコ語を話す遊牧民で、十一世紀のはじめにカザフスタン草原を通って西方へ大移動を開始し、同じ世紀の末には北コーカサス、ウクライナを経てドナウ河に達する広大な草原地帯に占拠した。キプチャク人のことをロシア語では「ポロヴツィ」と呼び、古いロシア語の英雄詩『イーゴリ遠征譚』は、一一八五年にノヴゴロド公イーゴリ二世がキプチャク人に敗れて捕虜になった戦いを語っている。

この物語をもとにした十九世紀のロシアの音楽家アレクサンドル・ボロディンの歌劇『イーゴリ公』の中の有名な曲「ポロヴツィ人の踊り」は、日本では「ダッタン人の踊り」と訳されて有名であるが、じつはすなわち「キプチャク人の踊り」である。

モンゴルのモンケ・ハーンは、即位よりも前に、オゴデイ・ハーンの派遣した西方遠征軍に加わって、バトゥの指揮下で戦い、キエフの攻略にも参加している。このときモンケは、自分に降って臣下となったキプチャク人たちの一団を、モンゴル高原に連れ帰った。このキプチャク人たちは、モンケ・ハーンの弟フビライの雲南遠征に従軍し、またフビライ・ハーンの即位後は、アリク・ブガとの戦争で勇敢に戦った。キプチャク人軍団は、北コーカサス出身のキリスト教徒のアスト（オセト）人軍団と並んで、フビライ・ハーンの親衛隊となった。ことにハイドとの戦争では、キプチャク人軍団は元朝のモンゴル高原防衛軍の最精鋭部隊として、目ざましい働きをし、その司令官トトハは、戦功によってモンケ・ハーンのオルドを下賜されたほどであった。キプチャク人の特技は、牝馬の乳を発酵させて、ハーンに献上する強い蒸留酒をつくることであった。この馬乳酒は美味で有名であり、モンゴル語では酒の強いことを「ハラ」（黒い）というのにちなんで、キプチャク人軍団はハラチンと呼ばれた。トトハの息子はチョングル、チョングルの息子がエル・テムルである。

ハイドとの連年の戦争のために、フビライ家はモンゴル高原に大軍を常駐させて、防衛に努力しなければならなかった。その結果、軍司令官たちの勢力が強まり、すでにテムル・ハーンの即位でも、将軍バヤンの支持がものをいった。それが一三二八年のイェスン・テムル・ハーンの死のときには決定的となって、二カ月続いた戦争ののち、十一月十四日にいたってエル・テムルの軍が上都を攻め落として、内乱に決着がついた。

トク・テムルは、アルタイ山西にいた兄クシャラに使いを送って、ハーンの位を譲ろうと申し出た。クシャラはこれを受けて帰国の途につき、その途中、翌一三二九年の二月二十七日、カラコルムの北で即位式を挙げた（元朝の明宗皇帝）。トク・テムル・ハーンは退位して皇太子となり、モンゴル高原のオンゴチャトの地に兄を出迎えて、八月二十六日に会見した。そのわずか四日後の三十日、クシャラ・ハーンは急死した。九日後の九月八日、エル・テムルは上都で、トク・テムルをふたたびハーンの位につけた（元朝の文宗皇帝）。

この一三二八年の内乱を境にして、フンギラト派の貴族たちは勢力を失い、これ以後、フンギラト氏の母から生まれた皇子がハーンになることは二度となかった。代わって、軍隊を握る将軍たちが、宮廷の実権を独占することになった。キプチャク人の将軍エル・テムルは、トク・テムル・ハーンの宮廷にあって、中書省・枢密院・御史台の長官を兼任した。

一三三二年九月二日、トク・テムル・ハーンが死んだ。エル・テムルは、トク・テムル・ハーンの息子エル・テグスにハーンの位を継がせようと思ったが、未亡人の皇后ブッダシュリー・ハトン（フンギラト氏）は、兄クシャラ・ハーンの息子を跡継ぎとせよとの亡夫の遺言により、クシャラのわずか七歳の次男リンチェンパル（母はナイマン部族の出身）を選んで、十月二十三日に即位させた（元朝の寧宗皇帝）。しかしリンチェンパル・ハーンは、早くも十二月十四日には死んでしまった。

クシャラ・ハーンの長男トゴン・テムルは、カルルク人の母から生まれ、このころはエル・テムルによって広西の桂林に追放されていた。エル・テムルは、ふたたび皇太后ブッダシュリー・ハトンに、皇子エル・テグスにハーンの位を継がせようと請うたが、皇太后は「わが子はまだ幼い。トゴン・テムルが広西にいて、いまは十三歳になっているし、クシャラ・ハーンの長男でもある。かれを立てるのが筋である」と言って、桂林から迎えて来させた。

トゴン・テムルの一行が大都の近郊に到着したとき、行列を整えて出迎えたエル・テムルは、トゴン・テムルと馬を並べて歩ませながら、元朝の困難な状況と、トゴン・テムルをハーンとして招くにいたった経緯について語ったが、トゴン・テムルはエル・テムルを恐れて、一言も答えなかった。エル・テムルは、トゴン・テムルの父クシャラ・ハーンの死に責任があると疑われる立場にあったので、トゴン・テムルが自分に好意をもっていないと思い、トゴン・テムルが大都に到着したのち、何カ月も新ハーンの即位式を挙げようとしなかった。

翌一三三三年の春、エル・テムルが死んだ。これでやっと障害がなくなり、皇太后ブッダシュリー・ハトンは、トゴン・テムルの死後はエル・テグスを後継者とするという条件付きで、七月十九日、トゴン・テムルを即位させた（元朝の恵宗皇帝）。

エル・テムルの死後の宮廷の最高実力者は、アスト人軍団を率いるメルキト人のバヤンであった。バヤンは一三二八年の内乱のとき、河南に駐屯するモンゴル軍の司令官としてエル・テムルに協力した。一三三五年、バヤンはエル・テムルの息子タンギシのクーデターを鎮圧してこれを殺し、独裁権を握った。

いまやバヤンの権勢は並ぶ者がなく、その行列は元軍の最精鋭部隊が前後左右を警護し、トゴン・テムル・ハーンの親衛兵はかえって数えるばかりのみすぼらしさになった。これは、ようやく二十代に入ったハーンの堪え得るところではない。しかし頼るべき側近も兵力ももたないハーンは、バヤンの弟マジャルタイの息子トクトアを煽動《せんどう》して、伯父を除かせることにした。一三四〇年、トクトアの手でおこなわれたクーデターでバヤンは追放されて死に、代わってマジャルタイ、トクトア父子が権力を握った。これとともに、トク・テムル・ハーンの位牌は歴代のハーンたちの廟から撤去され、その未亡人の太皇太后ブッダシュリー・ハトンは追放され、息子の皇太子エル・テグスは高麗に流される途中、殺害された。

バヤンを除いたハーンは、つぎにはマジャルタイ父子を除こうとした。ハーンがこれに利用したのは、ベルケ・ブハらの、もとイェスン・テムル・ハーンに引き立てられた一派である。この策が功を奏して、一三四四年、トクトアは辞職し、ハーンはかなりの程度、政治を操れるようになり、一三四七年にはマジャルタイ父子を甘粛に追放した。

しかしハーンは、ベルケ・ブハの勢力が大きくなることをも好まなかったので、同年マジャルタイが配所で死ぬと、トクトアを召還した。そして一三四九年、ふたたびトクトアに政権を授けた。

こうして元朝の宮廷で政争が繰り返されている間に、漢地ではモンゴル人の支配に対する反抗が始まっていた。一三四八年、台州（浙江省天台県）の塩商人方国珍《ほうこくちん》が反乱を起こして海賊となり、江蘇・浙江・福建の海岸を荒らし始めた。一三五一年には、白蓮教《びゃくれんきょう》という宗教秘密結社の組織する紅巾《こうきん》軍の反乱が、河北・山東・河南・安徽・江西・湖北にわたって爆発し、シナの穀倉地帯はことごとく反乱軍の手に落ちた。

白蓮教は、ペルシアのザラトゥシュトラ（ゾロアスター）教の系統の民間宗教であった。その教えでは、この世界は光明の善神の陣営と暗黒の悪神の陣営との間の戦場であり、時間の終わりに光明が暗黒に勝って、それとともに世界は消滅するが、その前に救世主が現れて光明の信徒を治める至福の時期があることになっている。一三五一年の紅巾の反乱は、近く世界中が大戦争によって破滅し、救世主が降誕するという、河北の漢人韓山童《かんさんどう》の予言によって始まった。韓山童は逮捕されたが、その息子の韓林児《かんりんじ》はのがれて、やがて一三五五年、紅巾軍の中央政府が亳州《はくしゅう》（安徽省亳県）に成立すると、韓林児は迎えられて即位し、大宋皇帝・小明王と称した。小明王というのは、光明の神の子の救世主という意味である。

トクトアは一三五二年、みずから大軍を率いて紅巾の討伐に向かい、徐州を奪回して敵に大打撃を与えた。元朝の宮廷では、トクトアの権勢は並ぶ者がなかったが、トゴン・テムル・ハーンは今度はトクトアを除こうとして策謀をめぐらした。一三五三年、方国珍と同じく塩商人出身の漢人張士誠《ちょうしせい》が江蘇で反乱を起こし、高郵《こうゆう》（江蘇省高郵県）に政権を建てたので、トクトアは翌一三五四年、ふたたび大軍を率いて出征した。その陣中に、ハーンからの解任の詔書が到着し、トクトアの指揮権を取り上げていっさいの官職を剝奪《はくだつ》し、追放処分にした。トクトアは翌年、雲南の配所で毒殺された。

これによって、一三二八年の内乱以来、宮廷を意のままにあやつってきた軍閥の勢力は取りのぞかれたが、軍閥の没落は元軍の指揮系統を分裂させて、その戦闘力を弱める結果となった。亳州の韓林児の紅巾政権は、そのすきをついて樹立されたものであった。紅巾政権は、一時、元軍に撃破されて安豊《あんほう》（安徽省鳳陽県）に退いたが、たちまち勢いを盛り返して、一三五八年には汴梁《べんりょう》（河南省開封市）に進出し、三手に分かれた紅巾軍が山東・山西・陝西に向かって同時に進撃を開始した。このうち山西に向かった一軍は、山西から大同盆地を通ってモンゴル高原に入り、上都をおとしいれて宮殿を炎上せしめ、東方に向かって満洲に入り、一三五九年には遼陽を占領し、さらに鴨緑江を渡って高麗王国に入り、平壌をおとしいれた。この紅巾軍は一度は高麗軍によって鴨緑江外に撃退されたが、一三六一年にはふたたび侵入して、高麗の王都開城をおとしいれた。

これよりさき、一二三一年から一二五九年まで、三十年近く続いたモンゴル軍の韓半島侵入によって、多数の高麗人が満洲に連れ去られた。オゴデイ・ハーンは、かれらを遼河デルタの遼陽と瀋陽に定住させた。こうした満洲の高麗人のコロニーは、モンゴル時代の高麗の政治に大きな影響を及ぼした。

一二七四年と一二八一年のモンゴル軍の日本侵入を指揮した副司令官洪茶丘《こうさきゅう》は、遼陽生まれの高麗人二世である。フビライ・ハーンはかれらのために、遼陽等処行尚書省《りようようとうしよこうしようしよしよう》（のちに行中書省）を設置して、満洲の行政にあたらせた。高麗の忠烈王《ちゆうれつ》はフビライ・ハーンの娘クトルグ・ケルミシュと結婚し、二人の間に忠宣王《ちゆうせん》イジル・ブハが生まれた。忠宣王は晋王《しんおう》カマラの娘ブッダシュリーと結婚して、フビライ・ハーンの側近にあって侍従として勤務し、その間にハイシャン、アーユルパリバドラ兄弟と親しくなった。一三〇七年のテムル・ハーンの死後のクーデターでは、忠宣王は兄弟に加担し、その功績によってハイシャン・ハーンから瀋陽王に封ぜられて、満洲の高麗人コロニーの王となった。こうして高麗本国のほかに、もう一つの高麗人の国ができた。

翌一三〇八年、父の忠烈王が死ぬと、忠宣王は瀋陽王のまま高麗国王の位を継いだ。こうして二つの高麗国はひとまず統合された。忠宣王は元朝の宮廷にそのままとどまって本国に帰らず、まもなく瀋陽王から瀋王に昇格した。しかし一三一一年のハイシャン・ハーンの死後、弟のアーユルパリバドラがハーンとなると、元朝の宮廷における忠宣王の地位は微妙になった。忠宣王は、本国に帰されることを避けるため、次男の忠粛王《ちゆうしゆく》ラトナシュリーに高麗国王の位を譲り、甥のオルジェイトには高麗国世子《せいし》（＝太子）の位を与え、自分は瀋王の位をたもって宮廷に留まった。

そのうちに忠粛王に長男の忠恵《ちゅうけい》王ブッダシュリーが生まれた。当然、忠粛王は、自分の王位をオルジェイトではなく、忠恵王に継がせたい。将来の紛争を予防するため、忠宣王は一三一六年、オルジェイトに高麗国世子の位を放棄させる代償として、自分の瀋王の位をオルジェイトに譲った。しかしこの措置は、かえって火に油を注ぐ結果となった。

オルジェイトは、元朝の梁《りょう》王スンシャンの娘と結婚したが、スンシャンは晋王カマラの次男で、イェスン・テムルの弟であり、忠宣王の妃ブッダシュリーの兄であった。そのため忠宣王はオルジェイトをかわいがったのだが、高麗国王の位の継承権を放棄させられたことに不満なオルジェイトは、シッディパーラ・ハーンが一三二〇年に即位すると、猛烈な運動を開始し、その結果、ハーンは忠宣王を逮捕して、仏教を研究しろといってチベットのサキャの地に追放し、忠粛王を本国から召喚して抑留した。しかしシッディパーラ・ハーンが一三二三年に暗殺されると、オルジェイトのたくらみも失敗に終わり、忠宣王はチベットから召還され、忠粛王は五年ぶりに本国に帰ることを許された。

忠宣王は一三二五年、大都で死んだ。イェスン・テムル・ハーンの時代も、瀋王オルジェイトは高麗国世子の位を取り返そうとして運動を続けたが、一三二八年の内乱で立ち消えとなった。忠粛王は、オルジェイトの策謀を封ずるため、高麗国王の位を息子の忠恵王に譲り、自分は元朝の宮廷に滞在したが、一三三二年、ふたたび高麗国王に復帰した。元朝の実権を握る将軍エル・テムルは、同年のリンチェンパル・ハーンの死後、忠粛王に帰国を命じた。忠粛王は翌年、瀋王オルジェイトと劇的な和解を遂げ、ともどもに高麗の本国に帰った。

トゴン・テムル・ハーンの時代に入って、忠粛王は一三三九年に死んだ。しかし元朝の宮廷は、忠恵王が高麗国王の位を継ぐことを容易に許さなかった。これは、忠恵王がエル・テムルと仲がよかったので、エル・テムルに代わって元朝の実権を握った将軍バヤンが忠恵王を憎み、瀋王オルジェイトを支援したからである。そして同年の冬、高麗の本国を訪れた元朝の使者は、忠恵王を逮捕して大都に送り、翌一三四〇年、忠恵王は刑部（法務省）に監禁された。しかしその直後にバヤンが失脚して、代わって実権を握ったその甥トクトアは、忠恵王を釈放して本国に帰し、国王の位に復帰させた。

それでも瀋王オルジェイトの陰謀はやまなかった。一三四三年、高麗人の宦官高竜普《こうりゅうふ》が元朝の使者として高麗に来て、出迎えた忠恵王を逮捕して元朝の宮廷に送った。トゴン・テムル・ハーンは忠恵王を檻車《らんしゃ》に載せて、広東の掲陽《けいよう》県に流した。忠恵王はその途中、岳陽《がくよう》（湖南省岳陽市）で急死した。そのあとの高麗国王の位は、忠恵王の幼い長男、八歳の忠穆《ちゅうぼく》王パドマドルジが継いだ。ここで瀋王オルジェイトは久しぶりに高麗の本国に帰り、翌年死んだ。

忠穆王は一三四八年に十二歳で死に、弟の忠定《ちゅうてい》王ミスキャブドルジがあとを継いだ。この間、トゴン・テムル・ハーンは忠恵王の弟の恭愍《きょうびん》王バヤン・テムルをかわいがり、一三五一年、恭愍王を高麗国王に封じた。恭愍王は十三歳の忠定王を廃位し、翌年これを毒殺した。

高麗の恭愍王は最初、トゴン・テムル・ハーンに忠実であり、一三五四年に将軍トクトアが元軍を率いて張士誠の討伐に向かったときには、高麗軍をシナに派遣して、高郵の城攻めに参加させている。高麗軍部隊は紅巾軍と勇敢に戦ったが、トクトアが解任されて作戦が失敗に終わったので引き揚げた。

トゴン・テムル・ハーンの最初の皇后ダナシュリー・ハトンは、将軍エル・テムルの娘であったが、父の死後、兄タンギシが一三三五年にクーデターに失敗してバヤンに殺されると、皇后も追放され、上都の民家で毒殺された。次の皇后バヤン・フトゥク・ハトンはフンギラト氏であったが、子供がなかった。ここでトゴン・テムル・ハーンに気に入られたのが、高麗の貴族奇子敖《きしごう》の娘である。バヤンは奇氏を皇后とする事に反対であったが、バヤンが一三四〇年、トクトアによって追放されると、奇氏は第二皇后の地位を獲得した。奇皇后が産んだ皇子アーユシュリーダラは、一三五三年、皇太子に立てられた。このため奇皇后の一族の高麗人たちは、元朝の宮廷においても、高麗の本国においても、絶大な権勢をふるい、ことに奇皇后の兄奇バヤン・ブハ（奇轍《きてつ》）の権勢は恭愍王を圧した。

恭愍王は一三五六年、抜き打ちのクーデターで奇バヤン・ブハとその一党を皆殺しにし、時を移さず高麗軍を出動させて、久しく元朝の所領であった双城《そうじょう》（咸鏡南道の永興）を攻め落とした。このとき双城で高麗軍に降伏した者のなかに、ウルス・ブハ（李子春）というジュシェン（女直）人があったが、その息子が李成桂《りせいけい》（朝鮮の太祖王）で、当時二十二歳であった。高麗軍はそのまま北に進んで、咸興《かんこう》・洪原《こうげん》・北青《ほくせい》の地を九十九年ぶりにモンゴルから奪回した。高麗軍の別の一部隊は鴨緑江を渡って、遼陽・瀋陽に通ずる交通路を攻撃した。

母方ではチンギス・ハーンの血を引いている恭愍王の、このモンゴルに対する反抗運動は、奇氏の一族と遼陽・瀋陽の瀋王派の圧迫から身を護るために、やむを得ずとった行動であった。恭愍王は、高麗本国内の反対派の打倒に成功すると、ただちにトゴン・テムル・ハーンと和解した。しかし奇皇后は決して恭愍王を許さず、一三六四年、高麗の忠宣王の庶子の徳興《とくこう》君タス・テムルという者を高麗国王に立て、遼陽・瀋陽の高麗人部隊をつけて高麗本国に送り込み、恭愍王を打倒しようとした。徳興君の軍は鴨緑江を渡ったが、清川江《せいせんこう》の北で本国軍に大敗し、恭愍王の打倒は失敗した。このとき李成桂は、高麗本国軍に加わって奮戦している。

話は少し前に戻る。紅巾軍の進出に直面した元朝の宮廷が頼りにしたのは、河南のチャガーン・テムルの軍隊であった。チャガーン・テムルはウイグル人であるが、曾祖父以来、河南に定住した家柄である。チャガーン・テムルは一三五二年、紅巾軍の河南進出に際して、郷土防衛のために義勇軍を結成し、活動を始めた。チャガーン・テムルは山東・山西・河南・陝西の紅巾軍を次々と撃滅し、ついに一三五九年、紅巾の首都汴梁《べんりょう》（河南省開封市）を奪回して、紅巾政権を崩壊せしめた。

チャガーン・テムルは一三六二年、山東の残敵を掃討中に殺され、その甥で養子のココ・テムル（王保保）が代わって河南軍閥を率いた。このころ元朝の宮廷では、皇太子アーユシュリーダラの一派と、それに反対する勢力との抗争が続いていた。皇太子はココ・テムルを後ろ楯《だて》としたが、反皇太子派は、山西の大同盆地の軍閥ボロ・テムルと手を握った。そして大同軍閥と河南軍閥の間には、山西の帰属をめぐって絶えず戦争が続き、トゴン・テムル・ハーンの調停も何の効果もなかった。とどのつまり、一三六四年、ボロ・テムルの軍が大都を占領し、皇太子は太原に出奔して、ココ・テムルの保護を求めるという、最悪の事態に発展した。翌一三六五年、ボロ・テムルはココ・テムルによって滅ぼされ、皇太子は宮廷に帰ることができた。

こうして北方で、元朝側の軍事力が同士討ちによって消耗しつつある間に、南方では、紅巾の一派の朱元璋《しゅげんしょう》が、南京に拠って勢力を拡大し、一三六六年には韓林児を引き取っておいて、長江に放り込んで殺した。一三六七年、朱元璋は部下の大軍に命じて、いよいよ北方に向かって総攻撃を開始した。翌一三六八年の一月二十三日、朱元璋は南京において即位式を挙げて皇帝となり（明《みん》朝の太祖）、国号を大明と定めた。「大明皇帝」という称号は、韓林児の「小明王」に対するもので、「大明」はまた、太陽を意味する。これが明朝の建国である。

同年の九月七日、明軍が大都に迫ったので、トゴン・テムル・ハーンは夜半、大都城の北壁の健徳門を開いて脱出し、居庸関《きよようかん》を通ってモンゴル高原に避難した。十四日、明軍が大都に入城した。

こうしてフビライ家はシナの所領を失ったが、これで元朝が滅亡したわけではなかった。トゴン・テムル・ハーンは最初、上都に宮廷を置いたが、翌年、上都も明軍の手に落ちたので、さらに北のダル・ノール湖畔の応昌府の町に移った。一三七〇年五月二十三日、トゴン・テムル・ハーンは応昌府で死んだ。皇太子アーユシュリーダラがハーンの位を継いだ（北元の昭宗皇帝）。

これからのち、元朝はモンゴル高原で存続し、歴史書では北元と呼ばれることになる。まもなく明軍が応昌府にも迫ったので、アーシュリーダラ・ハーンはさらに北方にのがれ、トゴン・テムル・ハーンの孫のマイトレーヤパーラをはじめとする数百人のモンゴルの皇族が明軍の捕虜になった。これによってトゴン・テムル・ハーンの死を知った明朝の皇帝朱元璋は、元朝では恵宗皇帝であるハーンに「順帝」という死後の称号を贈った。

3　西方のハーンたち

フビライ家の元朝では、一三〇七年のテムル・ハーンの死から、一三三二年のトゴン・テムル・ハーンの即位まで、わずか二十五年間にじつに八人のハーンがめまぐるしく交代したばかりでなく、その中間の一三二八年には元朝を二分した内戦さえ起こった。しかもこの内戦を境にして、政治体制の大変動があり、これまでハーンの地位を支えてきたフンギラト氏族を中心とする旧貴族の勢力が崩壊し、以後、ハーンは軍閥の手から手へ転々とする操り人形に過ぎなくなった。そして軍閥の操縦から自由になろうとしたトゴン・テムル・ハーンの策略は、かえって元朝の軍事力の基礎を掘り崩し、漢地を失ってモンゴル高原に後退する原因となった。

西方においても、同じ十四世紀の半ばには、諸ハーン家であいついで混乱が起こり、ハーンの実権は弱まっていった。

中央アジアを支配したチャガタイ・ハーンのオルドは、イリ河（新疆からカザフスタンに流れ込む河）のほとりにあった。チャガタイ家の第十代のドワ・ハーンは、ハイドと同盟して元朝のフビライ・

ハーンと戦ったが、ハイドの死後は元朝のテムル・ハーンと和解して、フビライ家をモンゴル帝国の宗主として承認した。

第十七代のタルマシリン・ハーンは一三二六年に即位したが、イスラム教に改宗してアラー・ウッディーンと名乗り、西トルキスタンにばかり滞在して、東方のチャガタイ家領に無関心であった。一三三四年、タルマシリン・ハーンの甥のブザンが、チンギス・ハーンの法令《ジャサク》の尊重を主張して反乱を起こした。タルマシリン・ハーンはアフガニスタンに逃げたが、捕らえられて殺された。ブザン・ハーン自身もその年のうちに死に、そのあとは従弟のジェンクシがハーンの位を継いだが、自分の弟のイェスン・テムルに殺された。イェスン・テムル・ハーンも、オゴデイ家のアリー・スルターンに取って代わられた。アリー・スルターン・ハーンのあとは、ふたたびチャガタイ家のカザン・ハーンが即位した。カザン・ハーンは、ハーンの権威を回復しようとして、貴族たちと戦ったが成功せず、一三四七年、カザガンという貴族に敗れて死んだ。

こうしてチャガタイ家でも、タルマシリン・ハーンの即位した一三二六年から、カザン・ハーンの死んだ一三四七年までの二十一年間に、六人のハーンがめまぐるしく交代した。その後の西トルキスタンで在位したチャガタイ家のハーンたちは、ハーンとは名ばかりの、実力者貴族の操り人形に過ぎなかった。

東方のチャガタイ家領では、一三四八年、トグルク・テムルという十八歳の少年がクルジャ（新疆の伊寧市）の近くで発見され、アクス（新疆の阿克蘇）でハーンの位についた。トグルク・テムルはそれまであるモンゴル貴族の息子と思われていたが、じつはかれの母は最初、チャガタイ家のドワ・

ハーンの息子エミル・ホージャと結婚し、妊娠中に夫が死んだので、再婚してからトグルク・テムルを産んだのであるという話であった。トグルク・テムル・ハーンは東方のモンゴル貴族たちを服従させることに成功したが、西トルキスタンの再征服には成功しないまま、一三六三年に死んだ。こうしてチャガタイ家は、東西に分裂した。

東方のハーンたちは「モグリスタン・ハーン」と呼ばれる。モグリスタンとは「モンゴル人の国」という意味で、天山山脈の南北の遊牧地帯のことである。トグルク・テムル・ハーンの子孫は十七世紀にいたるまで、モグリスタンと東トルキスタンを支配したが、最後のイスマイル・ハーンは一六八〇年、オイラトのジューンガル部族のガルダン・ボショクト・ハーンに捕らえられ、東チャガタイ家は滅亡した。

アゼルバイジャンに拠ってイラン高原を支配したイル・ハーン家では、一二八一年に即位した第三代のテクデル・ハーンが、イスラム教に改宗してアフマドと名乗った。しかしイル・ハーン家はエジプトを征服しようとして、同じイスラム教徒のマムルーク朝と戦争を続けた。

アフマド・ハーンのイスラム教改宗はモンゴル人貴族たちの反乱を引き起こして、ハーンは打倒された。イル・ハーン家のイスラム化が本物になったのは、一二九五年に即位した第七代のガザン・ハーンの時代からで、ハーン自身もイスラム教に改宗し、貴族たちもこれにならった。第九代のアブー・サイード・ハーンが一三三五年に死んだあと、ハーンの位を継ぐべき息子がなく、フレグ・ハーンの血統は絶えた。ジャライル部族出身の王家が、十五世紀のはじめまでアゼルバイジャンとイラクを治めたが、そのほかのイラン高原は、モンゴル人ではない多くの王家に分裂することになった。

カザフスタンからウクライナにいたるキプチャク草原は、ジョチ家が支配していた。ジョチ家の宗主であるヴォルガ河畔の黄金のオルドでは、初代のバトゥ・ハーンの弟の第四代のベルケ・ハーンがイスラム教に改宗したが、それでもチンギス・ハーンの法令《ジャサク》を守ってあらゆる宗教に寛容であった。第九代のオズベグ・ハーンも熱心なイスラム教徒であったが、やはりチンギス・ハーンの法令を守った。このオズベグ・ハーンは一三二八年、モスクワ公イヴァン一世に大公の位を授けた。

モスクワは、一二三七年のモンゴル軍の侵入の当時には、まだ小さな砦《とりで》だったらしく、その名前すら記録に出てこない。モスクワが大きな町になったのは十三世紀の末である。イヴァン一世はモスクワ大公としてルーシのリューリク家の公《クニャージ》たちの筆頭となり、黄金のオルドに納める貢税の徴収を一手に任された。

オズベグ・ハーンの孫の第十二代のベルディベグ・ハーンは一三五九年に弟に殺され、黄金のオルドのハーンの位をめぐって内紛が起こった。一三八〇年までの二十年間に、黄金のオルドでは十四人のハーンがめまぐるしく交代し、その混乱のなかでバトゥの血統は絶えた。このころ、バトゥの弟トカ・テムルの子孫のトクタミシュという皇族が、シル河の北の青いオルド（コク・オルド）から、西チャガタイ家領の実力者テムル（ティームール）のもとに亡命して来た。

テムルは、バルラス部族のモンゴル人で、先祖代々チャガタイ家の臣下であり、チンギス・ハーンの子孫ではなかった。カザガンが西トルキスタンを治めた十二年間は、平和な時代であったが、一三五八年にカザガンが婿に殺されてからは、連年、内紛とモグリスタン・ハーンたちとの衝突が続いた。テムルは一三三六年、カシュカ・ダリヤ河（ウズベキスタン）のほとりに生まれ、最初は盗賊だったらしい。テムルはカザガンの孫のフサインの親友となり、ともに西チャガタイ側とモグリスタン側の間を、あちらについたりこちらについたりしながら勢力を築いた。のちにテムルはフサインと仲たがいして、一三七〇年、フサインを捕らえて殺し、フサインの妻であったカザン・ハーンの娘と結婚した。モンゴル帝国の伝統では、チンギス・ハーンの神聖な血を父方で引いていない者は、ハーンの位につく資格がない。この原則を「チンギス統原理」と呼ぶが、テムルも「チンギス統原理」に忠実で、自分は一生ハーンにならず、チンギス家の皇女の夫として「クルゲン」（婿）という称号を名乗った。

テムルはサマルカンドの町をおもな補給基地として、自分はオルドを率いて絶えず移動しつつ、他のモンゴル政権との戦争に明け暮れた。ジョチ家の青いオルドのトクタミシュが亡命して来たとき、テムルはトクタミシュを助けて青いオルドのウルス・ハーンと戦い、トクタミシュは青いオルドのハーンとなることができた。トクタミシュ・ハーンは進んで本家の黄金のオルドに介入し、一三七八年、ヴォルガ河畔のアストラハンとサライを占領した。

このときクリミアの領主ママイ（ジョチの八男ボアルの子孫）が、黄金のオルドのハーンと自称していた。一三八〇年、ママイの軍がモスクワに迫ったとき、モスクワ大公ドミトリー（ドンスコイ）は、ドン河の上流のクリコヴォの野に迎え撃ってこれを破ったという。この「クリコヴォの戦い」は、ロシア正教会の年代記では、ルーシがモンゴルに征服されて以来、百四十年ぶりにはじめてモンゴルに対しておさめた勝利ということになっているが、同時代の各国の間に取り交わされた外交文書にはまったく言及がない。実際にこの勝利があったかどうか疑わしく、あったとしても、よほどの小さな戦闘だったのであろう。もちろんこれによって、モンゴルの支配がゆらぐことはなかった。

翌一三八一年、トクタミシュの軍がカルカ河でママイの軍を破り、ママイは逃走して殺された。こうしてトクタミシュは、黄金のオルドのハーンと認められた。トクタミシュ・ハーンはさらに一三八二年、進んでモスクワを攻略し、掠奪と放火をおこなった。

一三八四年、テムルはイラン高原に進軍し、アゼルバイジャンのジャライル王家を撃破して、スルターニーヤとタブリーズの町を占領した。このころには、トクタミシュ・ハーンの成功とともに、テムルとの関係は冷たくなった。これに対してテムルは、まずイラン高原とコーカサスを征服しておいて、一三九五年、北コーカサスのテレク河のほとりでトクタミシュ・ハーンの軍を粉砕し、続いてモスクワまで進軍してから、サライとアストラハンを掠奪して焼き払った。これによって黄金のオルドは大打撃を受けた。

テムルは一三九八年、北インドに侵入し、デリーを占領して掠奪をおこなった。続いて翌一三九九年から七年間の長い月日を、テムルは西アジアへの遠征に送った。グルジアを征服し、ジャライル王家からイラクのバグダードを取り、クルディスタンではトルクメン人のカラコユンル王家を破り、シリアではエジプトのマムルーク王家と、アナトリアではオスマン王家と戦った。

オスマン王家は、もともとアナトリア半島（現在のトルコ共和国）に駐屯したモンゴル軍の出身である。初代のオスマン一世は一二九九年にコニヤのセルジュク王家から独立して、近隣のイスラム教徒のトルコ人たちを併合しながら勢力を樹立した。第二代のオルハンはボスポロス海峡までを併合し、第三代のムラト一世は一三六一年、海峡を渡って、バルカン半島側のエディルネを占領し、一三六五年にはここに都を置いた。第四代スルターン・バヤズィト一世は一三九六年、ハンガリー王シギスムントの率いる十字軍を、ドナウ河畔のニコポリスで大敗させている。テムルがアナトリアに進軍したとき、オスマン王家を率いていたのは、このバヤズィトであった。一四〇二年、バヤズィトが東ローマ帝国の首都コンスタンティノポリス（ビザンティウム、現在のイスタンブル）を包囲していたとき、テムルの軍が侵入した。これを迎え撃ったバヤズィトは、アンカラの戦いで大敗し、捕虜になった。テムルはバヤズィトを連れて、一四〇四年にサマルカンドに帰った。

ちょうどこのとき、スペイン王エンリケ三世が派遣した大使ルイ・ゴンサレス・デ・クラヴィホの一行がサマルカンドに到着して、テムルの宮廷の様子を詳しく記録している。それによると、同年九月八日、クラヴィホがテムルに謁見したとき、テムルの宮廷にはキタイの皇帝トクズ・ハーンの使節も同席していた。トクズ・ハーンとは「九つの帝国の皇帝」を意味する称号であるが、モンゴル人たちは嘲弄《ちょうろう》して「トングズ・ハーン」すなわち「豚皇帝」と呼んでいた。キタイ皇帝の使節の口上では、テムルの所領はかつてキタイの属領であった地方であるので、テムルは年々の貢税をキタイ皇帝に支払うべきであるのに、この七年間一度も支払っていないので、いまやテムルはその全額をただちに支払うべきである、というのであった。これに対してテムルは「貢税は私が自分で持参しよう」といい、キタイの使節たちを抑留し、全員の処刑を命じた。

キタイが七年間も貢税を取り立てなかった理由は、キタイの前皇帝の死後、三人の息子たちの間に相続争いが起こり、長男が三男を殺したが、次男は戦って長男に勝ち、長男は絶望して、自分のテントに火を放って焼け死んだ。勝ち残った次男が皇帝となり、争乱がおさまったので、テムルに使節を送って貢税の支払いを要求したのだという。

普通、この「キタイ」はシナのことで、「トクズ・ハーン」は明朝の皇帝のことであり、相続争いとは、一三九八年の太祖洪武《こうぶ》帝の死後に起こった、洪武帝の孫の建文《けんぶん》帝とその叔父の永楽《えいらく》帝との間の四年間の内戦のことだと思われている。しかしこれは間違いである。

「キタイ」はシナのことではない。キタイすなわち契丹（遼）帝国が支配したモンゴル高原と満洲と、契丹のあとを受けた金帝国が支配した華北をひっくるめて、キタイと呼んだのである。つまりキタイ皇帝とは、これらの地域を本拠とするフビライ家の元朝のハーンでなければならない。明朝の皇帝は、華南に本拠があるから、モンゴル人ならば「マンジ」（蛮子）のハーンと呼ぶはずである。さらに「トクズ・ハーン」というのは、北元のトクズ・テムル・ハーン（天元帝、一三七八〜一三八八年に在位）にちなんだ呼び方で、モンゴル高原の北元のハーンのことである。キタイの内紛のために、テムルは七年間、キタイ皇帝に支払うべき貢税を支払っていなかったというのは、このキタイが北元であって明朝でない証拠である。まず、テムルが明朝に貢税を支払ったことは一度もない。

さらに、これより七年前の一三九八年、北元で内紛があり、タイジ・オグラン（皇太子）という皇子が「ハーンにそむいてカルマク（オイラト）人たちからのがれ」、当時アフガニスタンのカーブルにいたテムルの宮廷に亡命したことが、シャラフ・ウッディーンという人が書いたテムルの伝記『ザファル・ナーマ』に伝えられている。十七世紀のモンゴル年代記によっても、北元のエルベク・ハーンという人が弟（息子ともいう）のハルグチュク皇太子を殺してその妃を奪い、これが原因となってオイラト人の反乱が起こり、ハーンが殺されるという事件があったといい、これを一三九九年のこととしている。

つまりテムルは、最初は北元のハーンに敬意を表して貢税を支払っていたのであるが、モンゴル帝国の各地への遠征で勝利をおさめて、残るのはモンゴル高原だけになったので、いよいよ北元に対して宣戦を布告したのである。

一四〇四年の暮れ、テムルはいよいよ二十万の大軍を率い、モンゴル高原をめざして進軍を開始した。しかしこの冬、まれに見る厳寒が襲来し、一四〇五年の一月にアム・ダリヤ河のほとりのオトラールの町に達したテムルは、寒さよけの酒を飲み過ごして二月十八日に急死した。たちまちテムルの子孫の間に相続争いが起こり、一四〇九年にテムルの四男シャールフがサマルカンドを占領して、内乱にやっと決着がついた。シャールフは自分はヘラート（アフガニスタン）に居り、サマルカンドには息子のウルグ・ベグを置いて治めさせた。この時代の西トルキスタンには学問と芸術が栄えた。ことにテムル家の宮廷で話されたトルコ語は文章語として発達し、チャガタイ語と呼ばれて、モンゴル帝国の共通語となった。

一四四七年にシャールフが死ぬと、テムル家の勢力は衰え始めた。北方では、シバン家のアブールハイル・ハーンが、スィル・ダリヤ河の流域をテムル家から奪った。シバン家は、ジョチの五男でバトゥの弟のシバンの子孫であり、シバン家に従うモンゴル人たちは、ウズベク人と呼ばれた。アブールハイル・ハーンの孫のムハンマド・シャイバーニー・ハーンはさらに南下して、一五〇〇年、サマルカンドを占領した。これで西トルキスタンのテムル家時代は終わり、アム・ダリヤ河以北の地はウズベク領、アム・ダリヤ河以南の地はペルシア領となった。

シバン家は一五九八年まで西トルキスタンを支配して、血統が断絶した。そのあとは、アストラハンから移動して来た、ジョチの長男でバトゥの兄のオルダの子孫のバキー・ムハンマドが、ブハラにアストラハン家を立てて、ウズベク人たちを支配した。アストラハン家は一七八五年になって、マンギト家に乗っ取られた。マンギト家はジョチの八男ボアルの子孫で、代々黄金のオルドの臣下の家柄であった。この王家は、ロシア革命後の一九二〇年までブハラに存続して、共産党に取りつぶされた。一九二四年、ウズベク共和国が成立し、翌年、ソヴィエト社会主義共和国連邦に加入した。

一五〇〇年にサマルカンドがウズベク人に奪われたあと、テムル家のバーブルはアフガニスタンで王となり、一度は反攻してサマルカンドを取り返したが、結局、西トルキスタンの回復を断念して、その代わりインドに侵入を繰り返した。バーブルは一五二六年、パーニーパトの戦いで、デリーのアフガン人の王朝ローディー家のスルターン・イブラヒムを殺し、デリーに入城してインド王となった。これがインドのムガル帝国の建国である。「ムガル」というのは「モンゴル」と同じで、モンゴル人のバーブルが建てたムガル帝国は、すなわちモンゴル帝国なのである。

ムガル帝国はインドの大部分を統合したが、最後のムガル皇帝バハドゥル・シャー二世は一八五八年、英国によって廃位され、ヴィクトリア女王がインド皇帝となった。英国の統治下にインド半島全体は、単一の総督府のもとにはじめて統合されて、それが一九四七年に分離独立したインド連邦とパキスタンに引き継がれたのである。そういうわけで、現在の南アジアの二つの国家と、一九七一年にパキスタンから独立したバングラデシュは、いずれもモンゴル人が建てた国から系統を引いているのである。

なお、パキスタンの国語の一つのウルドゥ語は、ムガル帝国の公用語であったもので、「ウルドゥ」

は遊牧民の君主の移動宮廷を意味する「オルド」のなまりであり、すなわち「宮廷語」である。

前に言ったように、オスマン家は、一四〇二年のアンカラの敗戦で大打撃を受けたが、半世紀かかってやっと回復して、一四五三年にはメフメト二世がコンスタンティノポリス（イスタンブル）を攻略して東ローマ帝国を滅ぼし、ここに都を移した。一五一七年には、セリム一世がカイロを攻略して、マムルーク王朝を滅ぼし、エジプトを併合した。

フレグがイラン高原でイル・ハーンとなったとき、エジプトを治めていたのは、キプチャク人のマムルーク王朝であった。このキプチャク人たちは、アイユーブ家の最後のスルターン・サーリフがキプチャク草原から大量に買い入れて、エジプトに連れて来て軍人奴隷《マムルーク》として使った人々である。サーリフが一二四九年に死んだあと、軍の総司令官となった軍人奴隷のアイベグは、サーリフの未亡人と結婚してエジプト王となった。これがマムルーク王朝の起源である。

マムルーク軍は、一二六〇年、エジプトを征服しようとするイル・ハーン軍と、パレスティナのアイン・ジャールートで戦って大勝利をおさめた。イル・ハーン家は、その後も繰り返し、エジプト征服を試みたが、マムルーク王朝はそのたびにこれを阻止した。マムルーク王朝は、イル・ハーン家を牽制《けんせい》するため、自分たちの故郷のキプチャク草原を支配する黄金のオルドと手を組んだ。そして、自分たちはモンゴル帝国の一部ではなかったけれども、チンギス・ハーンを尊敬し、チンギス・ハーンの法令（ジャサク、トルコ語ではヤサク）を自分たちの法典として採用したのである。

オスマン帝国の支配圏は、バルカン半島、東地中海、西アジア、北アフリカをおおった。ことにバルカンでは、スルターン・スレイマン一世が一五二六年、モハーチの戦いでハンガリーを支配下におさめ、ついで一五二九年にはみずからウィーンを包囲攻撃して、全ヨーロッパに衝撃を与えた。こうしてオスマン帝国は、モンゴルのイル・ハーンたちが目指した征服事業を、ことごとく成し遂げたのである。

オスマン帝国の最盛期は約百五十年続いたあと、一六八三年の第二次ウィーン包囲に失敗してハンガリーを失ったのを境にして、十八世紀には西ヨーロッパのほうが優勢になり始め、最後に第一次世界大戦に敗れて、その領土は英国とフランスに切り刻まれ、帝国は解体してしまった。こうしてアナトリア半島とバルカンの突端だけのトルコ共和国が残り、それ以外は、英国とフランスが勝手に引いた国境線で仕切られて、現在の西アジア・北アフリカに見るような、イラク、クウェイト、シリア、レバノン、ヨルダン、エジプト、リビア、テュニジアなどの、いわゆるアラブ諸国がでっち上げられたのである。

黄金のオルドは、一三九五年のテムルの遠征で大打撃を受けた。そのあと、ルーシの町々の覇権をめぐってモスクワと争った大国は、リトアニアであった。リトアニアのヤガイラ（ヤギエウォ）大公は一三八六年、ポーランド女王と結婚してキリスト教徒になり、ポーランド王を兼ねた。十五世紀に入って、ヤガイラの従弟のヴィタウタス大公は、リトアニアの領土を東と南に大拡張して、バルト海から黒海に及ぶ広大な地域を支配した。

ヴィタウタス大公の保護下にあったジョチ家の皇子ハーッジー・ギライ（バトゥの弟トカ・テムルの子孫、トクタミシュ・ハーンの一族）は、一四四九年、リトアニア＝ポーランドの後援のもとに、クリミアのハーンとなった。ハーッジー・ギライ・ハーンの息子のメングリ・ギライ・ハーンは、一五〇二年、黄金のオルドのハーンの位を奪い、黄金のオルドはヴォルガ河から西方に移動して、クリミアと合体した。これによって黄金のオルドは、かつてないほど強大になった。

この当時のモスクワ大公はイヴァン三世で、しきりと他のルーシの公たちの所領を併合して、統一を進めていた。その孫がイヴァン四世（雷帝）であるが、イヴァン四世の母エレナ・グリンスカヤは、いわゆる「クリコヴォの戦い」で、イヴァン四世の父方の先祖のドミトリー・ドンスコイ大公が戦った相手という、ジョチ家のクリミアの領主ママイの子孫であった。つまりイヴァン四世は、母方ではチンギス・ハーンの血を引いていたわけである。

一五五二年、ヴォルガ河中流域のカザン（現在のタタルスタンの首都）のハーン家に内紛が起こり、その一派がイヴァン四世に援兵を求めた。イヴァン四世は、これにつけこんで、まんまとカザンに入城して居座ってしまった。イヴァン四世は続いて、一五五六年、ヴォルガ河下流域のアストラハンの町を取った。アストラハンのハーン家は、ブハラに移動して、やがて一五九八年、シバン家に代わってウズベキスタンの領主となった。

この成功を機に、イヴァン四世は、これまでの「全ルーシの大公」の称号に加えて、「カザンおよびアストラハンのツァーリ」と称することにした。ロシア語の「ツァーリ」は、モンゴル語やトルコ語の「ハーン」の翻訳である。こうしてモスクワ大公はモンゴル帝国のなかで、モンゴル人のハーンたちと肩を並べようとしたのであるが、強大なクリミアの黄金のオルドは、一五七一年、モスクワを攻略して貢税を課した。これ以後モスクワは、十七世紀の末まで、クリミアに貢税を納め続けなければならなかった。

そこでイヴァン四世は、一五七五年八月、シメオン・ベクブラトヴィチというモンゴルの皇族を迎えてクレムリンの玉座につけ、全ルーシのツァーリに推戴《すいたい》して、かれに忠誠を誓った。シメオン・ベクブラトヴィチは、モンゴル名をサイン・ブラトといい、その父のベクブラトは、黄金のオルドのアフマド・ハーン（一四六〇～一四八一年に在位）の孫であった。ベクブラトはモスクワの東方のカシモフのハーンとなり、息子のサイン・ブラトがそのあとを継いでいた。いずれにせよ、このサイン・ブラト、一名シメオン・ベクブラトヴィチはチンギス・ハーンの子孫であり、「チンギス統原理」によってハーンと称する権利があった。翌一五七六年の六月になって、ツァーリ・シメオン・ベクブラトヴィチは位をイヴァン四世に譲り、自分はトヴェリ大公になった。「チンギス統原理」を踏まえたこの手続きによって、モスクワのツァーリ（ハーン）の位は、モンゴル帝国のなかで合法のものとなり、イヴァン四世はあらためてツァーリと称することができた。これがロシア帝国の起源である。

イヴァン四世の死後、まもなくリューリク家の血統は断絶して、モンゴル人と称する貴族ボリス・ゴドゥノフがツァーリとなった。ツァーリ・ボリス・ゴドゥノフが一六〇五年に死んだあと、混乱の時代を経て、一六一三年になってはじめてミハイル・ロマノフがツァーリに選ばれ、ロマノフ朝を建てた。ロマノフ朝ロシアの宮廷には、依然としてモンゴル系の貴族が多かった。ミハイル・ロマノフの孫のピョートル一世が、クリミアの黄金のオルドから独立した最初のツァーリで、一七二一年、インペラートル（皇帝）の称号を採用している。

そして黄金のオルドが滅亡したのは、一七八三年、イェカテリナ二世がクリミアを併合したときのことである。十三世紀のバトゥの侵入から、十八世紀までのほぼ五百年間、黄金のオルドの支配（いわゆる「タタルの軛《くびき》」の下にあってモンゴル文明を吸収した人々が、今日のロシア人になったわけである。

イヴァン四世の時代に、ドン・カザク（コサック）人のアタマン（首領）のイェルマクという者がいた。カザクというのは、ロシア正教に改宗した遊牧民で、百人隊（ソートニャ）単位で生活をともにし、アタマンに率いられていた。イェルマクらのカザク人たちの一団は、ヴォルガ河を航行する船を襲って強盗を働いていた。イェルマクは、イヴァン四世の派遣した軍隊に討伐されて、ウラル山中のカマ河に逃げ、当地の貴族ストロガノフ家に身を寄せた。

当時、その東方のトボル河には、ウズベキスタンのシバン家の一族のクチュム・ハーンが居て、シビル・ハーンと呼ばれていた。イェルマクはストロガノフ家から派遣されて、カザク兵の一隊を率いて東方に向かい、一五八一年、クチュム・ハーンのイスケルの町を占領した。これがロシアのシベリア征服の始まりであった。イェルマクは三年後にあっけなく戦死したが、カザク人たちはシベリアの森林地帯を水路をたどって進み続け、七十年もたたない一六四九年には、早くもオホーツク海とベーリング海に到達している。ロシア帝国に奉仕したカザク人たちも、やはりモンゴル帝国の系統であったから、ロシアの東方進出は、じつはモンゴル人の後裔が、かつてのモンゴル帝国の領土を回復しようとする運動であったと解釈できる。

十三世紀にチンギス・ハーンが建設したモンゴル帝国は、十四世紀以後になって、多くのあたらしい国々を産み出し、そうした国々が現在の世界の主要な国々になっている。中国も、韓国も、インドも、トルコも、ロシアも、中央アジアのトルコ語を話すイスラム教の国々も、みなモンゴル帝国の産み出したもの、いわゆる継承国家である。

シナでは、元朝が一三六八年にモンゴル高原に引き揚げたあと、漢人の明朝が成立したが、明朝のシナは、昔の唐・宋の時代のシナではなく、モンゴル化したシナであった。明朝の制度は、すべてがモンゴル式であった。

全国の人口は「軍戸」と「民戸」に分類され、軍戸は世襲の職業軍人を出す家族、民戸は一般人の家族であった。これはモンゴル帝国の、遊牧民と定住民の二重組織そのままである。軍戸の都市は「衛《えい》」（軍団）、民戸の都市は「県」と呼ばれ、衛の下には五個の「千戸所」（千人隊）、千戸所の下には十個の「百戸所」（百人隊）が置かれた。これはモンゴル帝国の万人隊（トゥメン）、千人隊（ミンガン）、百人隊（ジャウン）、十人隊（アルバン）という十進法の組織である。民戸のほうも十進法で編制され、百戸所にあたるものを「里」と呼び、その下に十個の「甲」を置いた。明朝の皇族は、軍隊を率いてシナ各地の王となったが、こうした明朝の制度は、シナに前例のないものであり、モンゴル帝国の遺産であった。

もう一つのモンゴル帝国の遺産は、儒教である。十二世紀の南宋の漢人朱熹《しゅき》は、儒教の古典を新解釈して朱子学を創り出したが、異端として迫害され、南宋では朱子学はついに公認されなかった。これをはじめて公認したのがモンゴル人の元朝で、一三一五年に科挙の試験を再開したとき、朱熹の著作を出題範囲とした。明朝がこれをそのまま引き継いだ結果、朱子学がシナの官僚仲間の表向きのイデオロギーとなったのである。

儒教よりもさらに大きなモンゴル帝国の遺産は、飲食物である。各種の肉料理や、香辛料を使った味付けや、蒸留酒を飲む習慣などは、すべてモンゴル人がシナにもち込んだものである。麺を食べることも、この時代にシナに普及した。

元朝がシナから引き揚げたあと、高麗の恭愍王《きょうびん》はただちに明朝の洪武帝《こうぶ》をシナの皇帝として承認した。一三七〇年、トゴン・テムル・ハーンがモンゴル高原の応昌府で死に、アーユシュリーダラ・ハーンがさらに北方にのがれると、恭愍王は高麗軍を満洲に派遣し、李成桂《りせいけい》もこれに参加した。高麗軍は遼陽城を攻め落とし、遼河デルタを一時制圧した。この作戦は、遼陽・瀋陽が、歴代の高麗国王と結婚した元朝の皇女の領地であり、従って高麗王国の領土の一部であるという立場を主張するためのものであった。一三七四年、恭愍王は側近に暗殺されて、養子のムニヌ（牟尼奴）があとを継いだ。

ムニヌ王の時代には、高麗は明朝の満洲進出に反発して、北元と親密な関係を回復した。一三八八年、明軍がモンゴル高原深く進攻して、北元のトクズ・テムル・ハーンが逃走の途中で殺されると、ムニヌ王は北元を助けるべく、ふたたび高麗軍を満洲に進攻させようとした。

高麗軍が鴨緑江に達したとき、副司令官李成桂らが命令を拒否して、方向を転じて王都開城に向かって進軍し、ムニヌ王を廃位して、昌《しょう》という王子を立て、またこれを廃位して、王族の恭譲王《きょうじょう》を立てた。その四年後の一三九二年、李成桂は、いよいよ恭譲王を廃位して、みずから高麗国王の玉座についた。

これを明朝の洪武帝に報告したところ、新しい国号を何にするのかと問われた。そこで李成桂は、「和寧《わねい》」と「朝鮮」の二つの候補を挙げて、洪武帝に選択を請うた。「和寧」というのは、李成桂の故郷の永興《えいこう》の別名であったが、北元の根拠地のカラコルムの別名も「和寧」であった。洪武帝はもちろん「朝鮮」を選んだ。こうして李成桂は一三九三年、正式に朝鮮国王となった。これが朝鮮（李朝）の建国である。こうして韓半島の王国は、モンゴル帝国から分離して独立したのである。

前に言ったように、朝鮮の世宗《せそう》王が一四四三年に公布したハングル文字は、元朝のパクパ文字がもとになっている。明朝のシナと同じく、朝鮮でも朱子学に基づく科挙の試験がおこなわれ、科挙の及第者の家系が朝鮮独特のヤンバン（両班）貴族になったが、ヤンバンが固守する「同姓不婚」、つまり父方が共通の祖先から出ていれば、たとえ百世代たっていても互いに結婚しないという原則は、高麗時代に父系制・族外婚制のモンゴル人から受けた影響がもとになっている。さらに朝鮮料理の特徴となった牛肉食も、やはりモンゴル文明の影響と見られる。

インドを創ったのが、モンゴル人のムガル帝国であり、トルコのもとになったオスマン帝国が、アナトリアのモンゴル駐屯軍が発展したものであり、ロシアがジョチ家の黄金のオルドの後継者であることは、すでに詳しく述べた。中央アジアのトルコ語を話すイスラム教の国々が、やはりジョチ家の後裔であることは言うまでもない。

こうして、チンギス・ハーンのモンゴル帝国は、東は韓半島・中国から、西は地中海にいたるまでの、ほとんどすべての国々を産み出した。まことにチンギス・ハーンは世界を創ったのである。

第六章

モンゴル高原のハーンたち

◆モンゴル国北西部
タイガに生きる子供

モンゴル高原のハーンたち

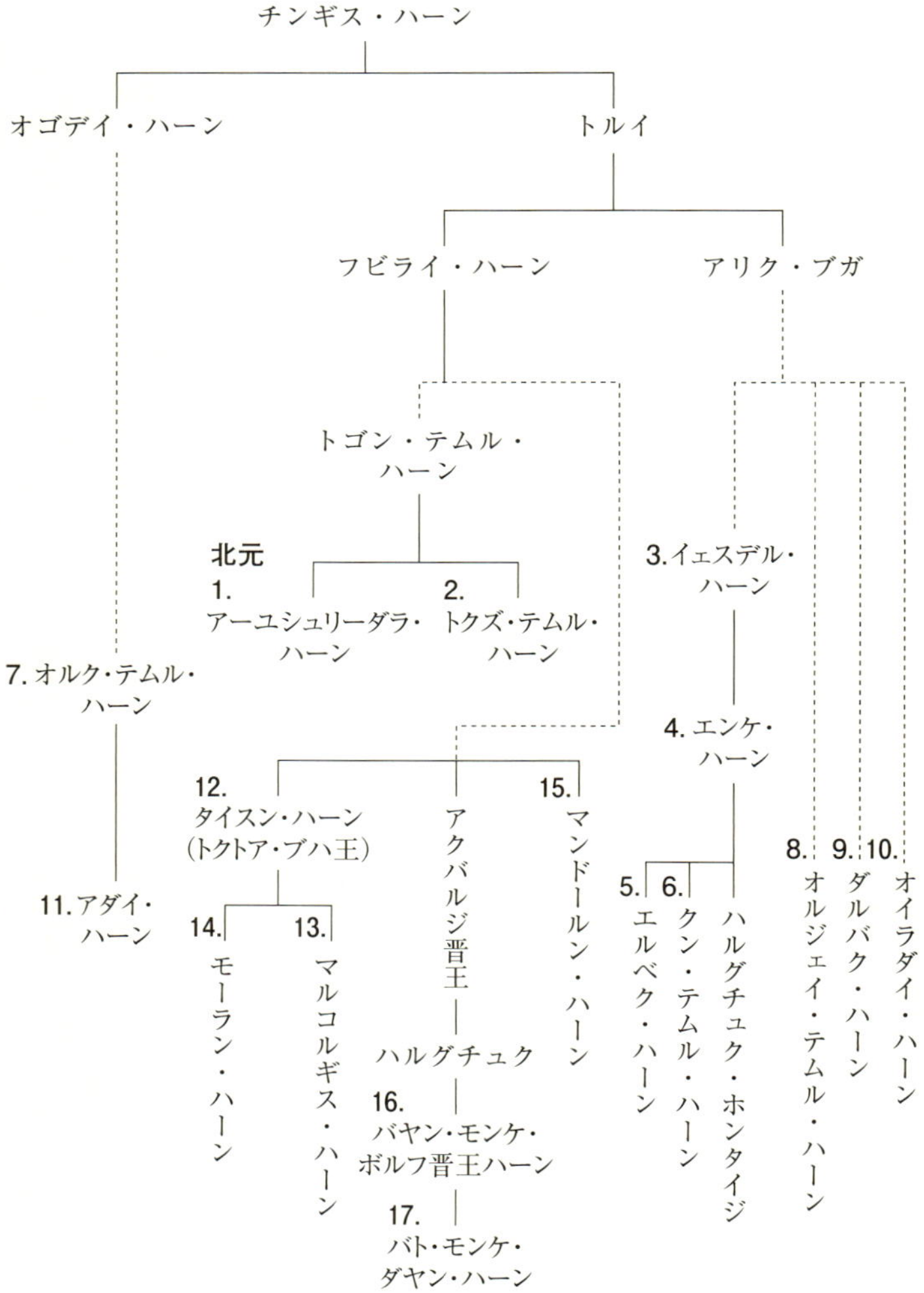

1　北元とオイラトの抗争

一三六八年、トゴン・テムル・ハーンが漢地を失ってモンゴル高原に引き揚げたあとも、フビライ家の元朝はモンゴル高原で長く存在を保った。トゴン・テムル・ハーンはその二年後に応昌府で死んだが、あとを継いだアーユシュリーダラ・ハーン（北元の昭宗皇帝）は、ゴビ沙漠の北で十年間がんばり、一三七八年に死んだ。そのあとを継いだのはトクズ・テムル・ハーン（天元帝）で、アーユシュリーダラ・ハーンの弟だったらしい。

さらに十年後の一三八八年、トクズ・テムル・ハーンがブイル・ノール湖のほとりに居たとき、明軍に奇襲されて大敗し、その宮廷のほとんどが捕虜になった。やっとのことで脱出したハーンは、残りの手勢を引き連れてカラコルムに向かったが、トーラ河に達したとき、アリク・ブガの子孫のイェスデル大王という人に襲撃された。ハーンの一行は散り散りになり、ハーンはわずか十六騎とともに逃げ去った。その途中、カラコルムから迎えに来た三千人の兵に出会ったが、大雪で二日間出発できないでいるところへ、イェスデルの軍勢に追いつかれて捕虜になり、弓の弦でくびり殺された。これでフビライ家はひとまず断絶し、アリク・ブガ家のイェスデルがハーンになった。アリク・ブガが兄フビライとの戦争に敗れてから、百二十四年ぶりにアリク・ブガの子孫が仇を討ったことになる。イェスデルを支持したのは、アリク・ブガ以来、その家臣であったオイラト部族の人々であった。オイラト部族は、チンギス・ハーンの時代以前から、イェニセイ河の上流域（ロシア連邦のトゥワ共和国）に住んで、シベリアの森林地帯の狩猟民を支配した大部族である。

イェスデルがハーンとなり、一三九一年に死んで、その息子のエンケ・ハーンがあとを継いだ。エンケ・ハーンのあとに、一三九四年に即位したのは、エルベク・ハーンという人であった。このエルベク・ハーンについて、十七世紀のモンゴル語の年代記は、面白い話を伝えている。

一六六二年にチンギス・ハーンの子孫のサガン・セチェン・ホンタイジという、オルドス部族の貴族が書いた『エルデニイン・トブチ』（『蒙古源流』とも呼ばれる）という年代記では、つぎのような話になっている。

突然かれの心に悪魔がとりついた。ある日、雪の上で兎を射て捨てると、血が雪にしたたったのを見て、ハーンはこのように仰せられた。

「この雪のように顔の白い、この血のように頰の紅い女がいるものだろうか。」

するとオイラトのゴーハイ太尉《タイウ》という人が、

「ハーンよ、あなたの弟のハルグチュク皇太子《ホンタイジ》の妻、オルジェイト皇妃子《ホンビイジ》の美貌《びぼう》は、これよりもはるかに美しゅうございますぞ」

と言った。そこでハーンは、

「命じたことは果たし、欲したことは満たすわがゴーハイ太尉よ、お前はこの女を私に会わせよ。私はお前を丞相《チンサン》（中書省の長官）にして、四オイラトを知行させよう」

と言った。

そこでゴーハイ太尉は、皇太子が間もなく巻き狩りに出かけたあと、皇妃子のもとに行って、こう言った。

「ハーンの仰せでございます。『お前の美貌をみんなが誉めたたえている。私はお前の家に来て、お前を見たい』と仰せられました。」

皇妃子はおおいに憤慨して、こう語った。（以下、韻文）

「天と地がいっしょになる道理があるか。

貴いハーンたちが弟嫁に会う道理があるか。

ハルグチュク皇太子なる弟が死んだとでも聞いたのか。

ハーンなる兄は、黒い犬にでもなったのか。」

そこでゴーハイがもどって来て、ことの次第を語ると、ハーンは怒って、弟を道で待ち伏せして殺して、弟嫁が妊娠三カ月なのを娶《めと》った。

それからハーンが鷹狩りにお出かけになったあと、ゴーハイ太尉は丞相の称号を受けようとして、祝宴の準備をしてやって来て、外に坐ってハーンの帰りを待っていた。これを聞いて皇妃子はハルグチュクの従者のドクシン・シラという者を遣わして、

「あなたは外に坐っているよりは、家に来てハーンを待ちなさい」

と言って太尉を呼んで来させて、大いに鄭重《ていちょう》にもてなし、銀の酒器に焼酎《アルヒ》にバターを入れたものを盛って、皇妃子は、

「いやしい私の身を貴くし、小さい私の身を大きくし、皇妃子であった私の名を皇后とし、ただの皇太子の妃であったのを、貴いハーンのハトンとしたのはあなたです。わたしはあなたの恩をいくら思っても足りません。大いなる恵みはあなたのハーンからあるでしょうが、これは私が謝礼として奉る器です」

と言って渡すと、太尉は真に受けて、それを飲みほして、意識を失って倒れた。

そこで皇妃子は、ゴーハイを寝床の上にあげて置き、自分の弁髪を断ち、自分の体のそこかしこに掻《か》き傷をつけて、近隣の多くの民を呼び集めて見せ、さてハルグチュクの従者ドクシン・シラを遣わしてハーンのあとを追わせ、ハーンがやって来ると、顔をそむけて泣きながら坐っていた。そこへハーンが入って来て、

「お前はなぜ泣いているのか」

と言うと、さきにゴーハイに器を捧《ささ》げて言ったことをすっかり告げて、

「こうして私が捧げた酒に酔って、暴言を吐き、私に挑んだが、従わなかったので、私をこうしたのです」

と話しているのを、ゴーハイは聞いて、起きて馬に乗って逃げ去った。

そこでハーンは、

「かくゴーハイが逃げるところから見れば、話は本当である」

と言って、追って行って戦って、ハーンは小指を射切られた。そうしてそこでゴーハイを追いつめて殺し、ソニト部族のジャンチャ大夫《ダイフ》（御史台の長官）という者に、ゴーハイの背の皮を剝《は》がせて、もって来て皇妃子に与えると、皇妃子は、

「『位には満足することがない』という諺《ことわざ》がある」

と言ってハーンの小指の血をなめ、

「人の皮はどんな味か見よう」

と言ってゴーハイの皮の脂肪をなめて、（以下、韻文）

「腹黒いハーンの血をなめて、

讒言者《ざんげんしゃ》ゴーハイの脂肪をなめて、

女人ではあっても、

夫の仇を私は討った。

いまはいつ死んでも構わない。私をすみやかに、ハーンはなんとでもせよ」

と言った。

しかしハーンは、皇妃子の色香に迷って怒らず、

「不当にかれの父を殺してしまった」

と言って、ゴーハイの息子バトラに自分の正妻コベグンテイ・ハトンから生まれた娘サムル公主《グンジ》（皇女の称号）をめあわせ、丞相にして、四オイラトを知行させた。

そこでオイラトのケレヌート（ケレイト）部族のオゲチ・ハシハという者が、

「このハーンは不法の政治をおこない、自分の弟ハルグチュク皇太子を殺して、弟嫁の皇妃子を娶ってハトンとし、道ならぬ法令を出し、私の臣下のゴーハイを皇妃子にあざむかれて殺して、恥じたからといって、主人である私が生きているのに、私の家来のバトラに四オイラトを知行させる」

とはなはだ憤慨しているとハーンは聞いて、

「オゲチ・ハシハを殺そう」

と婿のバトラ丞相と相談した。この相談を、コベグンテイ大ハトンが人を遣わして、オゲチ・ハシハに告げた。するとオゲチ・ハシハはただちに出陣して来て、エルベク・ハーンを殺害して、オルジェイト皇妃子をみずから娶り、モンゴル人の大半を従えたのであった。

オルジェイト皇妃子は、ハーンが娶ったときに妊娠三カ月、オゲチ・ハシハが娶ったときには妊娠七カ月であったが、それから三カ月たって一人の男の子が生まれたのを、アジャイと名付けて、オゲチ・ハシハは自分の養子にした。

以上の『エルデニイン・トブチ』の物語は、モンゴル高原の遊牧部族が、十四世紀の末にモンゴルとオイラトの二大陣営に分かれて対立するようになったことの由来を説明するものである。

一三八八年にアリク・ブガ家のイェスデルが、フビライ家のトクズ・テムル・ハーンを殺して北元のハーンの位を奪った事件を境にして、モンゴル高原では、フビライ家を支持する遊牧民がモンゴル人、アリク・ブガ家を支持する遊牧民がオイラト人と呼ばれるようになった。そのオイラトというのは、それまでのオイラト部族だけではなく、それにケンテイ山脈の西のケレイト部族、アルタイ山脈方面のナイマン部族、バイカル湖のまわりのバルグト部族が加わって結成した、反フビライ家の部族連合であった。四つの部族の連合であるので、「四（ドルベン）オイラト」と呼ばれる。これに対して、ケンテイ山脈の東方、ゴビ沙漠以南の遊牧民は、「四十（ドチン）モンゴル」と呼ばれた。このモンゴルとオイラトの抗争が、これから四百年間にわたって北アジア・中央アジアで繰り広げられることになる。

『エルデニイン・トブチ』の物語では、弟の皇太子を殺したエルベク・ハーンが、自分もオイラトに殺されたのは、一三九九年のことになっている。前に言ったように、テムルの伝記『ザファル・ナーマ』によると、この前年、一三九八年に北元の宮廷で内紛があり、タイジ・オグランという皇子が「ハーンにそむいてカルマク（オイラト）人たちからのがれ」、テムルのもとに亡命している。さらにスペインの大使クラヴィホの報告では、北元の前皇帝（エンケ・ハーン）の死後、三人の息子たちの間に相続争いが起こり、長男（エルベク・ハーン）が、末弟（ハルグチュク）を殺したが、次弟には負かされ、絶望のあまり自分の幕営に火を放って、多くの従者ともども焼け死んだという。これから考えて、このころアリク・ブガ家にお家騒動があったことは間違いない。

この騒動のあと、ハーンとなったのは、クン・テムルという人であった。これがクラヴィホの報告にある、エンケ・ハーンの次男であろう。

クン・テムル・ハーンは一四〇二年に死んだ。つぎの北元のハーンはオルク・テムルといい、オゴデイ家の人であった。明朝の漢語の記録では、このハーンは「鬼力赤」と呼ばれている。オルク・テムル・ハーンは絶えずオイラトと戦ったが、一四〇八年、アリク・ブガ家のオルジェイ・テムルという皇子が、西方からモンゴル高原に帰って来ると、オルク・テムル・ハーンは部下に廃位されて殺された。

オルジェイ・テムルというのは、一三九八年に北元からテムルのもとに亡命したタイジ・オグランと同一人物である。明朝の漢語の記録は、「完者禿王（オルジェイト王）」または「本雅失里（プニヤシュリー）」と呼んでいる。オルジェイ・テムルは、一四〇五年のテムルの東方遠征に同行したが、テムルがオトラールで急死したあと、自力で東方に向かい、天山山脈の北のベシュバリクの地で即位してハーンとなり、モンゴル高原に迎え入れられた。この人はアリク・ブガ家の人ではあったが、もともとオイラトの勢力が北元の宮廷で強大になり過ぎたのに反抗して、テムルのもとに亡命したのであったから、当然オイラトとは不和で、フビライ家の重臣のアルクタイという人と手を結んだ。

『エルデニイン・トブチ』の物語によると、アルクタイはアスト部族の人で、オイラトのバトラ丞相に召し使われて、籠《アルク》を背負って、燃料用の家畜の糞を拾うしごとをしていた。バトラ丞相は、旧主人のオゲチ・ハシハに殺された。ただちに四オイラトは大会議を開いた。その会議に出席した三人のオイラト人が帰って来る途中、アルクタイに出会った。アルクタイは糞を拾いながら、

「あなたがたの会議は、どんな決議になりましたか」

と問うた。そのうちの一人のメルゲン・イキデイは、

「『頸《くび》に籠を掛けて暮らしながら、大いなる政道のために憂える』というとおりだ」

とあざ笑って、こう言った。（以下、韻文）

「瞬間という町を建てることになった。

うす黄色い牛を打つことになった。

アジャイ太子《タイジ》をハーンに戴《いただ》くことになった。

アルクタイという子供を太師《タイシ》（軍総司令官でハーンの後見人）にすることになった。」

かれらが通り過ぎたあとで、アルクタイは箙を外して下ろし、

「お前の言葉ではない。天の仰せであるぞ」

と言って、

「平民である私はともかく、アジャイ太子は天の子孫（チンギス家の人）である。かれの父なる天よ、あなたこそ御照覧あれ」

と言って、南に向かって天に拝礼した。

まもなくオゲチ・ハシハは死んだ。オゲチ・ハシハの息子のエセクという人がハーンとなり、バトラ丞相の未亡人サムル公主を娶り、オルジェイト皇妃子とその息子のアジャイ太子、それにアストのアルクタイを家で召し使っていた。エセク・ハーンが死んだあと、サムル公主はこの三人をこっそり逃がして故郷のモンゴル人たちのもとへ帰してやり、（以下、韻文）

「エセク・ハーンは死んだ。

混乱する人々は首領を失った。

主君なる父（チンギス・ハーン）に拝礼して命を乞い、

こちらに出陣して来ればよい」

とことづけた。

するとと公主（とバトラ丞相）の息子のバクムが、

「母上よ、モンゴルはあなたの里方ではあっても、異族です。どうしてそんなことが言えるのですか」

と言ったので、母は腹を立てたが、何も言わなかった。

以上の『エルデニイン・トブチ』の物語のなかの、オイラトのバトラ丞相という人は、明朝の漢語の記録では「馬哈木（マフムード）」と呼ばれ、オイラトの三大首領の一人であり、一四〇三年から記録に現れ、一四一六年、モンゴルのアルクタイに敗れて死んでいる。

ここで話をもとにもどすと、一四一〇年、明朝の永楽帝は、みずから大軍を率いてモンゴル高原に攻め込み、オノン河のほとりでオルジェイ・テムル・ハーンのモンゴル軍を粉砕した。ハーンは行きどころを失って、オイラトに逃げ込み、二年後の一四一二年、マフムードに殺された。マフムードはこのことを永楽帝に通報し、当時、甘粛の国境のほとりに居て明朝の保護下にあったトクトア・ブハ（脱脱不花）という皇子を、モンゴル高原に送還してくれるように請うた。しかし永楽帝はこれに応じなかった。

そこでマフムードは、代わりにアリク・ブガ家のダルバクという人をハーンに立てた。一四一四年、永楽帝は、ふたたびみずから大軍を率いてモンゴル高原に攻め込み、ケンテイ山中のウラーン・ホシユーン（紅い山鼻）の地で、ダルバク・ハーンとマフムードらのオイラト軍を粉砕した。ダルバク・ハーンは翌一四一五年に死んで、やはりアリク・ブガ家のオイラダイ・ハーンがあとを継いだ。さらに翌年の一四一六年にはオイラトのマフムードも死に、息子のトゴンがあとを継いだ。

こうしたオイラト側がかついでいたアリク・ブガ家のハーンたちとは別に、モンゴル側にもハーンがあった。明朝の記録では、アルクタイは一四二三年、自分がかついでいたあるハーンを殺したという。一四二五年になると、モンゴル側ではアダイというハーンが即位したが、これはオゴデイ家の人で、オルク・テムル・ハーン（鬼力赤）の息子であった。

ここで『エルデニイン・トブチ』の物語にもどる。

サムル公主によって釈放されたオルジェイト皇妃子、アジャイ太子、アルクタイの三人は、生き残りのモンゴル人たちを治めていたアダイ太子のもとにたどり着いて、公主の言葉をことごとく話した。そこでアダイ太子は、オルジェイト皇妃子を娶り、チンギス・ハーンの神前でハーンの位につき、アルクタイに太師の称号を授けた。ただちにアダイ・ハーン、アジャイ太子、アルクタイ太師の三人は、先頭に立って出陣して、ジャラマン山に四オイラトを襲撃して捕虜とし、バトラ丞相の息子バクムを捕らえて帰って来た。

そのときアジャイ太子が、

「われらの姉なるサムル公主がよくしてくれたお礼に、公主のこの子を釈放したらどうか」

と言うと、アルクタイ太師は言った。

「『猛獣の仔を養ってはいけない。敵の子供を成人させてはいけない』という諺《ことわざ》がある。あの日、われらを釈放するときに、この子は悪意のあることを言ったではないか。」

アダイ・ハーンはアルクタイに同意した。連れて帰って来てから、アルクタイ太師はこう言った。

「以前、お前の父バトラ丞相は、私に籠《アルク》を背負わせ、アルクタイと名付けて、虐待して召し使った。（以下、韻文）

今日、めぐる太陽、

始まる政道に、
父の仇を討つため、
かく子から取る」
と言って、バクムに鍋《トゴーン》をかぶらせ、トゴンと名付けて自分の家で召し使っていた。
アルクタイ太師の妻ゲレル・アガは、トゴンは公主の種だといって、はなはだかわいがっていた。
ある日、ゲレル・アガがトゴンの弁髪をすいていると、モンゴルジン部族のモンケベイという者が来てこれを見て、
「アガよ、こいつの髪をすくぐらいならば、頸動脈《けいどうみゃく》を掻き切ったほうがましだ」
と言って立ち去った。
その後、サムル公主がみずから訪ねて来て、息子のトゴン太師を乞い取って連れて帰った。トゴンは帰るやいなや、四オイラトの代表者たちにこう言った。（以下、韻文）
「いまやモンゴル人たちは、
以前のわれわれのように、
頭がばさばさになっている。
この際に出陣すれば、難なく取れる。」
すると母のサムル公主は、
「この小さな者は、自分が苦しんだのを恨んで言うのだ。昔の恨みばかり追いかけてどうするのか」
と言った。しかしトゴンは聞き入れずに出陣して、アダイ・ハーンが巻き狩りをしている途中で出

会った。

アダイ・ハーンは、サイムジン、サラムジンという名の二人のオイラトの若者に、矢をさした箙《えびら》を帯びさせ、自分は四本の大きな鏃《やじり》のついた矢をさした箙を帯びて、馬の上から獣を射ているところであった。そこで敵が自分たちの四オイラトであるのを見知って、その二人の従者はそむいて行ってしまった。ハーンは箙の四本の大きな矢で四人の敵を倒して、逃げ帰ってチンギス・ハーンのオルド（廟《びょう》）に立てこもったが、武器もなくて取り囲まれて、捕らえられて殺された。

以上は『エルデニイン・トブチ』の物語であるが、実際にはオイラトのトゴン太師は一四三四年、モンゴルのアルクタイを攻め殺し、トゴン太師と同盟したトクトア・ブハ王は一四三八年になって、アダイ・ハーンを攻め殺した。こうしてオイラトの勢力は全モンゴル高原をおおった。

トクトア・ブハ王は、すでに一四三二年、長年住み慣れた甘粛の国境を離れ、翌一四三三年にはトゴン太師に迎えられて、ハーンの位についていた。このハーンは、モンゴルの年代記ではタイスン・ハーンと呼ばれている。一四四二年にこのハーンが朝鮮の世宗王に送った手紙では、フビライ・ハーンのことを「祖先なるセチェン・ハーン（祖薛禅皇帝）」と呼んでいるから、フビライ家の人であった。

トゴン太師は一四三九年に死に、息子のエセンがあとを継いでオイラトの指導者となった。このトゴン太師の死について、モンゴルの年代記は、自分でハーンになろうとして、チンギス・ハーンの神罰に当たったのだと言っている。『エルデニイン・トブチ』の物語はつぎのようである。

アダイ・ハーンを滅ぼしたあと、トゴン太師は馬に乗って、チンギス・ハーンのオルドの塔のあるテントの周りを三度めぐって繰り返し斬《き》りつけて、

「お前がストゥ（チンギス・ハーン）自身の白いゲルならば、私はスタイ（オイラトの祖先女神）の子孫のトゴンである」

と言った。そのとき四十モンゴルと四オイラトの領主たちも民も、こう言い合った。

「この主君さま（チンギス・ハーン）は、ただモンゴルだけの主君ではない。あらゆる五色の人々、四つの異族を征服した、帝釈天《たいしやくてん》の御子である。これは罪作りのおこないだ。」

人々はそう言って、

「あなたの言行は、はなはだよろしくない。主君さまに拝礼をして、命乞いをするべきです」

と言ったが、トゴン太師は聞き入れず、

「私が私の命を誰に乞うことがある。いまや全モンゴル人は私のものになった。私は昔のモンゴルのハーンたちの例にならって、ハーンの称号を取ろう」

と言って、チンギス・ハーンに供え物をして、引き返そうとすると、チンギス・ハーンの黄金の箙《えびら》が「パシッ」と音を立てた。近くに居た者が見ると、箙のまん中の穴にさした一本の鏑矢《かぶらや》が、ぶるぶると震えているのであった。

たちまちトゴン太師は、鼻と口から血を流して失神した。着物を脱がせて見ると、肩胛骨《けんこうこつ》の中間に矢が貫いたような傷が現れているのを、人々がみんな見た。そこでチンギス・ハーンの箙のところに行って見ると、まん中の穴の一本の鏑矢の鉄の尾に血がついていた。これを見て、モンゴル人もオイラト人も、

「主君さまのお気に召さなかったのだ」

と言い合った。
そこでトゴン太師は、息子のエセンを呼んで来させて、（以下、韻文）
「男であるストゥ（チンギス・ハーン）は、
自分の男系を創り出した。
女であるスタイには、
保護することができなかった。
母なるスタイに求めて暮らしているうちに、
主君さまにこうされたのだ、私は。
お前のじゃまものは片づけ終えた。
残ったのはただモンゴルジンのモンケベイだけだ」
と言って、息が絶えた。
以上の『エルデニイン・トブチ』の物語は、チンギス・ハーンの男系の子孫でなければハーンになれないという「チンギス統原理」が、十五世紀のモンゴル高原でも生きていたことを示している。
トゴン太師の死後、息子のエセンが太師となってオイラトを率いた。エセン太師の時代のオイラトは、東方では大興安嶺山脈を越えて、満洲のジュシェン（女直）人たちを服従させ、西方ではモグリスタン・ハーン家を制圧し、シバン家のアブールハイル・ハーンを撃破した。こうしてオイラト帝国の勢いは、ほとんどチンギス・ハーンのモンゴル帝国の再現を思わせた。
シナとの国境の方面では、エセン太師は一四四四年には、甘粛行中書省を百二十数年ぶりに設置した。そして一四四九年になると、エセン太師のオイラト軍は、タイスン・ハーン（トクトア・ブハ王）のモンゴル軍と協同して、四手に分かれていっせいに明領に進攻した。エセン太師自身の率いる本軍は、山西の大同《だいどう》を攻めた。

当時の明朝の正統帝《せいとう》は、まだ二十三歳の若さで、気は強いが無分別な君主であった。オイラト軍の大侵入の知らせを受けた正統帝は、ただちに自分で出陣することを決意し、八月五日、五十万の軍とともに北京を出発し、居庸関《きょようかん》を出て宣府《せんぷ》を経《へ》、十九日、大同に着いた。エセンの軍はひとわたり掠奪を終えて引き揚げたあとであったが、皇帝の腹心の宦官王振《かんがんおうしん》は、あまりに戦火の被害の大きいのに驚き、にわかに恐怖心に駆られて北京に引き返すことにし、二十八日には宣府に達した。

しかし危険はたちまち迫ってきた。皇帝と宦官たちの日用品いっさいを積み込んだ何万輛《りょう》という牛車隊の足どりが遅々としてはかどらずにいるうちに、皇帝の所在を察知したエセンの騎兵部隊が全速力で追いついてきたのである。九月四日、宣府を出発しようとした皇帝軍の殿軍《でんぐん》は、オイラト軍の攻撃を受けて四万人が戦死した。翌五日、宣府の東方の土木堡《どぼくほ》にたどり着いた皇帝軍は、そこで二万のオイラト軍に包囲されて動くことができず、六日に総攻撃を受けて数十万人の死者を出して全滅した。王振をはじめ、従軍した大官、大将たちはみな死んだ。この事件を「土木の変」という。

正統帝は、乱軍のなかで、馬で囲みを突破しようとしたが果たさず、あきらめて地上に坐り込んでいるところを捕虜になった。一人のオイラト兵が皇帝の着衣をはごうとした。皇帝が拒んだ。その兵士は怒って皇帝を斬ろうとした。するともう一人の兵士が、

「これは普通の人ではない」

と止めて、かれらの上官のサイハン王のもとへ皇帝を引き立てて行った。サイハン王はエセン太師の弟の一人である。皇帝を見たサイハン王は驚いて、皇帝らしい捕虜がいると、エセン太師に急報した。エセン太師は、以前北京に使節として行ったことのある部下に首実検をさせ、明朝の皇帝に違いないことを確かめ、喜んで鄭重に待遇することとした。

エセン太師は正統帝の身柄を、有利な条件と引き替えに送還するつもりであったが、北京のほうでは、正統帝の弟の景泰帝《けいたい》をあたらしい皇帝に立てて、正統帝の帰国を歓迎せず、和議はなかなかまとまらなかった。しびれをきらしたエセン太師は、この年の秋、再び明領に侵入し、正統帝を連れて五日間北京を包囲したが、これも効果がなく、結局、翌一四五〇年の九月、無条件で正統帝を送還した。

モンゴルのタイスン・ハーンは、ケンテイ山脈の東のケルレン河の流域に本拠を置き、名目上はエセン太師の主君であったが、ハーンの位の後継者の問題で衝突が起こった。タイスン・ハーンの正妻はエセン太師の姉であり、息子を産んだが、ハーンはこれを皇太子に立てず、別の妻の産んだ息子を立てようとしたので、エセン太師はこれに文句を言った。するとタイスン・ハーンは兵を率いて来て、エセン太師に攻めかかったが、戦って敗れた。ハーンは姻戚《いんせき》のウリャンハン部族に逃げ、そこで殺された。時は一四五二年一月十九日であった。

このタイスン・ハーンとエセン太師の戦いを、『エルデニイン・トブチ』はつぎのように描写している。

タイスン・ハーンは、次弟のアクバルジ晋王（ジノン）、末弟のマンドールン太子とともに三人で出陣した。四オイラトはドリヌ・ハラという地にこれを迎え撃って陣を張った。

その時代には、大きな戦いの成りゆきを占うためには、二人の勇士をまず立ち合わせることになっていた。そこでモンゴル側は、ホルチン部族のバートル・シューシテイ（チンギス・ハーンの弟ジョチ・ハサルの子孫）を出した。オイラト側は、ブリヤート部族のバートル・グイリンチを出した。そこで二人は名乗りをあげたのだが、互いに相手の名前を聞いて、こう言った。

「われら二人は以前、平和だったときに盟友《アンダ》であった。そのころある日、焼酎《アルヒ》を飲みながら坐っていて、こう話し合った。

『もしも四十モンゴルと四オイラトが分かれ分かれになって敵対すれば、先鋒《せんぽう》には、われら二人のほかに誰が出るはずがあるか。もしもそうなったならば、そのとき、われら二人が手合わせをするときに、お前は私をどうするだろうか』

そういうと、グイリンチはこう言った。

『私の弓矢の腕前はすぐれている。私はお前が鎧《よろい》を着たままでも、射抜いてやるぞ。』

『私の刀の腕前はすぐれている。お前を頭のてっぺんから股下まで斬ってやるぞ。』

そう言い合ったのであった。」

バートル・シューシテイは二重の鎧を着た。そして勝負のときに、バートル・シューシテイは遠くから、こう叫んでやって来た。

「遠くから射るのだから、お前が先手を取れ。射よ。」

バートル・グイリンチがまず射ると、シューシテイの二重の鎧を射抜いて、体に少しとどいたのを、鞍橋《くらぼね》の後輪《しずわ》に身を引いてよけて、前に坐りなおして斬りつけると、グイリンチの頭上から股下までとどいた。

そうしているうちに夕暮れになったので、明朝の日の出に合戦しようと申し合わせて、その夜は対陣したまま宿った。

四オイラトは、縁起が悪いといっておおいに恐れ、

「いまは降伏しようか、どうしよう」

と言い合っていると、テレングス部族のアブドラ・セチェンが、

「モンゴル人たちは思慮が浅い。私が行って離間してみよう。私が帰って来られれば、私自身を表彰せよ。死ねば、私の子孫を保護せよ」

と言って出かけた。そして、

「タイスン・ハーンは賢明だから見破るであろう。アクバルジ晋王は愚かである。かれをだましてみよう。邪魔なのは彼の息子ハルグチュクだ。見破るであろう。かれをいかにしてだまそうか。成否は運に任せよう」

と言って、晋王のゲルに入って、こう言った。

「晋王よ、あなたが一人で取るのならば、われらは降伏しましょう。ハーンと二人で分けるのならば、あなたがたになんで降伏しましょうか。あなたがたにそのようにされるよりは、鏃《やじり》にかかって死んだほうがましだといって、エセン太師が私を遣わしたのです。あなたの兄ハーンは、つねづねあなたをばかにしていると聞いております。兄が食べているときは、弟にもあたえるものです。」

そこでその夜、自分たちの間で相談して、晋王はこう言った。

「アブドラ・セチェンのその言葉は、もっともなばかりでなく、本当である。私の兄ハーンは、以前、私を晋王にして、右翼の万人隊に派遣するとき、ただ盲目の黒い駱駝《らくだ》に乗らせただけで行かせたのであった。いま、行軍中に、私の従者のアラクチュート部族のチャガーンを奪い取った。私はかれに、なんで兄として仕えようか。いまや四オイラトと手を結んで、かれを追放しよう。」

するとと息子のハルグチュク太子がこう言った。（以下、韻文）

「『同族を離れれば衰える。

胎内を離れれば成長する』という諺があります。

『姻戚を離れればいやしくなる。

ハーンを離れれば恐れがある』という諺があります。

エセン太師は私の妻の父ですが、

自分の父であるあなたの名誉のために私は言うのです。

よそ者の言葉を信ずるよりも、敵がこのように浮き足立ったところを斬るほうがよろしい。」

しかし晋王は、

「お前は若いのに、逆らってつべこべ言う」

と言って、その夜のうちにアブドラ・セチェンにつけて、ソロンゴス部族のフドゥバハと、ホニチュート部族のモンケの二人を遣わして、四オイラトと協定を結び、翌朝、オイラト軍を率いて攻めて来た。

タイスン・ハーンは一歩も退かず戦ったが、衆寡《しゅうか》敵せず敗れた。ハーンはこう言いながら立ち去っ

た。（以下、韻文）

「おおいに功を立てた、バートル・シューシテイ。
見る間に変わった、天の運。
アブドラ・セチェンにあざむかれた、アクバルジ晋王。
はなはだ悪しくけがされた、大切な名誉。」

タイスン・ハーンは黄毛の馬に乗って、ケンテイ山を目指し、ケルレン河を渡って逃げて行った。ハーンは以前、ゴルラト部族のチャブダンという者の娘アルタガルジンを離縁して、里方に帰したことがあった。そうして逃げて行く途中、そのゴルラトのチャブダンに出会った。父のチャブダンが、「『仇に峠道で出会う』という諺がある。こいつを殺そう」

と言うと、娘のアルタガルジンは、

「悪かったのは私です。ボルジギン（チンギス・ハーンの氏族）に悪さをすれば罰が当たります。今日、ここで出会ったのをお助けすれば、いつかは役に立つことがあるでしょう」

と言って止めたが、聞き入れずにハーンを殺した。

以上は『エルデニイン・トブチ』の物語である。

タイスン・ハーンを滅ぼしたあと、エセン太師は北元の皇族をみな殺しにし、オイラト人を母に持つ者だけを助命した。そしてついに一四五三年、エセンはハーンの位に登り、「大元天聖大《だいげんてんせい》ハーン」という称号を採用した。しかし、「チンギス統原理」を無視したエセン・ハーンの支配は長続きしなかった。翌一四五四年、アラク知院（枢密院の長官）という大臣が反乱を起こし、エセン・ハーンを撃破した。エセン・ハーンは逃走の途中で殺され、オイラト帝国はたちまち崩壊した。

エセン・ハーンの最期を、『エルデニイン・トブチ』は次のように描写している。

オイラトの右翼のアラク丞相（アラク知院）と、左翼のテムル丞相の二人が来て、

「エセン・ハーンよ、あなたは四十モンゴルと四オイラトの両方のハーンとなられた。いまや、御自分の太師の称号をアラク丞相に授けられよ」

と言うと、エセン・ハーンは、

「私はお前たちがこう言うだろうとは思いも寄らず、すでに自分の息子に授けてしまった」

と言った。その二人はおおいに腹を立てて、

「こいつは、アブドラ・セチェンの計りごと、バトラ・バートルの手くだ、イキデイ・メルゲンの元気のおかげで、モンゴルの政権を奪ったのに、することは自分のためばかりだ。お前たち親子二人だけで政治をするがよかろう」

と言って引き返して、ただちに出陣して来て襲撃したので、エセン・ハーンは逃げ出して行き、妻子、領民、家畜を奪い取られた。

それからエセン・ハーンが一人で逃げて行く途中で、以前に処刑したヨンシエブ部族のボコ・スルスンの息子のバグがかれを捕らえて殺し、コケイ山の峠の上の木に死体を掛けてさらしものにした。

以上は『エルデニイン・トブチ』の物語である。

エセン・ハーンが亡びたので、モンゴル側では翌一四五五年、故タイスン・ハーンの幼い息子のマルコルギスという人をハーンに立てた。「マルコルギス」というのはキリスト教の洗礼名で、「聖ゲオ

ルギオス」を意味し、英語のセイント・ジョージに当たる。ネストリウス派のキリスト教が、十五世紀のモンゴル高原に生き残っていたことが、これでわかる。

マルコルギス・ハーンは、十年後の一四六五年に死んだ。『エルデニイン・トブチ』によると、七トメト部族のドゴラン太子に殺されたのだという。

そのあとには、タイスン・ハーンがアルタガルジン・ハトンに産ませた息子のモーランがハーンとなったが、早くも翌一四六六年には殺された。

『エルデニイン・トブチ』と同じく、十七世紀にロブサンダンジン国師という人が書いた『アルタン・トブチ』（『黄金史』ともいう）というモンゴルの年代記の物語は、つぎのとおりである。

タイスン・ハーンを殺したあと、チャブダンは、

「私の孫だ」

と言って、モーラン太子を殺さなかった。その後、ケムジュート部族のタガダル大夫と、ゴルラト部族のフブチル・ムラダイという二人が、モーラン太子をモンゴルの辺境に送り届けて、そこの人に引き渡した。その人はモーリハイ王（チンギス・ハーンの異母弟ベルグテイの子孫）のもとに届けた。

オンニュート部族（モーリハイ王の所領）の大臣たちがモーリハイ王に、

「モンゴルの政治は衰えました。いまやあなたがハーンの位におつきなさい」

と言ったが、モーリハイ王は、

「われらの主君さま（チンギス・ハーン）の子孫がないわけではない。そんなことをすると、自分にも後裔にもよろしくない」

と言って聞き入れなかった。

モーリハイ王は、七歳のモーラン・ハーンを薄黄毛の馬に乗らせ、黄金の金剛杵《こんごうしょ》を突き立てて、ハーンの位につかせた。その後、オルドス部族のモンケとハダ・ブハがハーンに讒言《ざんげん》し、

「モーリハイ王は、あなたがサマンダイ・ハトンの言いなりなので、あなたに悪意を抱いています」

と告げた。モーラン・ハーンは、

「先手を打って、われらのほうから出陣しよう」

と言って、軍隊を動員した。モーラン・ハーンの軍隊が見えたので、モーリハイ王に報告が届いた。

モーリハイ王は信じようとしなかったが、軍隊が立てる土煙を見て事態をさとった。

モーリハイ王は自分の軍隊を召集して、天に向かって酒をそそいで、こう申し上げた。（以下、韻文）

「上なる永遠の天よ、聞こし召せ。

二つには、ストゥさま（チンギス・ハーン）よ、聞こし召せ。

あなたの子孫に私はよくいたしました。

あなたの子孫は私に悪意を抱きました。」

こう言って天に拝礼した。

モーリハイ王は、三百の兵とともに身を隠し、モンゴル・ジャルグチをはじめとする三人の弟たちに戦わせて、モーラン・ハーンを捕らえた。こうしてモーラン・ハーンは、戊の年（一四六六年）にモーリハイ王の手にかかって亡くなった。

こうしてタイスン・ハーンの血筋は絶え、このあと九年間、モンゴル高原にはハーンのいない空位

時代が続いた。一四七五年になって、西方のモグリスタンから来たベグ・アルスランという人が、マンドールンという人をハーンに立てて、自分は太師となった。マンドールン・ハーンは、タイスン・ハーンの異母弟であった。しかし四年後の一四七九年になって、ベグ・アルスラン太師は、やはりモグリスタンから来たイスマイルという人に殺され、マンドールン・ハーンも死んだ。

こうして弱体になった北元を復興し、チンギス・ハーンの神聖な血統を後世のモンゴル高原に伝えたのは、ダヤン・ハーンという人である。つぎに、モンゴル語の年代記から、ダヤン・ハーンの物語を紹介しよう。

2　ダヤン・ハーン家の発展

一四五二年に、タイスン・ハーンが弟のアクバルジ晋王に裏切られて、オイラトとの戦いに敗れ、逃走したさきのウリャンハン部族に殺されたあとの話として、『エルデニイン・トブチ』はつぎのような物語を伝えている。

アクバルジ晋王は、四オイラトと連合して、

「先日、私の不肖の息子ハルグチュクが、（以下、韻文）

『よそ者が窮地にあるこの際、

追撃して昔の仇を討とう』

と言ったとき、私は叱ってやめさせた」

と言った。オイラトもモンゴルも皆、蔭でともどもに嘲笑して、（以下、韻文）

「われらのこの晋王は、

まことの晋王ではなく、

牝の驢馬《ろば》であった。

鳴こうよ、お前に」

と言い合った。「アクバルジ晋王が驢馬になった」という話は、そのことである。

その後、オイラトは、自分たちの間で相談して、

「この晋王は畜生のような人である。ハルグチュク太子は、いつかは仇を討つことのできる人である。生きた狐を、どうして懐に入れられよう。そもそもわれら四十モンゴルと四オイラトは、互いに仇をしたことが多い。その仇を思えば、いま、かれらをどうして助命できよう。この父子を片づけよう」

と言った。

するとエセン太師は、自分の婿（ハルグチュク）をかばってこう言った。

「その父は、よこしまではあっても、兄を追放してわれらと連合した。息子は、友となるにはよい人である。かれらを殺して何とする。」

こう言ったが、アブドラ・セチェンは、

「父は自分の兄を追放して、息子を悪く言った。（以下、韻文）

親族を親族と思わない人が、
異種族の敵であるわれらとなんで仲良くしよう。

息子は成人させてはならない。有害で冷淡である。有害なことを言ったではないか」

と言い、皆これに賛成して、計りごとを定めた。

アブドラ・セチェンは行って、晋王につぎのように申し上げた。

「われら四十モンゴルと四オイラトは、あなた一人の臣下になりました。いまや、われらの主君であるあなたがハーンになられよ。御自分の晋王の称号を、われらのエセン太師に賜れ。」

晋王は、

「お前たちのこの言葉は、はなはだもっともである。そのとおりにしよう」

と言った。かれらが出て行ったあとで、ハルグチュク太子はこう言った。

「上に浮かぶものには日と月、下の地上にはハーンと晋王（ジノン）、スタイの後裔（オイラト）のかれらには太師と丞相があります。自分の称号を、他人にどうして与えられましょうか。」

そこで父の晋王がとがめて叱ると、息子のハルグチュク太子はこう言った。（以下、韻文）

「父なるハーンに逆らって物を言う筋合いではありませんが、
大切な名誉と貴い政治のために私は言うのです。

御自分の黒い頭を横たえよう（死のう）とあなたはお望みなのです。

全モンゴルを滅ぼそうとあなたはお望みなのです。」

ハルグチュク太子はこう言って出て行った。

それから四十モンゴルと四オイラトを集めて、アクバルジ・ハーンは即位し、エセン太師を晋王とした。そこで四オイラトは計りごとを定め、二軒の大きなゲルを隣り合わせに建て、うしろのゲルのなかに一つの大きな穴を掘って、それを絨毯《じゅうたん》でおおっておき、盛んな大宴会の準備をした。

腹黒いアブドラ・セチェンは行って、晋王にこう申し上げた。（以下、韻文）

「四十モンゴルと四オイラトに、晋王よ、あなたはハーンとなって、四つの強力な部族なるわれらに晋王の称号を賜って、はなはだ大切にしてくださったので、あなたの甥のエセン晋王は、祝賀の宴会を準備して、叔父のハーンをお招きに、私を遣わしたのです。」

ハーンはただちにお出ましになった。すると、

「ハーンをはじめとして、兄弟はそれぞれ二人ずつの家来を連れて、順々にお入りなさい。われらは歌を歌って杯を捧げて、席に着けましょう」

と言って、他の大勢を遠くに坐らせておいて、ハーンは四人の家来とともに、太子たちは二人ずつの家来とともに呼び込んで、先の組を入らせるやいなや、歌を歌うふりをして、皆で大声をあげながら、いっぺんに捕らえては殺し、うしろのゲルの中の穴に捨てるというようにして、三十三人の尾羽根を帽子につけた親衛兵をみな殺しにした。

このときハルグチュク太子は気がついて、ナイマン部族のイナク・ゲレという自分の従者にこっそり見させると、イナク・ゲレは帰って来て、

「およそ人というものは一人も見えませんでした。うしろのゲルの東の裾《すそ》から血が流れ出しております」

と報告した。ハルグチュク太子は、（以下、韻文）

「臥《ふ》そうといったのだ、臥そう。

死のうといったのだ、死のう」

と言って、自分の従者イナク・ゲレを連れて二人で逃げ出すと、オイラトの三十人の勇士が追いか

けて、追いついてきた。二人はオングン・ハラ・ハブチャガイ（王の黒いはざま）というところに立て籠《こ》もった。

それからオイラトのシルビス部族のバートル・ドリンという者が、二重の鎧を着て三人で登って来るところを、イナク・ゲレが射ると、二重の鎧を射通したので、うしろの二人もろともにころげ落ちた。そのつぎにトルグート部族のチェレク・トルゲンという者が、三枚の鎧を重ねて着て、槍をもって登って来ると、イナク・ゲレは、

「これは私の手には負えません。太子さまが射てください」

と言った。太子が心臓を狙《ねら》って射ると、三重の鎧を貫いて背中に抜け出たので、チェレク・トルゲンは倒れて、後続の者は逃げ去った。

そこで、

「われら二人が徒歩で行ったところで、どこに行き着けようか」

と相談して、イナク・ゲレは行って、夜になってから忍び込み、エセン・ハーンのブーラ・ガブシヤク（牡の早足馬）という黒馬と、エレメク・シルガクチン（不妊の牝の栗毛馬）という、栗毛で額に星のある牝馬を盗み出して来、黒馬に太子をお乗せし、栗毛の牝馬にはイナク・ゲレが乗って、二人は、

「トクモク（キプチャク草原）のハーンたちは、ジョチの子孫で、われらの一族である」

と言って、トクモクに向かった。

その途中で、トクモクのアク・モンケという一人の富んだ人に出会った。太子はその人と仲良くな

ってとどまって、イナク・ゲレに、

「エセン太師は生きているか、四十モンゴルと四オイラトはどうしているか、探ってこい。また手段と機会があれば、もしまだ人が娶《めと》っていなければ、私の妻セチェク（エセン・ハーンの娘）を連れてきてみよ」

と言って遣わした。

それからエセン・ハーンが即位して、四十モンゴルと四オイラトを支配していたのであった。

その後、その富んだ人が巻き狩りをしているとき、十頭の羚羊《ジェーレン》が疾走して通るのを、太子は一頭だけは逃がしたが、他はことごとく射殺した。するとアク・モンケの弟のイェクシ・モンケという者が嫉妬《しっと》して、手もとが狂ったふりをして、太子を射て殺した。

それから従者イナク・ゲレが帰って来て、野外でアク・モンケの馬飼いを捕らえて問うと、

「お前の太子をこうやって殺した」

と言ったので、イナク・ゲレはその者をその場で殺して、一群の馬を追い立ててもどって来て、太子のハトンのセチェク妃子（ビージ）に会って、起こったことを告げてともに泣き、それからエセン・ハーンに会って、

「私の太子をトクモクが殺して、私をひどく召し使うので、私はそむいて参りました」

と言って、そこで暮らした。

それから、娘のセチェク妃子を、父のエセン・ハーンは人にめあわせようとしたが、妃子は、

「私は、ハルグチュクが死んだと確かに聞く前に、他の夫に嫁ぐようなことはいたしません」

と言って暮らしていた。

妃子は、ハルグチュクと別れたとき、妊娠七カ月で、三カ月たって子どもが生まれた。父のエセン・ハーンは、

「セチェクのその子が女の子ならば、命を助けよ。男の子ならば片づけよ」

と言った。それを娘の妃子が聞いて、その子の陰茎をうしろへ引っ張って縛っておいて見せると、検分の者は、

「女の子だ」

と言って立ち去った。そこでその者が出て行ったあと、セチェク妃子は、チャハル部族のフラバト大隊《オトク》のオドイ・メルゲンという者の女の子をゆりかごに入れておいて、自分の曾祖母のサムル公主のもとに行って、事の次第を話すと、サムル公主はその男の子を連れて来させ、バヤン・モンケと名付けて、ソロンガス部族のサンガルドルの妻ハラクチン大夫人を乳母にして育てさせた。

それから孫のエセン・ハーンが、その男の子を殺そうとすると、祖母のサムル公主は、

「お前はいったい、この子がいつ大きくなって、どのような人になって仇を討つだろうというのか。この子は私の血筋でもあり、お前の孫でもあるではないか。私の息子トゴンならば、私にこんなことを言うだろうか。エセンよ、お前は自分の孫を手にかけるなら、かけたらよい」

と言って怒った。

孫のエセン・ハーンは恐れて、何も言わずに帰って行って、

「あらゆるボルジギンの後裔（チンギス・ハーンの子孫）を絶やそうとしたが、私の祖母が聞き入れ

ようとしない。いまや、公主に隠して殺そう」

と相談した。その相談をイナク・ゲレが聞いて、公主に話した。そこで公主は、

「信頼できる人があれば、モンゴルに脱出させてやりたい」

と言っていると、イナク・ゲレは、

「オイラトのオキデイ大夫は、『私は十三歳で先鋒となり、おおいに勲功をたてたのである。それなのにエセンは私を大切にしない』と不平を言っています。私はかれから約束を取り付けてみましょう」

と言って出かけて行って、

「勇士オキデイよ、お前が重んじられたいならば、セチェク妃子の三歳の男の子を、エセンが殺そうと相談している。お前が公主に申し上げて、その男の子をモンゴルに送り届ければ、お前の生きているうちはもちろん、子孫にいたるまで、モンゴルの人々に尊敬されることに、なんの疑いがあろう」

と言った。オキデイ大夫はその言葉に同意して、公主のもとに行って、

「この男の子を、あなたの孫のエセンが殺そうとしています。私があなたの里方のモンゴルに送り届けましょうぞ」

と言った。

公主はおおいに喜んで、

「お前のこの言葉が本当ならば、はなはだよろしい」

と言って、オイラトの中央千人隊のオキデイ大夫、モンゴルのハラチン部族のボライ太師、サルトール部族のバヤンタイ・メルゲン、フンギラト部族のエセレイ大夫の四人に男の子を託して脱出させ

た。その途中で、ウルート部族のオロチュ少師《シューシ》が、自分のシキルという名の娘を、そのバヤン・モンケ太子に中宮《ジョンゲン》としてさしあげ、

「私がこの方を、生き残った一族に送り届けましょう」

と言って、身柄を引き取った。

以上の『エルデニイン・トブチ』の物語の終わりの部分の、バヤン・モンケの妻シキルの父は、『アルタン・トブチ』では「ウリヤンハン部族のフトゥクト少師」となっているが、このほうが正しい。ウリヤンハンは、ケンテイ山脈に遊牧した大部族で、モンゴルのなかではもっとも西に位置し、オイラトの遊牧地と接していた。

バヤン・モンケはボルフ晋王《ジノン》とも呼ばれる。この人がはじめて明朝の漢人の記録に登場するのは、一四七五年のマンドールン・ハーンの即位のときである。それによると、西方のモグリスタンから来た、ベグ・アルスランは最初、ボルフ太子（バヤン・モンケ・ボルフ晋王）をハーンに立てて、自分の娘をめあわせ、自分は太師《タイシ》になろうとしたのだが、ボルフ太子《タイジ》が辞退して、叔父のマンドールンに譲ったので、ベグ・アルスランは代わりに娘をマンドールンにめあわせてハーンに立て、自分は太師になって実権を握ったのである。

しかしまもなく、ボルフ晋王はマンドールン・ハーンと衝突した。『アルタン・トブチ』の物語はつぎのとおりである。

マンドールン・ハーンとボルフ晋王は、モンゴルの六つの万人隊を統率していたが、その後、マンドールン・ハーンに讒言好きのホンホリが告げ口をして、

「あなたの従孫のボルフ晋王は、あなたのイェケ・ハバルト中宮（ベグ・アルスラン太師の娘）を奪おうとしています」

と言った。その話をマンドールン・ハーンは信ぜず、

「ボルフ晋王に、ホンホリの告げた話を確かめるために、使者を遣わそう」

と仰せられた。ホンホリは、ハーンに讒言をしておいてから、さらにボルフ晋王にも告げ口をして、

「あなたの大叔父のハーンは、あなたが自分と対等にふるまうので、あなたに悪意を抱いています。わたしのこの話が嘘《うそ》だとお思いならば、あなたに探りを入れに使者を遣わすでしょうから、そこでおわかりになられよ」

と申し上げた。

そのあとで、マンドールン・ハーンは、話を確かめるために二人の使者を遣わしたのである。晋王はその使者たちに会って、さきほどの告げ口を信じ、悪意を抱いているというのは本当だったと誤解して、ハーンのその使者たちに、好意ある言葉をかけなかったのであった。

その二人の使者は、ハーンのもとに帰って来て、

「あなたの従孫の晋王は、好意ある言葉をかけませんでした」

と、ハーンに申し上げた。ハーンは、

「私は健康ではないし、息子もない。私が亡くなったあとは、ハトンも嫁たちも、すべての領民も、かれのものだ。いまからもう身のほど知らずの考えを抱くとはけしからぬ」

と思って腹を立てた。ハーンが会議を召集しようとしているうちに、晋王はさとって脱走して、叔

母のブールル公主（マンドールン・ハーンの娘、ベグ・アルスラン太師の妻）のもとに逃げ込んだ。公主は、晋王を夫のベグ・アルスランから隠して、自分の二人の息子ネメク・チュヤンとバクバイに、

「ベグ・アルスラン太師をだまして、どう言うか見よう」

と話した。二人は何食わぬ顔をして、ベグ・アルスラン太師にたずねた。

「私たちのまた従兄（ボルフ晋王）が来れば、太師に保護をお願いしてもよろしいでしょうか。」

ベグ・アルスラン太師は、

「あいつが現れたならば、肉を食い血を飲んでやるぞ」

と言って、鳥肌を立て、鼻の頭を黄色くして、歯を食いしばっていた。

ベグ・アルスラン太師が巻き狩りに出かけたが、ネメク・チュヤンとバクバイは出かけず、そのあとで晋王を逃がしてやった。ベグ・アルスラン太師は巻き狩りの最中にこれを知って、人を遣わして公主にたずねた。

「足を縛った金黄毛の馬はどうしたのだ」

公主は仰せられた。（以下、韻文）

「あなたの血族には仇でしょうか。

あなたの大切な一族には疑惑でしょうか。

足を縛った金黄毛の馬は、自分の土地に帰りました。」

ベグ・アルスランが巻き狩りから帰って来たあとで、公主は二人の息子を脱走させて、こう仰せられた。

「私自身はその前に死んで、見ることはないだろうが、お前たち子孫が鎖に繋《つな》がれるのを、人々が見ることになりそうだ。」

以上は『アルタン・トブチ』の物語である。

これよりさき、一四六四年、バヤン・モンケ・ボルフ晋王の妻シキルから一人の男の子が生まれ、バト・モンケと名付けられた。これがのちのダヤン・ハーンである。

バト・モンケは生まれてすぐに、バルガチン部族のバハイという人のもとに里子に出された。しかし大切に扱われなかった。タングト部族のテムル・ハダクという人が来て、奪い取ってつれ去り、自分のもとで育てた。バト・モンケはベテギ（エキノコックスという寄生虫）に感染していた。テムル・ハダクの妻は、九頭の大きな白い駱駝の乳で、三つの銀の器がぼろぼろになるほど摩擦《まさつ》して、その病気を治療した。すると患部から七片の藻《も》のようなものが落ちて、病気は治った。これは『アルタン・トブチ』の物語である。

バト・モンケの誕生の翌年に、モンゴルのマルコルギス・ハーンが殺されて、モーラン・ハーンが立ち、さらにその翌年にはモーラン・ハーンも殺されて、モンゴルにはハーンがいなくなった。この空位時代の一四六八年には、モーラン・ハーンを殺したモーリハイ王自身も殺されている。モンゴルの年代記によると、モーリハイ王を殺したのは、ホルチン部族のバートル・シューシテイの息子のウネバラト王で、チンギス・ハーンの弟ジョチ・ハサルの子孫であった。このとき、バト・モンケは五歳であったことになる。

一四七九年、モンゴルの実権を握っていたベグ・アルスラン太師が、やはりモグリスタンから来たイスマイルという人に殺され、イスマイルが代わって太師となった。この騒動のなかで、マンドールン・ハーンは死んだ。マンドールン・ハーンには、あとを継ぐべき息子がなかった。マンドールン・ハーンの二人のハトンのうち、年長はベグ・アルスラン太師の娘イェケ・ハバルト中宮であったが、父が殺されたので、継承について発言する権利がなかった。年少のハトンは、オングト部族のチョロクバイ・テムル丞相の娘マンドフイ・セチェン・ハトンであった。このマンドフイ・ハトンに、さきにモーリハイ王を討ち取った、ウネバラト王が求婚したが、マンドフイ・ハトンは、ジョチ・ハサルの子孫のウネバラト王と再婚するよりも、チンギス・ハーンの子孫のバト・モンケと再婚するほうを選んだ。このときバト・モンケは十六歳、マンドフイ・ハトンは二十六も年上の四十二歳であった。

『エルデニイン・トブチ』の物語はつぎのとおりである。

ホルチン部族のウネバラト王が、マンドフイ・セチェン・ハトンを娶ろうとしたときに、マンドフイ・セチェン・ハトンはこう言った。（以下、韻文）

「主君（チンギス・ハーン）の子孫がすっかり絶えたのであれば、

この王も主君の一族だから、正しいことだ。

万民の主君（チンギス・ハーン）の後裔のバト・モンケという男の子が、

ここのテムル・ハダクの手もとにいると聞いている。それがだめになるまでは、私は結婚しない。」

するとアラクチュート部族のサンガイ・オルルクは、まったく賛成して、ハトンを結婚させずに待っていた。

そこでマンドフイ・セチェン・ハトンは、ゴルラト部族のサダイにこうたずねた。

「先にホルチンのウネバラト王が申し込んでいた。いま、この男の子（バト・モンケ）が到着した。この二人のどちらと結婚するべきだろうか。」

サダイが言った。（以下、韻文）

「小さい男の子を待つよりは、

ウネバラト王と結婚なされば、私たちみんなによいことです。」

またサンガイ・オルルクの妻ジガン・アガに、前のとおりにたずねると、ジガン・アガはこう言った。（以下、韻文）

「ハサルの子孫と結婚すれば、

暗い道をたどり、

すべての御自分の領民から離れて、

ハトンの称号を失いますよ。

ハーン（チンギス・ハーン）の子孫を守れば、

天の神様の御加護を受け、

すべての御自分の領民を支配して、

ハトンの名誉をたたえられますよ。」

セチェン・ハトンはジガン・アガの言葉に同意して、サダイを叱責《しっせき》し、（以下、韻文）

「ハーン（チンギス・ハーン）の子孫が小さいからといって、

ハサルの子孫が大きいからといって、

ハトンの私の身の上が寡婦だからといって、
お前はどうしてそのように言うのか」
と言って、かれの頭の上から熱い茶をそそいだ。
そしてただちにバト・モンケの手を引いて連れて来て、家臣のメンゲン・イラグという者に神酒を
撒《ま》かせて、エシ・ハトン（女神の名前）にみずからこう申し上げた。（以下、韻文）
「黒と白の見分けのつかない土地に嫁入っております。
ハーン（チンギス・ハーン）の子孫のボルジギンの一族が衰えたといって、
ハサルの子孫のウネバラトが娶ろうとするときに、
母なるハトン（エシ・ハトン）のオルドの近くに私は参りました。
まだらの馬の見分けのつかないような、ここに嫁入っております。
あなたの子孫が小さいからといって、
あなたの叔父のハサルの子孫が強いるときに、
命の心配を捨てて、私はここに参りました。
堅固で大きなあなたの門を軽いといって、
貴く大きなあなたの敷居を低いといって、
あちらのウネバラト王が大きいといって結婚すれば、
わが母なるエシ・ハトンよ、いやしい嫁である私を御照覧《ごしょうらん》あれ。
真心をもって主君（チンギス・ハーン）と母上（エシ・ハトン）に申し上げた言葉を守って、

あなたの小さい子孫のバト・モンケを守って妻となるならば、福を賜って、私の着物の衿《えり》の内側に七人の男の子、外側に一人の女の子をお恵みください。私の言葉通りになるならば、七ボラトと名付けて、あなたのかまどの火を燃やしますように。」こう申し上げて引き返して行くと、ウネバラト王はまったく同意して泣いて、求婚を撤回した。

以上は『エルデニイン・トブチ』の物語である。この物語でマンドフイ・ハトンが祈って願をかけるエシ・ハトンという女神は、ケレイトのオン・ハーンの姪のソルカクタニ・ベギの霊である。ソルカクタニ・ベギは、チンギス・ハーンの息子トルイと結婚して、モンケ・ハーン、フビライ・ハーン、アリク・ブガ、フレグの四人の息子を産んだ。ソルカクタニ・ベギはキリスト教徒で、その位牌は、十四世紀には甘粛の張掖《ちょうえき》のキリスト教会堂に祭られていた。それが十五世紀には、マンドールン・ハーンの所領であるチャハル部族に祭られていたのである。

バト・モンケとマンドフイ・ハトンが結婚したのは、一四七九年のマンドールン・ハーンの死後まもなくであったが、三年後の一四八二年、バト・モンケが十九歳、マンドフイ・ハトンが四十五歳のときに、長男のトロ・ボラトと次男のウルス・ボラトが双子で生まれたのをはじめとして、つぎに長女のトロルト公主と三男のバルス・ボラトが双子で、つぎに四男のアルス・ボラト、つぎに五男のアルジュ・ボラトと六男のオチル・ボラトが双子で、最後に七男のアル・ボラトが生まれた。この七人の息子たちから、まさに絶えようとしていたチンギス・ハーンの血統が、ふたたびモンゴル高原に広まることになったのである。

一四七九年のマンドールン・ハーンの死後、モンゴルのハーンと称したのは、バト・モンケの父、バヤン・モンケ・ボルフ晋王であった。最初はボルフ晋王ハーンは、実権を握るイスマイル太師と協力したが、まもなく両者の間に衝突が起こり、イスマイル太師はハーンを撃破して、その妻のシキル・ハトンを奪い、これと結婚して二人の息子をもうけるにいたった。しかしイスマイル太師は、一四八三年、他の部族に敗れて殺され、その妻になっていたシキルは、息子のバト・モンケとはじめて再会した。

一四八七年、ボルフ晋王ハーンは、ヨンシエブ部族に殺された。ここでいよいよバト・モンケはハーンの位に登り、フビライ家の元朝の復興を期して、ダヤン・ハーンという称号を採用した。ダヤンは「大元」の音訳である。その翌年、ダヤン・ハーンは大軍を率いてシナの北方辺境に接近し、大同の要塞に手紙を送って明朝との交渉を申し入れたが、その手紙は「大元大ハーン（大元大可汗）」の名義になっていたと、明朝の漢人の記録にある。

ダヤン・ハーンは、即位から三十八年のその治世の間に、着々とモンゴル再統一の事業を成し遂げた。ダヤン・ハーンの支配下に結集した、フビライ家を支持する諸部族は、六つの大部族に再編成された。そうした大部族はトゥメン（万人隊）と呼ばれ、それぞれ三トゥメンずつに分かれて、ゴビ沙漠の東北の「左翼」と、ゴビ沙漠の西南の「右翼」に属した。

左翼を構成するトゥメンは、チャハル、ハルハ、ウリャンハンの三つである。筆頭のチャハル・トゥメンは、十三世紀にフビライが、兄モンケ・ハーンから授けられた陝西《せんせい》の所領の後身で、フビライの母ソルカクタニ・ベギの霊に奉仕し、ダヤン・ハーンの直轄領である。もともとは陝西の北方に居たはずだが、十五世紀には東方のシリーンゴル盟の東北部に遊牧していた。

左翼の第二のハルハ・トゥメンは、チャハルの北隣に居り、その名はその牧地を流れるハルハ河から出ている。ハルハ河は、大興安嶺の西を西北に流れて、ブイル・ノール湖に流れ込む河で、日本軍がソ連軍・モンゴル軍と戦った一九三九年のノモンハン事件の戦場である。

第三のウリャンハン・トゥメンの牧地は、ケンテイ山中にあり、十三、十四世紀にチンギス・ハーンとその子孫のハーンたちの墓を守ったウリャンハン千人隊の後身である。このウリャンハン人たちは容貌に特徴があり、黄色の髪に青い眼というブロンド型であった。

右翼は、オルドス、トメト、ヨンシエブの三つのトゥメンから成る。筆頭のオルドス・トゥメンは、チンギス・ハーンの四大オルドの後身で、その領主は晋王《ジノン》といい、チンギス・ハーンの霊に奉仕する。チンギス・ハーンのオルドは、十三、十四世紀にはケルレン河のほとりに遊牧していたが、十五世紀には陝西の北方の、黄河の屈曲部に囲まれた、現在のイケジョー盟の地域に居た。おそらくボルフ晋王ハーンに従って移動したのであろう。

右翼の第二のトメト・トゥメンは、チンギス・ハーン以前の時代から黄河の屈曲部の北の陰山《いんざん》山脈に遊牧した、キリスト教徒のオングト部族の後身である。

第三のヨンシエブ・トゥメンは、オゴデイ・ハーンが息子のゴデンに所領として与えたタングト（西夏）人の国の後身で、寧夏《ねいか》・甘粛《かんしゅく》の北境に沿って遊牧した。ヨンシエブという名は、ゴデンが甘粛の武威《ぶい》に建てた永昌府《えいしょうふ》の町から来ている。

これら左右翼の六大部族のほかにも、フビライ家を支持する部族がいくつかあった。オンリュート（オンニュートともいう）部族は、チンギス・ハーンの弟たち、ジョチ・ハサル、ハチウン、ベルグテイらの子孫の所領で、大興安嶺山脈の北部の、現在のホロンブイル盟の地域に遊牧していた。アスト部族とハラチン部族は、十三、十四世紀のフビライ家のハーンたちの親衛軍であった、アスト（オセト）人軍団とキプチャク人軍団の、それぞれ後身である。これらのほかに、大興安嶺の東側に遊牧するオジエト部族があり、明朝の漢人は「三衛」と呼んだ。

ダヤン・ハーンはモンゴルの結束を固めるため、息子たちをこれらの大部族に入り婿に送り込んだ。息子たちが婿入り先の娘と結婚して生まれた子孫は、その部族の新しい領主の家柄になった。

次男のウルス・ボラトは、右翼のオルドス部族に婿入りして晋王となったが、右翼の実力者のイブラヒム太師は、ハーンの勢力が自分の上に及ぶことを好まず、ウルス・ボラトを殺した。三男のバルス・ボラトも右翼のトメト部族に婿入りして、長男のグン・ビリク、次男のアルタンという二人の息子が生まれていたが、危険が迫ったので、幼い息子たちを連れて脱出し、左翼の父ダヤン・ハーンのもとにのがれた。ダヤン・ハーンは左翼の連合軍を率いて復讐《ふくしゅう》戦に出陣し、一五一〇年、ダラン・テリグンの戦いで右翼の連合軍を破って、モンゴルの統一を確立した。

なお、モグリスタンの年代記『ターリーヒ・ラシーディー』によると、イブラヒム太師は、オイラトのエセン太師の孫である。エセン太師の息子アマサンジ太師は、モグリスタンのヴァイス・ハーンの妹マフトゥム・ハーニムと結婚して、イブラヒムとイリヤスという二人の息子が生まれた。結婚のときの条件に従って、二人はイスラム教徒として育てられた。この信仰の違いから、父子の間に衝突が起こり、アマサンジ太師はモグリスタンに亡命した。その後、イブラヒムとイリヤスも、オイラトのハーン（エセンの息子オズ・テムル太師か）と争い、一五〇四年か一五〇五年頃、一万人の部下とともにモンゴル高原に亡命した。ダラン・テリグンの戦いで敗れたのち、イブラヒム太師は、モグリスタンのコムル（新疆の哈密《ハミ》）で殺された。

ダヤン・ハーンには、マンドフイ・ハトンから生まれた七人の息子のほかにも、他の妻から生まれた四人の息子があり、すべてで十一人であった。そのうち二人には息子がなく、子孫は断絶したが、のこりの九人は、現在までモンゴル高原に生き残っているチンギス・ハーンの後裔の祖先である。

一五二四年、ダヤン・ハーンは死んだ。あとを継ぐべき長男のトロ・ボラトは、その前年に死んでいたので、トロ・ボラトの長男のボディ・アラクが後継者に指定されていたが、まだ二十一歳の若さだった。そこでダヤン・ハーンの三男で四十一歳のバルス・ボラト晋王が、右翼の勢力にものをいわせて即位し、サイン・アラク・ハーンと自称した。ボディ・アラクも負けていず、左翼の勢力を結集して、叔父に迫って退位させ、自らハーンの位についた。

バルス・ボラト晋王は一五三一年に死んで、その長男のグン・ビリクがオルドス部族の晋王となった。次男のアルタンはトメト部族の領主となった。

ダヤン・ハーンの死によって、その母の里方であったウリャンハン部族の地位が低下したため、他の部族と衝突が起こった。その後ウリャンハン人がチャハル部族を襲って、ボディ・アラク・ハーンの領民を掠奪したので、一五三八年、モンゴルの左翼と右翼は連合してウリャンハンを討伐し、部族を解体して、その民を他の部族に分け与えた。これで六トゥメンは五トゥメンになった。

ダヤン・ハーンの末子のゲレセンジェは、ハルハ部族に婿入りしていたが、西隣のウリャンハン部族が解体されたので、ハルハ部族の牧地は一挙に西方に伸びてケンテイ山脈を越え、ハンガイ山脈まで広がった。このハルハ部族が、現在のモンゴル国の国民の祖先である。

モンゴル右翼のグン・ビリク晋王とアルタンの兄弟は、連年、モンゴル高原、オイラト、モグリスタン、青海の遊牧民を征伐し、また明朝のシナに侵入と掠奪を繰り返した。グン・ビリク晋王が一五四二年に死んだあと、ボディ・アラク・ハーンはアルタンを右翼の新しい指導者と認めて、トゥシェート・セチェン・ハーンという称号を授けた。トゥシェートというのは「補佐」の意味であり、チャハルの大ハーンを補佐する次席のハーンをあらわす称号である。これからアルタンは、トメトのアルタン・ハーンとして知られるようになった。

一五四七年、ボディ・アラク・ハーンが死んだ。それとともに、左右両翼の間の均衡が破れた。ボディ・アラク・ハーンの長男ダライスン・ハーンは、アルタン・ハーンの勢力下に入ることを避けて、自分のチャハル部族とハルハ部族の一部を率いて、大興安嶺山脈を越えて東方に移動し、遼河の上流域に遊牧した。

アルタン・ハーンの三十五年間の治世の間に、モンゴルの勢力はオイラトを圧倒し、チベットにまで及んだ。シナに対しては、北元のハーンたちはこれまで明朝を承認せず、戦争状態が続いていたが、アルタン・ハーンは一五七一年、明朝の隆慶帝と平和条約を結び、国境沿いに定期市を開いて必需品の貿易をおこなうことと、モンゴルの領主たちに明朝が補助金を支給することを認めさせた。

チベットに対しては、当時のチベットで第一の高徳の僧であった、ゲルク派のデプン寺の座主ソェナムギャツォを招待して、一五七八年、青海で会見し、みずからチベット仏教に帰依《きえ》して、ソェナムギャツォにダライ・ラマの称号を贈った。この人にはすでに二人の前世があったので、第三世ダライ・

ラマと呼ばれる。これは明朝との講和によって、漢文化が流れ込んで、モンゴルが独自性を失うことを警戒し、仏教の信仰によってモンゴルの伝統を強化しようとしたアルタン・ハーンの政策のあらわれであった。このときから、チベット仏教は、チンギス・ハーン崇拝と並んで、モンゴル文化の中心となるのである。

アルタン・ハーンは一五八二年一月十四日、七十五歳で死んだ。これを境にして、モンゴルの部族の領主たちは、それぞれハーンと自称するようになった。

北元の本家であるチャハル部族では、一六〇三年にリンダン・ハーンが即位した。このころすでに遼河の東方では、ジュシェン（女直）の王ヌルハチ（清朝の太祖皇帝）の勢力が強くなってきており、ヌルハチは一六二一年、遼河デルタの明朝の飛び地を占領して、この地域の高麗人の子孫の漢人を支配下に入れた。一六二四年、ヌルハチは満洲北部のホルチン部族のモンゴル人と、チャハルに対する攻守同盟を結んだ。ホルチンの領主たちは、チンギス・ハーンの弟ジョチ・ハサルの子孫である。ヌルハチは一六二六年に死んで、その八男のホンタイジ（清朝の太宗皇帝）が王位を継いだ。ホンタイジは、シラムレン河流域のハルハ部族への攻撃を強化した。

リンダン・ハーンはこれを避けて、一六二八年、大興安嶺山脈を越えて西方に移動を開始し、ゴビ沙漠の南のハラチン・ハーン家とトメト・ハーン家を撃滅し、オルドス晋王家を服従させた。当時ゴビ沙漠の北のハルハ部族でもっとも強力であったチョクト・ホンタイジもリンダン・ハーンに協力したので、チャハル・ハーン家の勢力は一時モンゴル高原を席巻した。

しかしリンダン・ハーンの覇業は長くは続かなかった。一六三四年、リンダン・ハーンはチベット遠征に出発し、青海に入ろうとしたが、その途中、甘粛の武威の草原で病死した。こうしてモンゴル高原が力の真空状態になったところへ、東方からジュシェン王ホンタイジの軍が進出して、ゴビ沙漠の南を制圧した。

リンダン・ハーンの遺児エジェイは、母のスタイ太后とともにジュシェン軍に降伏して、一六三五年、瀋陽のホンタイジのもとに連れて来られた。ホンタイジはエジェイを優遇して、自分の次女マカタ・ゲゲと結婚させ、親王の爵位を与えて、部下のチャハル部族とともに遼河の上流域の牧地に居らせた。

このときジュシェン軍の将軍たちは、スタイ太后から、「制誥之宝《せいこうしほう》」の四字を刻んだ一つの玉璽《ぎょくじ》を手に入れた。説明によると、これは昔の代々の皇帝たちが使ったもので、モンゴルの元朝が手に入れて使っていたが、トゴン・テムル・ハーンが漢地を失って、大都を脱出するときにもこの玉璽をもって行った。ところがハーンが応昌府で死んだあと、この玉璽は行方知れずになった。それから二百年余りたってから、あるモンゴル人が崖の下で家畜の番をしていたところ、一頭の山羊が三日間草を食べずに地面を掘るのを見て、その人が山羊が掘ったところを掘り返してみると、玉璽が出てきた。それからその玉璽は、元朝の後裔のトメトのボショクト・ハーンのもとにあった。ボショクト・ハーンは、同じく元朝の後裔のチャハルのリンダン・ハーンに滅ぼされて、玉璽もリンダン・ハーンの手に入った。そういうわけで、この玉璽は、リンダン・ハーンの未亡人のスタイ太后のもとにあったのである。

元朝のハーンたちの玉璽を手に入れたホンタイジは、これはチンギス・ハーンの受けた天命が、いまや自分に移ったしるしであると解釈した。同年、ホンタイジは、ジュシェン（女直）という種族名を禁止して、マンジュ（満洲）と呼ぶことに統一した。そして翌一六三六年、瀋陽にマンジュ人、ゴビ沙漠の南のモンゴル人、遼河デルタの高麗系漢人の代表たちの大会議を召集して、三つの種族の共通の皇帝に選挙され、新しい国号を「大清」とした。モンゴル人代表団の団長はエジェイであった。「大清」というのは、「大元」と同じく、「天」を意味する。これが清朝の建国であった。

ホンタイジには五人の皇后があったが、五人ともモンゴル人で、そのうち三人はホルチン部族の出身であり、のこりの二人はリンダン・ハーンの未亡人であった。一六四三年のホンタイジの死後、あとを継いだのは、ホルチン人の皇后から生まれたフリン（福臨、清朝の順治《じゅんち》帝）であった。その翌年、明朝が亡びたので、清朝は瀋陽から北京に入った。こうしてマンジュ人の清朝は、チンギス・ハーンの子孫に代わってシナを支配することになったのである。

チャハル親王エジェイは、一六四一年に死んだ。一六四五年、エジェイの未亡人マカタ・ゲゲは、夫の弟のアブナイと再婚し、アブナイは翌々年、兄の爵位を継いで親王となった。しかし順治帝が一六六一年に死んで、息子の康熙《こうき》帝が即位し、一六六三年にマカタ・ゲゲが死ぬと、アブナイと康熙帝の関係は冷たくなった。一六六九年、康熙帝は宮廷クーデターによって、権力者の廷臣オボーイを追放すると同時に、アブナイの親王の爵位を奪って瀋陽に監禁し、アブナイとマカタ・ゲゲの間に生まれた息子ブルニにチャハル親王を継がせた。

一六七三年、雲南の平西《へいせい》王呉三桂《ごさんけい》が康熙帝に対して反乱を起こし、これが清朝領の華南全体に波及して、「三藩《さんぱん》の乱」が始まった。チャハル親王ブルニは、この情勢をきっかけとして、清朝の支配に対する反乱を起こしたが、ブルニの呼びかけに応じて反乱に立ち上がったのは、チャハルの分家のナイマン部族だけで、他の部族のモンゴル人はことごとく清朝に加担し、ブルニは追いつめられて射殺された。この報告が北京に届くと、康熙帝は、ただちに瀋陽に監禁中のアブナイを絞殺させ、チャハル部族を「八旗」(マンジュ式の八個軍団編制)に改編して、遼河の上流域から、長城の張家口の北に移住させた。こうして北元ハーン家の正統はついに絶えた。

ゴビ沙漠の北では、ハルハ部族が独立を保っていた。ハルハの右翼は、ダヤン・ハーンの末子ゲレセンジェの長男の家系のジャサクト・ハーン家が率い、西隣のオイラトの諸部族を支配していた。ハルハの左翼は、ゲレセンジェの三男ノーノホの子孫のトゥシエート・ハーン家と、四男アミンの子孫のセチェン・ハーン家が率いていた。チャハルのリンダン・ハーンの滅亡に脅威を覚えたショロイ・セチェン・ハーンは、ゴンボ・トゥシエート・ハーンと相談して、ハルハの統合の象徴を立てることにし、一六三五年十一月四日に生まれたゴンボの三男を、チベット仏教のサキャ派の分かれのチョナン派の高僧ターラナータの転生として認定し、一六三九年、たった五歳のこの男の子をハルハ左翼の最高指導者に選挙した。これがジェブツンダンバ一世である。

その後、ハルハ左右翼の間に内紛が起こり、それが次第に拡大して、一六八七年には左翼のチャグンドルジ・トゥシエート・ハーンが右翼のシラ・ジャサクト・ハーンを殺した。ジャサクト・ハーンの同盟者であるオイラトのジューンガル部族のガルダン・ボショクト・ハーンは、復讐を求めて、翌一六八八年の春、三万のオイラト軍を率いてハンガイ山脈を越え、ゴビ沙漠の北のハルハ左翼の牧地に攻め込んだ。ハルハは壊滅し、数十万人がゴビ沙漠を南に越えて、清朝の保護を求めた。

一六九〇年、ガルダン・ハーンは、ジェブツンダンバ一世の身柄の引き渡しを要求して、清領に深く侵入し、ウラーン・ブトン（赤峰市の近く）で清軍を撃破した。ここではじめて康熙帝は、ガルダン・ハーンとの対決を決意し、翌一六九一年、ドローン・ノール（多倫）の地で亡命ハルハ人の領主たちの大会議を召集し、そこでかれらの臣従の誓いを受けた。そして入念な準備ののち、康熙帝は一六九六年、みずから大軍を率いてガルダン・ハーンを討伐に向かい、ゴビ沙漠を越えてケルレン河のほとりに達した。ガルダン・ハーンは一足先にケンテイ山脈を越えて、西方に逃走していた。しかし清朝の別軍がトーラ河のほとりのジョーンモドの地でガルダン軍の行く手をさえぎったので、激戦の末、ガルダン軍は壊滅した。ガルダン・ハーンはアルタイ山中をあてもなくさまよったのち、翌一六九七年の四月五日、病気で死んだ。これでハルハ部族は、ゴビ沙漠の北の故郷に帰ることができた。こうしてモンゴル高原のチンギス・ハーンの子孫たちは、ことごとく康熙帝の臣下となり、清朝の勢力はハンガイ山脈まで及んだのである。

清朝の時代には、モンゴル高原と満洲のモンゴル人たちは、「旗（ホシューン）」と呼ばれる単位で遊牧し、旗の世襲の領主は清朝皇帝から爵位と俸禄《ほうろく》を受けた。ゴビ沙漠の東と南には四十九の旗があったが、そのうち二十三旗の領主はチンギス・ハーンの子孫であり、またダヤン・ハーンの子孫でもあった。残りの二十六旗のうち、十六旗の領主はチンギス・ハーンの弟ジョチ・ハサルの子孫であり、二旗の領主は同じくハチウンの子孫であり、四旗の領主はチンギス・ハーンの異母弟ベルグテイの子孫であった。チンギス・ハーンの一族と直接の関係がなかったのは、のこりの四旗の領主だけであった。ゴビ沙漠の北のハルハ部族の地では、八十六旗すべての領主がチンギス・ハーンの子孫であり、またダヤン・ハーンの子孫でもあった。

第七章

現代のチンギス・ハーン

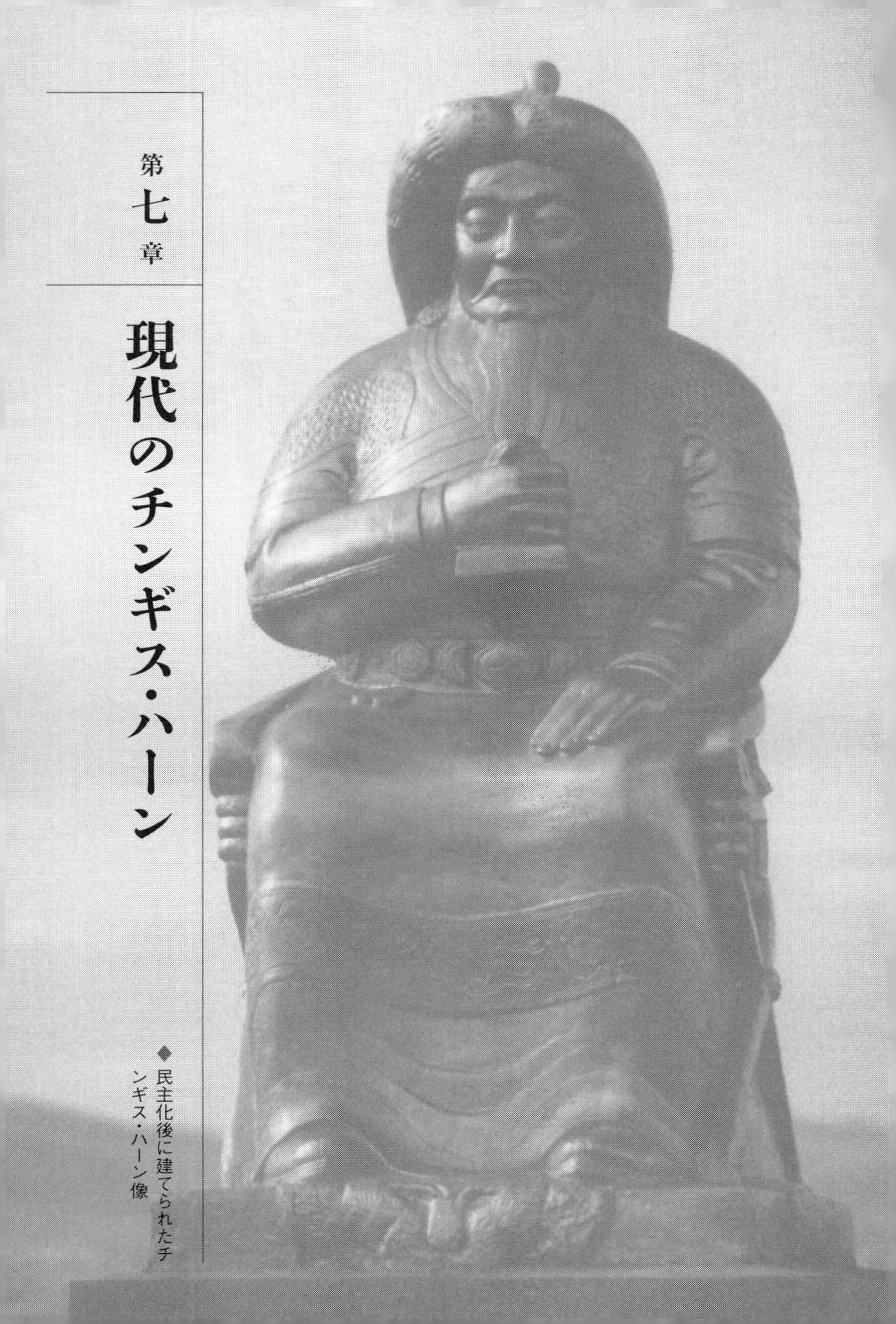

◆民主化後に建てられたチンギス・ハーン像

ダヤン・ハーンの子孫たち

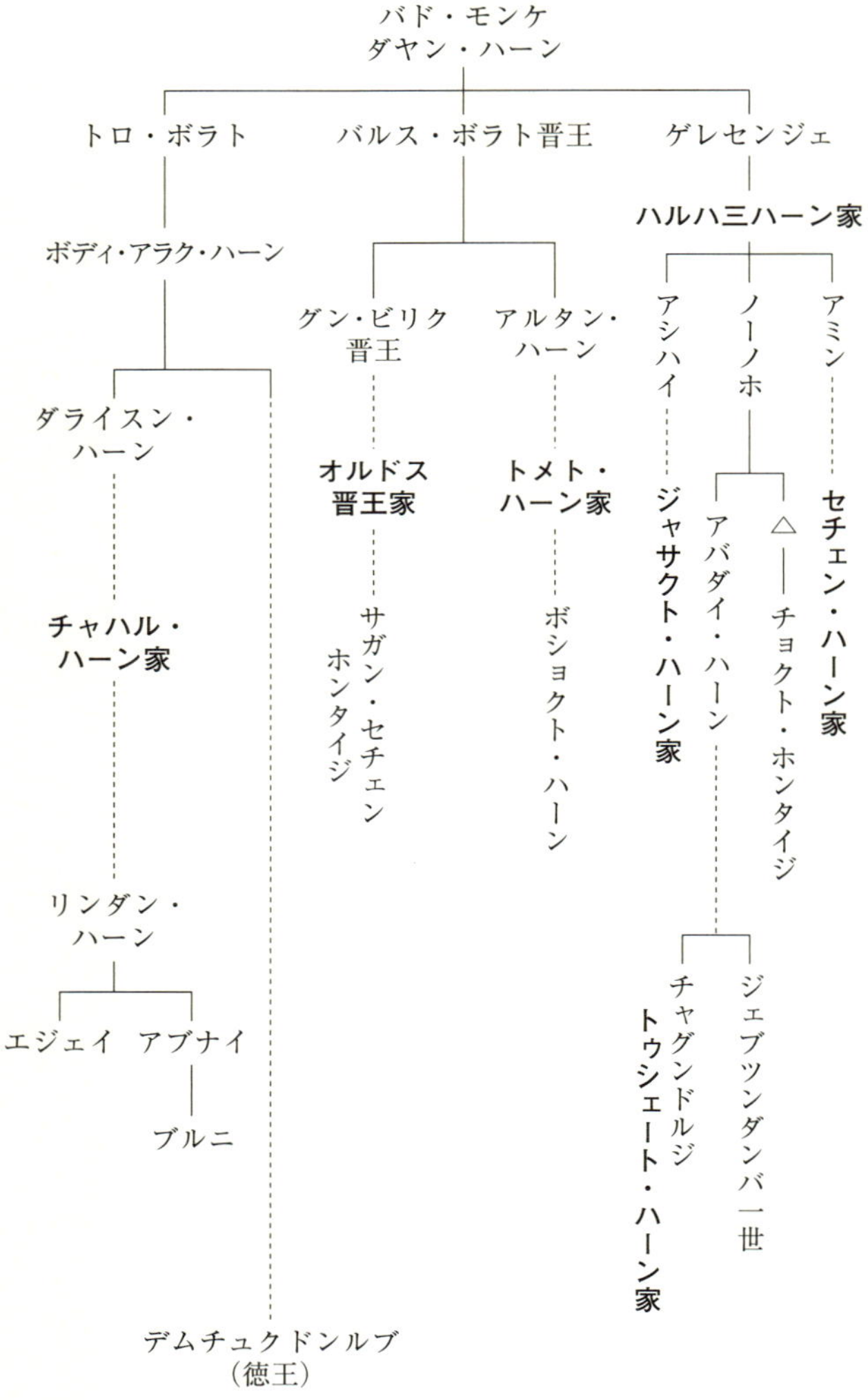

1　チンギス・ハーンの伝説

チンギス・ハーンの征服の足跡は、東は大興安嶺山脈から、西はインダス河にまで及び、あまりにめざましい活躍であったために、その死の直後から、チンギス・ハーンの生涯について、いろいろの伝説が語られ始めたのは無理もないことであった。

死のほぼ百年後の一三二四年に書かれた『元朝秘史続集』は、チンギス・ハーンの西夏征伐と死について、つぎのような筋の物語を伝えている。

チンギス・ハーンが最初に西夏を攻撃したとき、西夏王は降伏して娘をさし出し、

「これからは、あなたの右手となってお仕えいたしましょう」

と誓約した。その後、チンギス・ハーンがホラズム帝国に派遣した使者たちが捕らえられて殺されたとき、チンギス・ハーンは中央アジア遠征に出発するに先立って、西夏王に使者を送り、誓約のとおり、自分の右手となって出兵することを要求した。西夏王がなにも答えないうちに、アシャ・ガンボ（「吐谷渾《とよくこん》人の殿様」という意味の名前）という人が、

「実力もないくせにハーンになってどうするのだ」

と言って出兵を拒否し、尊大な回答を送った。チンギス・ハーンは、

「アシャ・ガンボになんでこのように言われるのか。しかしあいつらをいま攻めるよりは、他の作戦に乗り出している際だから、上天のお恵みを受けて無事に帰還してから、あらためてあいつらに手をつけることにしよう」

と言って、ホラズム帝国への遠征に出発した。

七年間の遠征を終えて、トーラ河畔の本営に戻ったチンギス・ハーンは、戌《いぬ》の年（一二二六年）の秋、西夏王国にたいして出馬した。皇后たちのなかからタタル部族出身のイェスイ・ハトン《ハトン》を連れていった。その途中、アルブハというところで、野生の驢馬《ろば》の群れを巻き狩りしたところが、驢馬の一団が突きかかってきた。チンギス・ハーンの乗馬が驚いて跳ねたので、チンギス・ハーンは落馬して、したたかに体を打った。その夜はキャンプを張って、翌朝、イェスイ・ハトンが言った。

「皇子たち、大将たちに知らせてください。ハーンは昨夜、発熱しておやすみになっていらっしゃいます。」

皇子たち、大将たちが相談して、遠征を中止しようと申し上げると、チンギス・ハーンは言った。

「タングト人たちは、われわれが臆病風に吹かれて引き返したと言うだろう。まず使者を遣わして、相手の反応を見てからでも遅くはない。」

そこで使者が遣わされて、西夏王が先の誓約を守らず、無礼の言を吐いたことを責めた。西夏王が言った。

「無礼の言を吐いたのは私ではない。」

アシャ・ガンボが言った。

「あの言葉を言ったのは私だ。いま、おまえたちモンゴル人が戦争に慣れているといって戦うつもりならば、われわれもアラシャン山脈に遊牧して、テントも駱駝《らくだ》ももっているのだ。アラシャンをめざして攻めてこい。金、銀、絹織物が欲しいのならば、われわれの町々をめざして攻めてこい。」

この回答が届くと、チンギス・ハーンは高熱に悩まされながらも、こう言った。

「こんな大口をたたかれて、どうして引き下がれようか。死んでも進んでやる。永遠なる天よ、ご照覧あれ。」

こうしてチンギス・ハーンは進軍して、アラシャン山でアシャ・ガンボと戦ってこれを破り、西夏王国の遊牧民たちを徹底的に殺し尽くした。それからチンギス・ハーンは都市の攻撃に移り、霊州城《れいしゅう》（銀川市の南、黄河の東岸の霊武県《れいぶ》）を攻め落としたとき、西夏王が謁見に来た。謁見の手土産として、金、銀の器、男児、女児、馬、駱駝などをそれぞれ九つずつそろえてもってきた。謁見の際、チンギス・ハーンのいる家《ゲル》の戸口は閉ざされたままであった。チンギス・ハーンはそのとき、気分が悪かったのであるが、三日めになって、チンギス・ハーンは命令を下して西夏王を殺させた。こうして西夏征伐から帰ってきて、チンギス・ハーンは亥《い》の年（一二二七年）に天に昇った（死んだ）。以上が『元朝秘史続集』の物語である。

この物語のなかに登場する西夏王は、最初に降伏するのが李安全《りあんぜん》、つぎの中央アジア遠征に協力を拒否するのが李遵頊《りじゅんきょく》、つぎに征伐を受けるのが李徳旺《りとくおう》、最後に殺されるのが李晛《りけん》で、四回とも違う人なのであるが、『元朝秘史続集』は全部を一人にまとめて話をわかりやすくしている。こうした物語性から見て、チンギス・ハーンの死因が落馬による負傷だというのも、あまりあてにはならない。また死んだ場所が西夏王国の現地ではなくて、北モンゴルの故郷に帰って死んだことになっているのも、事実に反する。

死のわずか百年後でさえ、チンギス・ハーンの死はそれほど伝説化していたのであるが、さらに後世になると、チンギス・ハーンはさらに神秘化して、西夏王と魔力を闘わし、美貌《びぼう》の西夏王妃に傷つけられて死ぬ物語になってしまう。

一六六二年にチンギス・ハーンの子孫のサガン・セチェン・ホンタイジという貴族が書いた『エルデニイン・トブチ（蒙古源流）』という年代記には、チンギス・ハーンの最後の西夏遠征について、つぎのような話が載っている。

チンギス・ハーンが金の皇帝の政権を奪ったということを聞いて恐れた西夏王は、使者を遣わして、

「あなたの右手となって貢ぎ物をさし出しましょう」

と申し入れた。この使者がタイチウトのジャムハの家に泊まって、夜の話のなかで、

「おまえたちのハーンは、まことに天の神の息子であるが、皇后はたいしたことがない。われわれの皇后グルベルジ・ゴワの美貌の輝きは、夜でも灯火がいらないほどだ」

と語った。ジャムハはこれをこっそりハーンに申し上げて、

「なんとしても、この女をお娶《めと》りください」

と言った。

その後、チンギス・ハーンは西夏王に使者を遣わして、ホラズム遠征に右翼となって出陣するように命じたが、西夏王は、

「あらゆる国々を支配し尽くさないのに、自分はハーンだとおまえが言うのはなんだ」

と言った。ハーンはおおいに怒って、

「いつかはこの命は尽きるとも、そのときにおまえをそのままにしておくようなことがあれば、父なる天もご照覧あれ」

と言った。それからチンギス・ハーンは遠征に出発して、諸国をことごとく平定したのち、

「一つには、さきの誓言があり、一つには、いまや西夏だけが征服されていない」

と仰せられて、丁亥《ひのとい》の年（一二二七年）の三月十八日に西夏王国に向かって出馬した。その途中、ハンガイ山で巻き狩りをするとき、ハーンはあらかじめ、

「この巻き狩りの囲みに一頭の黄色い牝鹿《めじか》と一頭の斑《まだら》の牡狼《おすおおかみ》が入るであろう。殺さずに放してやれ。青黒い毛の馬に乗った色の黒い男が入るであろう。生け捕りにして連れてこい」

と命令した。そのとおりになって、色の黒い男が連れてこられた。ハーンは、

「おまえは誰の手の者か。なんのために来たのか」

と問うた。

「私は西夏王の手の者でございます。偵察に派遣されたのです。西夏国じゅうに私の右に出る者のないハラ・ボドン（黒い猪）という者です。運が窮まったのでしょうか、あれよあれよという間に捕らえられてしまいました。私の乗馬は鋼鉄の脚を持つといわれた名馬ですのに、地面に根が生えたよう

になって、身動きできずに捕らえられてしまいました。」

「おまえたちの王は変化《へんげ》の者であるというが、どのように姿を変えるのか。」

「私どもの王は、朝は黒斑《くろふ》の蛇になり、昼には斑毛《まだらげ》の虎になり、夕べには色の白い若者になります。とうてい、捕らえることはできますまい。」

　それから進軍したチンギス・ハーンは、西夏王が蛇に姿を変えると、自分は鳥の王なるガルダ（インド神話の人面鳥身の神）に姿を変えた。西夏王が虎に姿を変えると、自分は獣の王なる獅子《ライオン》に姿を変えた。西夏王が若者に姿を変えると、自分は神々の王なるインドラ（帝釈天《たいしゃくてん》）に姿を変えた。こうして西夏王は力尽きて捕らえられた。

　それから西夏王は言った。

「私を殺せば、あなた自身にとって凶、助命すれば、子孫に凶となるだろう。」

　チンギス・ハーンは、

「私の一身はかまわぬ。子孫に吉となればよい」

と言って殺させることにしたが、矢で射ても、斬《き》っても、刺しても、西夏王を傷つけることはできなかった。西夏王が言った。

「私の長靴の底に、三つ折りに造ったエジプト鋼《はがね》の刀が隠してある。それで斬れば殺せるだろう。」

　その刀を取り出すと、西夏王はまた言った。

「いま、おまえたちは私を殺そうとしている。私の体から乳が出れば、おまえに凶、血が出れば、おまえの子孫に凶となる。またおまえは私の妻グルベルジ・ゴワを自分で娶るのならば、かの女の全身を入念に調べてからのほうがよい。」

それからそのエジプト鋼の刀で西夏王の首を斬ると、頸《くび》から乳が噴き出した。こうして西夏王を殺して、その皇后グルベルジ・ゴワを娶り、西夏の国民をことごとく支配下に入れて、黄河の岸辺にキャンプを張った。

グルベルジ・ゴワの美貌にみなみな感嘆したのであるが、ゴワは言った。

「私の容色は、これよりもまだ美しかったのですが、兵塵《へいじん》にまみれて汚れました。この河の水に浴すれば、もとどおり美しくなりましょう。」

そこで言うとおりにさせることにしたが、ゴワは河のほとりに行って、父の家で飼っていた鳩が一羽飛んできたのを捕まえて、

「私はこの黄河に身を投げて死にます。私のなきがらを、河下でなく、河上で捜してください」

と書いて、鳩の首に結びつけて放した。そして水浴から帰ってくると、ほんとうにいっそうの美貌が輝き出たのであった。

その夜になって、寝床に入ったあと、ゴワがお体を傷つけたので、ハーンは重態となった。ゴワは起きて走り去り、黄河に身を投げて死んだ。ゴワの父がなきがらを捜したが見つからず、ただ真珠を縫いつけた靴下の片方を見つけて葬った。それから黄河をモンゴル語で「ハトン・ゴル」（皇后の河）と呼ぶようになったのである。

この『エルデニイン・トブチ』の物語は、チンギス・ハーンの体に西夏王妃がなにをしたのかを、わざと曖昧《あいまい》にしているが、他のモンゴル年代記の伝説によると、かの女は自分の体のある部分に隠し

ていた刃物で、チンギス・ハーンを去勢し、それがチンギス・ハーンの死因になったのである。これはもちろん史実ではないが、チンギス・ハーンは西夏王国を滅ぼしたまま、生きて帰らなかったことから、西夏王の呪《のろ》いと王妃の復讐という物語が発生したのであろう。

2　現代のモンゴルとチンギス・ハーン

十七世紀に東アジアの大部分を統合した満洲人の清朝は、チンギス・ハーンのモンゴル帝国の再現であり、フビライ・ハーンの元朝の再現であった。この満洲人の帝国のなかで、モンゴル高原のモンゴル人は、清朝を支持し、帝国の統治に協力する、満洲人の同盟者の立場にあった。

清朝は少数の満洲人で多数の漢人を支配している帝国だったから、勇猛なモンゴル人騎兵の武力を自分の側に引きつけておく必要上、モンゴル人の伝統的な遊牧生活のリズムをなるべく乱さないように、漢人がモンゴル高原に立ち入ることをきびしく取り締まった。モンゴル人貴族の領主たちは北京の宮廷で優遇され、位の高いモンゴル貴族は皇帝の皇女や皇族の娘と結婚するのであった。

ところがこうした清朝のモンゴル人保護政策が、二十世紀のはじめになって、がらりと変わってしまった。事の起こりは、一八九四、五年の日清戦争で、清帝国の精鋭であった北洋軍が日本軍に完敗したことである。

この日清戦争の敗戦で清帝国の威信が傷ついたのにつけこんだのは、ロシア帝国であった。すでに一八六〇年に沿海州を併合して、ウラジヴォストクを建設していたロシアは、これをきっかけに、満洲に着々と利権を獲得し、一八九八年には旅順、大連を清帝国から租借した。そして一九〇〇年、義和団が北京の外国公館を包囲攻撃した北清事変の機に乗じて、ロシアは満洲に軍隊を入れ、要地を占領した。

満洲は清朝の故郷の地である。この情勢に脅かされた清朝は、「徙民実辺《しみんじつぺん》」という政策を採用した。これは、これまで漢人の立ち入りを制限していた、満洲、モンゴル、新疆のロシアとの国境地帯を開放して、漢人の入植を推進し、さらに軍隊を駐屯させて、この地帯の防衛力を充実するというのである。このために、モンゴル高原には、大きな変化が起こった。漢人の農民が入ってくれば、いままで家畜の牧地だった草原が開墾されて、遊牧民であるモンゴル人の生活の場が狭くなる。漢人の商人が進出して大量の商品をもち込めば、モンゴル人はそれを買うための貨幣を手に入れるために、家畜を売ることになるが、安く買いたたかれたり、つけで買って借金で首が回らなくなったりする。さらにあらたに駐屯する軍隊の費用は、現地のモンゴル人の負担になる。こうした急激な変化のために、モンゴル人の清朝に対する不満が高まった。

とうとう一九一一年十月、清朝に反対する漢人が辛亥《しんがい》革命を起こすと、ゴビ沙漠の北のハルハ部族の領主たちは、漢人に支配されることを嫌って、ジェブツンダンバ八世をモンゴル皇帝に立てて、清朝からの独立を宣言して、ロシアの後援を求めた。ジェブツンダンバ八世は、肉体はチベット人の僧であったが、もともとチンギス・ハーンの子孫であったジェブツンダンバ一世、その甥であった二世の生まれ変わりであるから、チンギス・ハーンの神聖な魂を受け継いでいたのである。ジェブツンダンバ八世の称号は、モンゴル皇帝としては「ナラン・ゲレルト・ボグダ・ハーン」であった。これは「日光のごとき神聖なハーン」を意味する。

ジェブツンダンバ八世の政府は、ロシアと日本と中華民国の間にはさまれて困難な十年間を過ごしたあと、一九二一年、ロシアのボリシェヴィキ党の支持を受けたモンゴル人民革命党の政権に取って代わられた。しかし、元首は依然としてジェブツンダンバ八世であり、その生前には、モンゴル人民革命党も、元首を廃位しようとはしなかった。一九二四年にジェブツンダンバ八世が死ぬのを待って、モンゴル人民革命党はやっと「モンゴル人民共和国」の成立を宣言することができた。モンゴル人民共和国は、現在はモンゴル国と名前が変わっているが、モンゴル人の独立国が、ソ連にも中国にも併合されずに現在まで生き延びられたのは、もとはと言えばチンギス・ハーンの威光のおかげであった。

一方、ゴビ沙漠の東と南のモンゴルは、清朝が倒れたあとに成立した中華民国から離脱できなかった。ことに中華民国の時代には、シナ全土は大小の軍閥の割拠時代に入り、南モンゴルは隣接する満洲・華北の漢人軍閥たちに事実上分割された状態になった。こうした軍閥たちは金になることならなんでもする手合いで、モンゴル人の牧地を無理やり没収して漢人に売り渡したり、それに反抗するモンゴル人を匪賊《ひぞく》として弾圧したりするのは平気で、南モンゴルのモンゴル人たちが、民族全体として消滅するのは目前と思われた。

そこへ一九二六年、広州の中国国民党の国民政府が北伐を開始した。蔣介石《しょうかいせき》（蔣中正）の指揮する国民革命軍はたちまちシナ全土を席巻し、一九二八年には北京に入城して、国民党によるシナ統一が完成した。これは圧迫されていた南モンゴルのモンゴル人に、大きな希望を与えた。というのは、「国内の弱小民族に対しては、政府はこれを扶植《ふしょく》し、これをしてよく自決、自治せしむべし」（孫文《そんぶん》『建国大綱』）というのが、国民政府の建て前だったからである。しかし、名目上国民党に鞍替《くらが》えしただけの漢人軍閥たちのモンゴル人抑圧と搾取は、それまでと変わらなかった。

その絶望的な状況を一変したのが、一九三一年の満洲事変であった。満洲全土を占領した日本軍は、翌年には新京（長春）を首都として満洲国をつくった。大興安嶺山脈以東の南モンゴル東部は、興安《こうあん》省《しょう》となって満洲国に組み込まれ、日本軍の占領下ではあったものの、軍閥の支配からは解放された。

この情勢下に、南モンゴル西部のモンゴル人たちは、団結して自治運動に立ち上がった。運動の中心になった人物は、チンギス・ハーンの子孫のデムチュクドンルブ、普通に徳王《デー・ワン》と呼ばれた人である。徳王はシリーンゴル盟のスニト右翼旗の領主で、一九〇二年の寅の年、寅《とら》の月、寅の日、寅の刻に生まれたので、帝王の相があるといわれた。このひとは聡明《そうめい》、寛大で、貴族ばかりでなく若い知識人にも人望があった。

一九三三年の夏、南モンゴル各界の代表がウラーンチャブ盟のハルハ右翼旗の百霊廟《ひゃくれいびょう》という寺院に集まって第一回蒙古大会を開き、日本軍の進出する前に団結して民族の生存を保つという宣言を発表し、自衛のための高度自治を国民政府に要求した。結局、蔣介石軍事委員長の決断のおかげで、国民政府の承認のもとに、一九三四年四月、蒙古地方自治政務委員会（蒙政会）が百霊廟に成立し、徳王は秘書長として実権を握り、のち副委員長に就任した。しかしこの蒙政会は、地方軍閥の分裂工作のために長続きせず、自治運動は挫折した。

自治を貫徹するためには独自の武力の必要なことを感じた徳王は、日本軍の援助のもとに、蒙古軍総司令部を創立してみずから総司令に就任した。蒙古軍総司令部は、まもなく徳王を総裁とする蒙古軍政府に発展した。

一九三七年、支那事変が始まった。関東軍参謀長東条英機《とうじょうひでき》中将の指揮する兵団が西部南モンゴルを占領し、東条中将出席のもとに第二回蒙古大会がフヘホトで開かれ、そこで徳王を副主席（のち主席）とする「蒙古聯盟《れんめい》自治政府」が成立した。これは、漢人がすでに入り込んでいる地帯を除いた、純モンゴル人地帯だけの政府だった。

東条中将はモンゴル人の自治・独立を支持したが、日本政府の方針は、南京にあらたにつくられた汪兆銘《おうちょうめい》（汪精衛）の中華民国国民政府の支配下に、南モンゴルをゆくゆくは返すことであった。それで日本は、徳王とモンゴル人が嫌がって抵抗したにもかかわらず、徳王の蒙古聯盟自治政府と、南モンゴルの漢人地帯の二つの政権を無理やり統合して、「蒙古聯合自治政府」（蒙彊政府）を張家口《ちょうかこう》につくり上げた。徳王はその主席にはなったが、日本人の顧問たちに行動の自由を奪われ、モンゴル人の自治運動は抑圧された。

徳王は一九三八年（昭和十三年）と一九四一年（昭和十六年）の二回、日本を訪問して昭和天皇陛下に謁見しているが、二回目の訪日のとき、近衛《このえ》内閣の陸軍大臣になっていた東条英機大将の口添えで、自治政府を「蒙古自治邦」と改名する許可を近衛文麿《ふみまろ》総理大臣からもらった。これはモンゴル人自治の原則への一歩前進だったが、その年の暮れには大東亜戦争が始まってしまった。そして一九四五年の夏、ソ連が参戦すると同時に、南モンゴルにもソ連軍とモンゴル人民共和国軍が侵入して、蒙古自治邦は崩壊し、日本軍の撤退したあと、南モンゴルは、中国共産党軍、中国国民党軍も加わって、四分五裂の混乱状態になった。

張家口を脱出した徳王は、蔣介石にたいせつに扱われて、北京に住んでいたが、国共内戦が始まって、一九四九年のはじめ、共産党軍が北京に迫ると、徳王は陥落寸前の北京から飛行機で脱出して、南モンゴルの西の端のアラシャンの定遠営《ていえんえい》（バヤンホト）に乗り込み、ここにまだ共産党軍の支配下に入っていないモンゴル人の代表を集めて、「蒙古自治政府」の成立を宣言した。

河套《かとう》の地のオルドス部族は、日本軍の占領地域に入らなかったために、それまで徳王の政府には参加していなかったが、このときになってやっと徳王と合流することができた。オルドス部族が祭るチンギス・ハーンの霊位も定遠営に移ってきた。モンゴル自治運動十六年にして、はじめて祖先のチンギス・ハーンと、後裔の徳王がいっしょになったのである。定遠営に集まったモンゴル人たちは、おおいに感動したということである。

徳王の戦略は、ここで自治政府という既成事実をつくっておいて、共産党軍が迫ってきたら、チベットを通ってインドへ抜け、亡命政府となって国際輿論《よろん》の同情を集め、将来、時機を見て故郷にもどる、こうしてモンゴル人自治の火種を絶やさないようにしようというのであった。

しかし実際に共産党軍が進撃してきたとき、蒙古自治政府の内部は分裂して動きがとれず、窮した徳王は国境を越えてモンゴル人民共和国へ亡命せざるをえなかった。モンゴル人民共和国は、徳王の身柄を、この年十月に成立した中国共産党の中華人民共和国に引き渡した。漢奸《かんかん》として服役した徳王は監獄で重い肝炎を患い、一九六三年特赦令で釈放されたあとは家族と暮らし、一九六六年四月、肝臓ガンでフヘホトで死んだ。数え年六十五歳であった。

徳王の亡命政府計画は実現しなかったが、徳王とモンゴル人たちが情熱を燃やした自治運動は実を結んだ。モンゴル人の意志を無視できなかった中国共産党は、一九四七年、「内蒙古自治区」を創設した。自治区主席になったのは、延安帰りの共産党員ウラーンフーであったが、自治区人民政府の要職は、ほとんど徳王の下で自治運動に従事してきた人々で占められた。内蒙古自治区の成立は、中華人民共和国の成立より、二年も早かった。

一九六二年、内蒙古自治区は、チンギス・ハーン生誕八百周年を迎えた。これを祝って自治区政府は、河套のエジェン・ホローの地に、りっぱな固定家屋のチンギス・ハーン廟を建設した。それまでのチンギス・ハーン廟は、移動式の大テントだったのである。しかし徳王の死んだ一九六六年に起こった「無産階級文化大革命」で、このチンギス・ハーン廟は紅衛兵によって破壊された。文化大革命は少数民族を目の敵にし、多数のモンゴル人が虐殺されたり不具になったりした。

その後、一九七六年の毛沢東の死とともに、チンギス・ハーンの名誉は回復した。現在、中華人民共和国では、モンゴル族は中国に住む少数民族の一つであり、中華民族の一部であるという建て前に立って、チンギス・ハーンは中国の名誉を世界に輝かせた英雄として、高く評価されている。

これに反して、モンゴル人民共和国では、チンギス・ハーンは兄弟国ロシアに災厄をもたらした悪者とされ、ひそかにチンギス・ハーンを研究しようとした歴史学者は、「反革命、階級の敵、ソ連との友好に反対する民族主義者、日本のスパイ」として非難され、投獄され、迫害された。学校教育でも、教えられるモンゴルの歴史は、一九二一年のモンゴル人民革命以後の社会主義建設の歩みばかりで、それ以前の時代はひとまとめにして、腐敗した封建貴族（つまりチンギス・ハーンの子孫たち）

が貧困な牧民たちを抑圧し搾取した暗黒の時代として片付けられた。こうしてモンゴル人は、自分たちの歴史を奪われたのである。

ソ連でゴルバチョフのペレストロイカが始まると、やがてそれはモンゴル人民共和国にも波及した。一九八九年の末、首都ウラーンバートルの中心にあるスヘバートル広場に大群衆が集まって、政治の自由化、民主化と、モンゴル人民革命党の一党独裁の放棄を要求した。人民革命党は屈服し、翌一九九〇年七月には建国以来最初の自由選挙がおこなわれ、多くのあたらしい政党の候補者が議会に当選した。一九九二年二月には新憲法が発効し、国号は「モンゴル人民共和国」から「人民」と「共和」を落として、「モンゴル国」と変わった。

社会主義はモンゴル人にとって、ソ連が自分の都合で押しつけたものであったから、社会主義を放棄して自由を獲得したあとのモンゴル国民は、政治経済の改革と並んで、ソ連と人民革命党の支配時代に抑圧されていた自分たちの伝統文化を取り返したいと熱望している。

チンギス・ハーンが採用した縦書きのウイグル文字は、モンゴル人民革命のあともモンゴル語を書くために使われていたが、一九四〇年代にロシア語を書くのと同じ横書きのキリル文字に切り替えられ、一九五〇年代には完全にキリル文字だけになった。これはモンゴル人が、ロシア語をとおしてしか情報を得られないようにするための、ソ連の政策に基づくものであった。

モンゴル国民は、いまやソ連色のあるものはなんでも嫌悪するようになっており、キリル文字は真っ先に廃止の対象になった。しかしなにしろ五十年も社会生活のあらゆる面でキリル文字ばかり使ってきたのだから、縦書きの伝統文字を読み書きすることができる人は、もうほとんど生きのこっていない。そのためキリル文字から伝統文字への切り替えは、大変な困難を伴うが、まず一九九〇年から小学校で伝統文字の教育が始まり、一九九四年には全面的に伝統文字の使用に切り替えたいというのが国家目標になった。しかしそのあと、キリル文字の廃止はやめて、伝統文字と併用するという現実的な方針を採用して今日にいたっている。

チンギス・ハーン自身もモンゴル国で復活した。ウラーンバートルの市街にはチンギス・ハーンの肖像と、チンギス・ハーンのビリク（訓言）のポスターが氾濫《はんらん》している。もう一つ、チンギス・ハーンの子孫のアルタン・ハーンが導入したチベット仏教も、人民革命党時代の弾圧のもとでほとんど消滅していたが、いまや爆発的に復興している。新生モンゴル国の精神的な支えは、チンギス・ハーンとダライ・ラマなのである。

チンギス・ハーン年譜

西暦	チンギス・ハーンの行跡・主要事件
一一五四	**テムジン生まる**（『蒙韃《もうたつ》備録』）。
一一五五	**テムジン生まる**（『集史』）。
一一六二	**テムジン生まる**（『聖武親征録』『元史』）。
一一六七	テムジンの父イェスゲイ死す（『集史』）。
一一八九	金の世宗死し、孫章宗嗣《つ》ぐ。
一一九五	金の左《さ》丞相《じょうしょう》夾谷《ギャグ》清臣、北辺の諸部族を討つ。右丞相完顔《ワンヤン》襄《じょう》、夾谷清臣に代わる。**テムジン、タタルのメウジン・セウルトを殺す。完顔襄、テムジンにジャウト・フリの職を授く。ケレイトのジャア・ガンボ、テムジンの下に投ず。**
一一九六	**ケレイト王トグリル・オン・ハーン、テムジンと会見す。オン・ハーンとテムジン、ユルキンを破り、セチェ・ベキらを捕らう。**
一一九七	**オン・ハーンとテムジン、メルキトを破る。**
一一九八	オン・ハーン、メルキトを破る。
一一九九	**オン・ハーンとテムジン、ナイマンのブイルク・ハーンを討つ。**ナイマンのコクセウ・サブラク、ケレイトを侵す。テムジンの四傑、ケレイトを救う。テムジンの弟

	のジョチ・ハサル、ナイマンを破る。
一二〇〇	オン・ハーンとテムジン、タイチウトを破る。ハタギン、サルジウト、ドルベン、フンギラトらの諸族、同盟す。テムジン、これを破る。ケレイトのジャア・ガンボ、兄オン・ハーンを謀り、あらわれてナイマンのタヤン・ハーンの下に走る。メルキト、タイチウト、タタルら、来攻す。テムジン、これを破る。
一二〇一	フンギラト、イキレス、ゴルラス、ドルベン、タタル、ハタギン、サルジウトの諸族、ゲン河に同盟し、ジャダランのジャムハをグル・ハーンに推戴《すいたい》し、来攻す。テムジン、これを破る。フンギラト、テムジンに降る。
一二〇二	テムジン、タタルを破る。族人フチャル、ダリタイ、アルタン、命に背く。テムジン、これを罰す。ナイマンのブイルク・ハーン、メルキト、ドルベン、タタル、ハタギン、サルジウト、オイラトの諸族と来攻す。オン・ハーンとテムジン、これをコイテンに破る。ジャムハ、オン・ハーンに降る。テムジン、ケレイトと婚姻を議し、成らず。
一二〇三	オン・ハーン、テムジンを襲う。テムジン、バルジュナ湖に退く。テムジン、兵をオノン河源に集め、オン・ハーンを襲い、おおいにこれを破る。オン・ハーン出走し、ナイマンに殺さる。オングト王アラクシュ、テムジンに通ず。
一二〇四	テムジン、ナイマン王タイ・ブカ・タヤン・ハーンをハンガイ山に破り、これを殺す。ナイマン人タタトンガ、テムジンに降る。テムジン、これをして諸子にウイグ

ル字を教えしむ（モンゴル文字の起源）。タヤン・ハーンの子クチュルク、叔父ブイルク・ハーンのもとに走る。**テムジン、メルキトを降す。テムジン、ジャムハを捕らえ、これを殺す。テムジン、タタルを討ち、これを滅ぼす。**

一二〇五 **テムジン西夏を討つ。**

一二〇六 **テムジン、オノン河源に即位してチンギス・ハーンと称す。チンギス・ハーン、ナイマンのブイルク・ハーンを攻殺す。**クチュルク、イルティシュ河に走る。

一二〇七 **チンギス・ハーン、西夏を討つ。**キルギズ、チンギス・ハーンに通ず。金の章宗、叔父衛王永済を武定軍節度使となす。

一二〇八 **チンギス・ハーン、クチュルクを討ち、オイラトを降す。**クチュルク敗れ、西遼に走る。金の章宗死し、衛王嗣ぐ。

一二〇九 **チンギス・ハーン、西夏を討つ。**西夏王李安全降り、その女《むすめ》を奉る。ウイグル王バルジュク、少監を殺して西遼に背く。

一二一〇 **チンギス・ハーン、金と絶つ。**

一二一一 **チンギス・ハーン、金を討つ。**ナイマンのクチュルク、西遼皇帝直魯古《チルク》を捕らえ、その位を奪う。

一二一二 **チンギス・ハーン、金を討つ。**

一二一三 金の衛王殺され、宣宗立つ。**チンギス・ハーン、金を討つ。**

一二一四 金の宣宗、チンギス・ハーンと和し、衛王の公主《ひめ》を奉る。金、都を中都（北京）よ

	り南京（開封）に遷《うつ》す。
一二一五	**チンギス・ハーン、金の中都を取る。**耶律楚材《やりつそざい》、チンギス・ハーンに降る。
一二一六	**チンギス・ハーン、ケルレン河に帰る。**
一二一七	太師国王ムハリ、金を討つ。
一二一八	**チンギス・ハーン、西夏を討つ。**西夏王李遵頊《りじゅんきょく》、西涼（武威県）に走る。ジェベ、西遼を討ち、クチュルクを殺す。ホラズム、チンギス・ハーンの使節を殺す。
一二一九	**チンギス・ハーン、ホラズムを討つ。**
一二二〇	**チンギス・ハーン、ブハラとサマルカンドを取る。**ジェベとスベエデイ、ホラズム王ムハンマドを追う。ムハンマド、アーバスクーン島に死し、子ジャラール・ウッ・ディーン嗣ぐ。
一二二一	**チンギス・ハーン、バーミヤンを取る。**ジャラール・ウッ・ディーン、シギ・フトフを破る。**チンギス・ハーン、ジャラール・ウッ・ディーンをインダス河に破る。** ジェベら、アゼルバイジャンよりグルジアを侵す。
一二二二	**チンギス・ハーン、帰途に就く。**
一二二三	ジェベら、ロシア諸侯をカルカ河に破る。ジェベら、ブルガルを討つ。金の宣宗死し、子哀宗嗣ぐ。
一二二四	ジェベら、チンギス・ハーンに合流す。
一二二五	**チンギス・ハーン、国に帰る。**

一二二六	チンギス・ハーン、西夏を討つ。
一二二七	西夏王李晛《りけん》降る。八月二十五日、チンギス・ハーン死す。西夏王を殺す。チンギス・ハーンをケンティ山の起輦谷《きれんこく》に葬る。

初刊本あとがき

チンギス・ハーンの伝記を書くことは、じつは容易な仕事ではない。まず第一に、モンゴル人が自分たちの話す言葉を書き留めるための文字を手に入れたのが、他ならぬチンギス・ハーンの時代だったために、まとまった記録がつくられるようになるのが、やっと当人の孫の世代だったのである。第二に、そうしたモンゴル語の歴史記録が、一つとして原形のまま伝わっていない。第三に、チンギス・ハーンに征服された諸国の史書は、戦争の惨禍の記録ばかりで満たされ、チンギス・ハーンの人物像はほとんど浮かび上がってこない。第四に、那珂通世《なかみちよ》が『成吉思汗《チンギスカン》実録《じつろく》』として日本語訳したので有名な『元朝秘史』は、歴史記録というよりは、むしろチンギス・ハーン廟《びょう》の祭神縁起で、他の史料に不明なチンギス・ハーンの前半生について、あまりに自由な空想を馳《は》せすぎていて、史料として信用するのは危険である。

ここに読者に提供するチンギス・ハーン伝は、そうした困難に十分留意しつつ、人間としてのチンギス・ハーンの存在感をなるべくよく伝える話を紹介することに努めた。

第一章「チンギス・ハーンの出現」では、チンギス・ハーンと名乗る以前のテムジンの謎の前半生について、主として『元朝秘史』の物語を批判的に紹介したが、これは史料から知られる事実がいかにすくないかを示したものである。第二章「草原の覇者から世界の帝王へ」では、テムジンの初陣から、チンギス・ハーンとしての即位、四方への征服戦争からその死までを、史実に即して叙述した。

しかし英雄チンギス・ハーンとて、暗黒の北方から突然現れて世界を征服したわけではない。第三章「チンギス・ハーンの祖先たち」では、チンギス・ハーンの誕生前百五十年間のその祖先の足跡をたどり、さらに第四章「遊牧世界の夜明け」では、モンゴル部族が歴史に出現するまでの千数百年間に、北アジアの草原に興亡した多くの民族の歴史を語り、そうした巨大な流れの波頭に乗ってチンギス・ハーンが登場したことを示した。

チンギス・ハーンの人格の力は、その死とともに断絶したわけではない。第五章「神となったチンギス・ハーン」では、チンギス・ハーンが創り出した広大なモンゴル世界が、中世の時代を終わらせて近世の時代を開くことによって、地球の隅々まで影響を及ぼし、われわれが住むこの世界、この時代の発端になったこと、およびモンゴルという民族のアイデンティティは、現在でもチンギス・ハーンの人格に負うていることを語った。

伝記を記し終わって思うことは、人格と運命の関係である。チンギス・ハーンが機会に恵まれたことは疑いないが、それをつかんだのは決断の早さであった。ただ流れに身を任せたのでは、あれほどの大きな足跡を歴史にのこすことはできなかったであろう。

一九八六年六月二十七日

岡田英弘

増訂版あとがき

本書『チンギス・ハーン』の原型は、シリーズ「中国の英傑」の第九冊として、昭和六十一年（一九八六年）十二月、集英社から刊行されたが、その後絶版となっていたものである。ソ連におけるペレストロイカの進行の影響で、当時のモンゴル人民共和国でも一九八九年末に民主化運動が始まって、共産主義国以外の外国との交流も自由となり、それにともなって日本でも、モンゴルに対する一般の関心と興味が高まり、いわゆるモンゴル・ブーム現象が起こった。そうなると当然、モンゴルの創立者チンギス・ハーンと、モンゴルの歴史についてもっとよく知りたくなってくる。そのため、チンギス・ハーンの人間像と、モンゴル帝国の成立の事情をわかりやすく説いた集英社版は、手ごろな参考資料とされて、需要が多くなったが、絶版のため入手は困難であった。このたび幸いにも、朝日文庫の児玉哲秀編集長から要請があり、集英社版に大幅の増補改訂を加えたものを、朝日新聞社から刊行できることになった。

増補の要点は、チンギス・ハーン以後のモンゴル帝国と、現代にいたるチンギス・ハーンの子孫たちの活躍を、かなり詳しく叙述したことである。集英社版では、「中国の英傑」というシリーズの性質上、チンギス・ハーン個人の性格と事績に叙述の焦点をしぼった。それに伴って、チンギス・ハーンの出現の背景となる祖先たちの系譜や、モンゴル人の登場以前の遊牧帝国についての説明は詳しくなったが、チンギス・ハーン以後のモンゴル帝国とモンゴル人の歴史については、かえって簡略であった。この点に鑑み、この朝日文庫版では、第四章「遊牧世界の夜明け」のあとに、新たに第五章「チンギス・ハーンの子孫たち」と、第六章「モンゴル高原のハーンたち」を書き加え、集英社版の第五章であった「神となったチンギス・ハーン」を第七章に繰り下げて、「現代のチンギス・ハーン」と改題し、モンゴル人民共和国が一九九二年二月にモンゴル国と改名するまでの経緯を書き加えた。その結果、この増訂版の分量は、集英社版のほぼ一・五倍となった。今回増補した部分には、宮脇淳子氏の最新の研究成果を利用させて頂いた箇所がある。記して謝意を表する。

削除した部分もある。集英社版の第五章のなかでは、チンギス・ハーンの征服が近代資本主義の時代の扉を開けたことを説いていたが、この増訂版にはそれに当たる部分はない。これは、資本主義経済が華北から地中海世界へ伝播《でんぱ》したこと自体は、チンギス・ハーンのモンゴル帝国のおかげであったけれども、その資本主義経済が成長して世界をおおうに至ったことは、モンゴル帝国の外側に取り残された海洋国家で、大陸国家に対抗して起こったことであり、チンギス・ハーンとは直接の関係はないからである。そういう観点から、この増訂版ではその部分を削除したが、同じ趣旨のことは拙著『世界史の誕生』(筑摩書房、一九九二年五月)の第六章「モンゴル帝国は世界を創る」でも述べておいたから、興味をお持ちの向きは参照せられたい。

一九九三年十月二日

岡田英弘

【著者プロフィール】

岡田英弘　（おかだ・ひでひろ）
1931年東京生まれ。歴史学者。中国史、モンゴル史、満洲史、日本古代史と幅広く研究し、まったく独自に「世界史」を打ち立てる。東京外国語大学名誉教授。
東京大学文学部東洋史学科卒業。1957年『満文老檔』の共同研究により、史上最年少の26歳で日本学士院賞を受賞。アメリカ、西ドイツに留学後、ワシントン大学客員教授、東京外国語大学アジア・アフリカ言語文化研究所教授を歴任。
著書に『歴史とはなにか』（文藝春秋）、『世界史の誕生』『日本史の誕生』『倭国の時代』（筑摩書房）、『中国文明の歴史』（講談社）、『読む年表　中国の歴史』（ワック）、『モンゴル帝国から大清帝国へ』『〈清朝史叢書〉康熙帝の手紙』（藤原書店）他多数。監修に『真実の中国史【1840-1949】』『真実の満洲史【1894-1956】』（ビジネス社）などがある。

写真提供／NPO法人北方アジア文化交流センターしゃがぁ　西村幹也
編集協力／宮脇淳子
地図制作／茂呂田剛（エムアンドケイ）

チンギス・ハーンとその子孫

2016年1月1日　第1刷発行

著　者　岡田英弘
発行者　唐津　隆
発行所　株式会社ビジネス社
〒162－0805　東京都新宿区矢来町114番地
神楽坂高橋ビル5F
電話　03－5227－1602　FAX 03－5227－1603
URL　http://www.business-sha.co.jp/

〈カバーデザイン〉平本祐子・熊澤正人（パワーハウス）
〈印刷・製本〉モリモト印刷株式会社
〈編集担当〉本田朋子〈営業担当〉山口健志

ISBN978-4-8284-1859-9

真実の中国史
［1840－1949］

定価　本体1600円＋税
ISBN978-4-8284-1648-9

宮脇淳子……著
【監修】岡田英弘

歴史とは勝者によってつくられる。毛沢東によって書き換えられた歴史を鵜呑みにしてきた日本人に、まったく違っていたウソの中国史を暴く。

ビジネス社の本

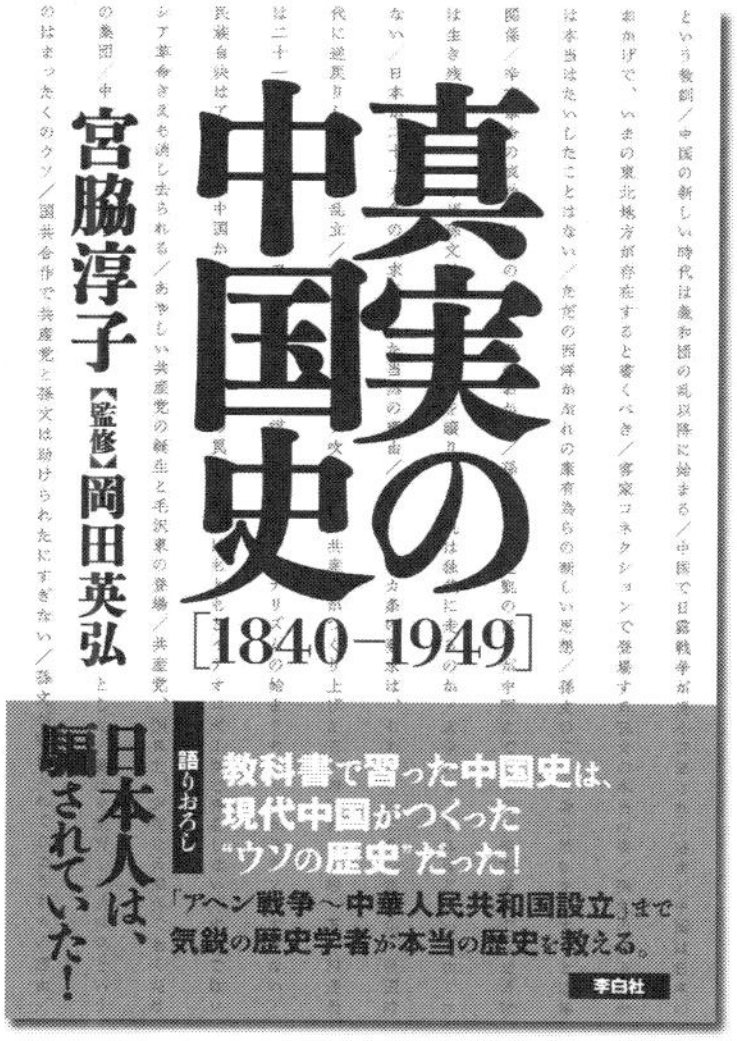

本書の内容

ビジネス社の本

真実の満洲史
［1894－1956］

宮脇淳子……著

【監修】岡田英弘

日清戦争が始まった1894年（明治27年）から、ソ連からの引き揚げ船が舞鶴に入港する1956年（昭和31年）までを歴史学者・宮脇淳子が完全解説。

定価　本体1700円+税

ISBN978-4-8284-1708-0

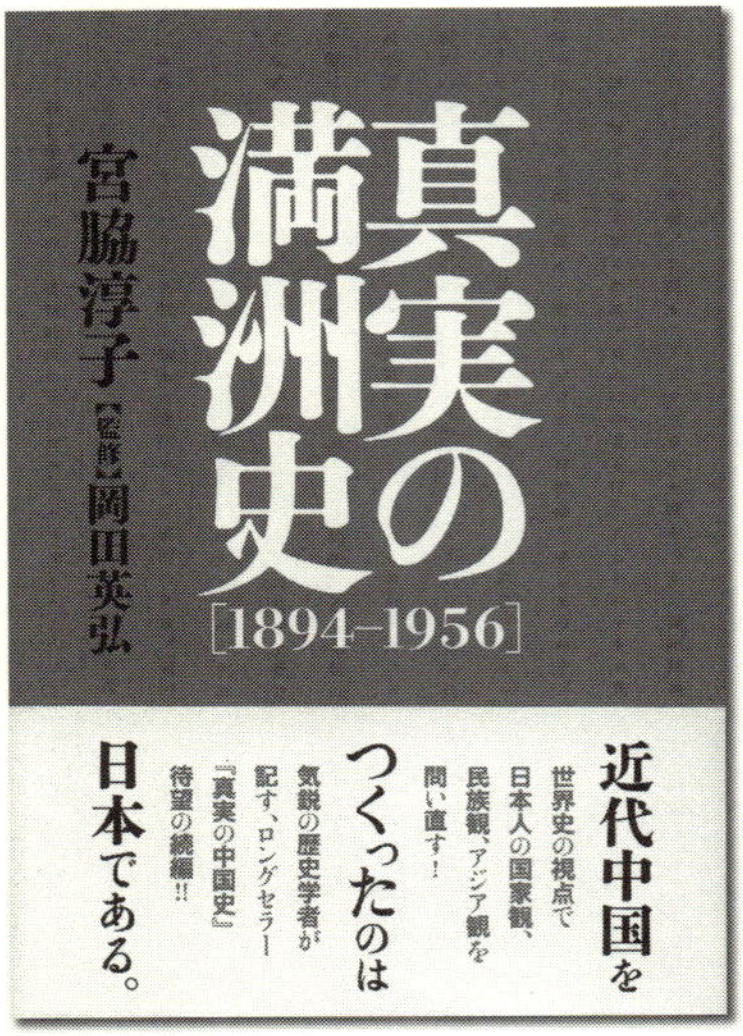

本書の内容

序　章　満洲とは何か
第1章　日清戦争から中華民国建国前まで
第2章　中華民国建国以後、満洲国建国まで
第3章　満洲国建国、崩壊、そしてその後